U0919917

铁路科技图书出版基金资助出版

软岩隧道风险控制与管理

张修和　主编

颜炳仁　杨新安　汪水清　何志超　副主编

中国铁道出版社

2015年·北　京

内 容 简 介

本书对软岩隧道风险评估、控制与管理进行了较为全面系统地论述，形成一套适用于软岩隧道风险管理的模式和方法，能够指导对软岩隧道工程在不同阶段进行有效的风险管理。本书共分7章，包括绪论、软岩隧道工程特性及围岩分类、软岩隧道风险识别与评估技术、软岩隧道施工风险控制技术、软岩隧道施工变形监测分析、软岩隧道施工风险控制标准、软岩隧道风险管理技术。

本书可供隧道工程、地下工程设计、施工、管理及相关技术人员参考使用，也可供大专院校相关专业师生学习使用。

图书在版编目(CIP)数据

软岩隧道风险控制与管理/张修和主编．—北京：中国铁道出版社，2015.4

ISBN 978-7-113-19160-3

Ⅰ.①软… Ⅱ.①张… Ⅲ.①软岩层—隧道施工—风险管理 Ⅳ.①U455.1

中国版本图书馆CIP数据核字(2015)第059216号

书　　名：软岩隧道风险控制与管理

作　　者：张修和　主编

策　　划：时　博

责任编辑：时　博　　**编辑部电话：**010-51873141　　**电子邮箱：**crph@163.com

封面设计：郑春鹏

责任校对：马　丽

责任印制：陆　宁

出版发行：中国铁道出版社（100054，北京市西城区右安门西街8号）

网　　址：http://www.tdpress.com

印　　刷：中煤涿州制图印刷厂北京分厂

版　　次：2015年4月第1版　2015年4月第1次印刷

开　　本：787 mm×1092 mm　1/16　印张：10　字数：211千

书　　号：ISBN 978-7-113-19160-3

定　　价：49.00元

编辑委员会

主　编：张修和

副主编：颜炳仁　杨新安　汪水清　何志超

编　委：李建勋　刘林北　许兴明　梁跃进
牛　野　王树民　任　权　马　记
陈勇华　王许峰　袁丰田　张振兴
张　晨　王允有　徐　言　吴　鹏
刘汉杰　魏　源　李尚卿　吴旭平
李亚翠　吴东鹏

前　言

当前，我国铁路隧道、公路隧道和城市轨道交通地下工程建设正在推广和实施风险管理。铁路行业于2007年颁布实施了《铁路隧道风险评估与管理暂行规定》，在全路隧道工程中实施风险管理；2012年住建部发布实施了《城市轨道交通地下工程建设风险管理规范》，以加强城市轨道交通地下工程建设风险管理。但是，这些规定或规范总体来讲仍然比较简单、粗略，缺乏对特殊岩土与不良地质条件下及不同类型隧道风险的认识，也缺乏相应的风险评估、风险管理的具体方法和实施经验。软岩隧道属于高风险或较高风险隧道，本书结合宁安城际铁路钟鸣一号、二号隧道工程，采用现场调研、资料分析、监控量测和数值计算等综合方法，对软弱浅埋隧道风险评估、控制与管理进行较为系统地分析和研究。

本书对软岩隧道风险评估、控制与管理进行了较为全面系统地论述，形成一套普遍适用于软岩隧道风险管理的模式和方法，能够指导对软岩隧道工程在不同阶段进行有效的风险管理。本书内容共分7章，包括绪论、软岩隧道工程特性及围岩分类、软岩隧道风险识别与评估技术、软岩隧道施工风险控制技术、软岩隧道施工变形监测分析、软岩隧道施工风险控制标准、软岩隧道风险管理技术。

本书有三个特点，第一是实用性较好，我国有大量软岩隧道，本书所提供的软岩隧道风险评估与管理理论和技术实用性好、通用性强，可以满足在软岩隧道中实施风险管理的需要；第二个特点是创新性强，本书内容来源于工程实践和科研成果，并在工程实践中得到一定的验证和完善；第三，本书内容丰富，信息量大，图文并茂。

当前，隧道与地下工程相关行业都在实施风险管理，希望本书的出版能对当前和今后一定时期的同类工程建设起到指导和借鉴作用。

由于作者水平有限，书中错误和不当之处在所难免，敬请广大读者批评指正。

作者

2014年12月

目　　录

第1章 绪　　论

1.1 问题背景

我国是一个多山的国家，75%左右的国土是山地或丘陵。在山地与丘陵地区的公路和铁路建设中，不可避免地要修建大量隧道。据不完全统计，截至2010年底，全国已建成公路隧道7 139座，共计4 942.1 km，铁路隧道9 313座，共计6 472.8 km。与此同时，城市轨道交通作为城市公共交通的主要形式，地铁隧道也正处于大规模建设期。截至2011年底，我国已有14个城市拥有共58条城市轨道交通运营线路，运营里程达到2 000多千米，预计到2020年，我国将有30多个城市发展以地铁为主的城市轨道交通，城市轨道交通线路规模可达4 000 km以上。

在隧道与地下工程建设取得重大成就的同时，我国隧道工程项目建设全程的安全风险控制与管理研究尚处于起步阶段。软岩隧道由于围岩性质软弱，稳定性差，围岩变形量大，属于高风险或较高风险隧道，在施工过程中易发生塌方冒顶、围岩大变形、工作面失稳等工程事故。例如：2007年10月，广州地铁五号线大坦沙站—中山八路站区间2号联络通道塌方事故，引发地面塌陷；2006年9月11日，广砚高速公路珠街隧道左线ZK169＋570～＋590发生塌方，25名施工人员被困；2011年7月18日大连胜利路附近某隧道发生坍塌事故，12名施工人员被困隧道；国外如日本的惠那山（Enasan）公路隧道、奥地利的陶恩（Tauern）隧道、阿尔贝格（Arlberg）隧道等工程均出现过软岩大变形现象。

软岩隧道工程施工安全风险等级高，迫切需要进行有效的风险控制与管理。2007年交通部提出要"建立桥隧工程设计和施工安全风险评估制度"。铁路行业于2007年颁布实施《铁路隧道风险评估与管理暂行规定》（铁建设〔2007〕200号），此后又颁布实施了《铁路建设工程安全风险评估管理暂行办法》（铁建设〔2010〕162号）、《关于加强铁路隧道工程安全工作的若干意见》（铁建设〔2007〕102号），在铁路隧道工程中实施风险管理。为了加强我国城市轨道交通地下工程建设风险管理，2012年住建部发布实施了《城市轨道交通地下工程建设风险管理规范》（GB 50652—2011）。

1.2 软岩隧道风险控制与管理研究现状及存在的问题

1.2.1 国外研究现状

（1）在软岩隧道施工方法和技术方面，新奥法是一种基本原则方法。20世纪60年代中期，Müller将新奥法用于法兰克福、慕尼黑等城市地铁软岩隧道修建中，为满足城市地铁隧道修建过程中地表既有建筑物的沉降控制要求，Müller强调新奥法用于软岩隧道开挖应该与硬岩有一定区别，如开挖和支护必须尽快完成，同时初支尽快闭合，同时采用地层预加固和预支护等方法来调动和利用围岩自承能力。这些地铁隧道修建的成功，标志着新奥法在软岩中应用的开始。

(2)在软岩隧道围岩变形风险控制与管理技术方面，各国以现场监控量测数据为基础，通过分析研究净空收敛值、隧道拱顶位移、地表沉降等监控数据，对施工中的隧道进行塌方预测，提出了塌方警戒预测值。1956年，Proc. institution of Civil Engineers的Skempton, A. W和Mac Donald, D. H对结构的容许变形进行了分析研究，最终给出了结构容许变形限定值。1980年，London Research and Information Association的Alexander, S. J和Lawson, R. M对结构构件的容许变形做了比较全面的总结。日本的《日本隧道标准规范(山岭篇)及解释》强调："开挖工作面附近的量测结果应作为重点，将结果立即反映到设计、施工中是必要的，但想用数值表示常常是很难的"。有些国外规范虽有个别的定量规定，但均非关键性的判定依据。如日本"NATM(新奥法)设计施工指南"指出："当最大位移速度大于20 mm/d，必须采用特殊模式"，一天的容许位移值应不大于容许变形值的1/5～1/4。法国工业部对断面50～100 m^2的隧道给出以下控制施工标准：①位移最大允许值主要视埋深和地质条件而异；②位移速度一般以每天或每作业循环约1 mm为宜；③位移加速度，开挖面通过测量断面前或后1～2天内，允许有位移加速度，其他都应是减速的。德国卡尔斯鲁厄应用科技大学研制了一套GPS在线位移监控和预警系统，该系统采用载波相位差分技术在线进行观测点的实时高精度三维测量，并可根据预先设定的破坏概率或位移绝对值自动报警，给出观测点的实时位移速度和位移加速度，绘出分析曲线，其测量精度达毫米级，并且可预测和预警滑坡、塌方等地质灾害，以及隧道开挖引起的位移。

(3)在软岩隧道施工引起建筑物损坏类别与评价标准研究方面，Burland等在1977年提出以控制参数最大拉伸应变ε_{max}划分圬工结构及明挖基础建筑物损坏风险类别，并且形成各种损坏类别与建筑物可见损坏(裂缝宽度)的关系；Rankin等人在1988年建立了控制参数角变形β(不均匀沉降)、建筑物最大沉降与具有独立基础或桩基的框架建筑物之间的关系；Boscarding和Cording认为在建筑物开始破坏阶段起到了非常重要的作用，并在此基础上研究了建筑物损坏与水平应变、角变位之间的关系；Robert认为应该用裂缝宽度、基础的差异沉降和挠曲度来确定建筑物的破坏标准。

(4)在软岩隧道及地下工程施工对环境影响的风险研究方面，英国的Burland. J. B从工程项目角度出发，从风险评估的项目实施中寻求规律，在地下工程施工对环境影响的评估上，给出了隧道及地下工程对环境影响的评估方法和程序，并将该研究成果应用于英国的Jubilee线路延伸工程中，在线路规划阶段就计算出了沿线建筑物可能造成的损伤情况，并给出了相应的加固措施。

(5)在模型试验方面，日本对软弱或砂质地层隧道开挖的围岩动态，进行了一系列覆跨比(Z/D=0.5～4，Z为隧道埋深，D为隧道开挖直径)的模型试验。研究表明：①隧道开挖时，工作面围岩的水平、垂直位移都比较大，特别是工作面的上半部，集中了很大的变形量，是隧道开挖最危险的区域；②隧道开挖后，上方围岩发生松动，松动范围与隧道埋深以及几何尺寸有关，对软弱或砂质地层，松弛区域高度约为隧道开挖直径的2倍；Jeng，Fu-Shu通过模型试验研究了软弱砂岩的变形特性及其对隧道变形的影响。

(6)在室内数值模拟方面，Choi，Sung O用FLAC^{3D}分析了软弱围岩隧道的稳定性，并优化了支护结构；Jeon，Seokwon比较具有软弱夹层隧道的模型实验和数值模拟，分析了其对隧道稳定性的影响；Dalgic依托Beykoz Tunnel工程，分析了软弱围岩对隧道开挖和支护的影响，指出软弱围岩的隧道稳定需要进行联合支护，诸如喷射混凝土、锚杆、钢纤维喷射混凝土。超前小导管、降水、工作面的支护、减少开挖步骤和合理的开挖工序在减少隧道失稳破坏中起到了重要作用，以改善围岩的强度和刚度，从而充分利用围岩的自承能力。

1.2.2　国内研究现状

(1)在软岩隧道施工风险控制与优化方面，20世纪70年代以来，新奥法在软岩隧道的施工与控制中得到了广泛应用，特别是在软岩隧道采用“管超前、严注浆、短开挖、强支护、快封闭、勤量测”十八字方针，较为通俗易懂。黄兴华等结合韶山一号工程尖卜洞隧道群，采用现场施工技术对策探讨、围岩测试分析、数值模拟分析和监控量测等研究方法，分析了软岩的地质特征和工程特性，对影响软弱围岩隧道的稳定因素作了较为全面的分析，系统地总结了软弱围岩公路隧道开挖支护机理和施工方法，详细分析浅埋隧道的施工工艺及受力特性，建立尖卜洞隧道施工期的防坍塌措施与坍塌应急预案；叶飞等结合郭家川二号隧道，介绍了隧道穿越软弱破碎煤系地层的工程特性，对其施工过程中面临的各种风险进行了综合分析，包括揭煤施工风险、瓦斯突出风险、采空区施工风险、围岩大变形风险、塌方风险，以及边仰坡失稳风险等，进而有针对性地提出了风险规避措施，包括安全教育、揭煤防突措施、瓦斯防治措施、边坡卸载、现场监控及地质超前预报等。

(2)在软岩隧道施工过程中对环境影响动态控制方面，张顶立等提出了浅埋隧道施工安全风险控制的思路。北京交通大学白李妍、刘维宁、张弥等提出城市地下工程环境影响的动态优化控制理论，用系统论和控制论的方法初步建立了这一体系，提出了地下工程环境动态最优控制策略制定程序。

(3)在软岩隧道风险管理技术方面，周朝长等以昱岭关连拱隧道为研究背景，结合施工现场的监控量测和数值模拟，对现场监控量测、动态设计、信息化施工在软弱围岩连拱隧道中的有效应用进行分析，并且利用三维数值模拟分析了隧道出现险情的原因以及处理险情后的应力状况；王浩等结合梧村隧道大跨度浅埋暗挖段下穿密集建筑物群，针对建筑物不均匀沉降和变形破坏的风险，制定了较为完善的安全管理措施。例如采用数值模拟方法，对施工开挖、支护进行精细化模拟，得出关键施工步序的变形量；结合类似工程经验和规范，制定安全监测的控制标准，以指导监测和施工；建立先进的安全管理网络传输系统，包括监测信息管理、预测预报系统和LED显示屏信息发布系统。

(4)在软岩隧道施工风险控制试验方面，王抒等针对京沪高速铁路大跨浅埋隧道下穿高速公路复杂条件下的风险控制，通过对地表沉降以及围岩与初支，初支与二衬接触应力的计算，确定了对于下穿段风险控制最为有利的工法，通过在金牛山隧道下穿段布设监测仪器进行监控量测的方式，分析下穿段施工过程中所产生的内力变化过程，并对模型试验与数值模拟的结果进行对比验证。

(5)在软岩隧道施工风险控制数值模拟方面，焦苍结合沿海地区软弱围岩浅埋暗挖矩形隧道施工，使用有限差分软件(FLAC^{3D})对分部开挖进行非线性数值模拟，研究矩形隧道软弱围岩在开挖过程中大变形的机理，得出围岩和初期支护的应力应变是非线性不可逆过程，其开挖方案应采用软弱围岩非线性大变形力学设计方法，以确保开挖施工安全；高亮等依托京沪高速铁路的典型隧道工程建设，对超浅埋大跨径隧道洞口边仰坡的稳定性的影响因素进行了总结，并采用 MIDAS-GTS 计算软件分别从坡率对边仰坡稳定性的影响、不同工法对洞口稳定性的影响、大管棚对洞口稳定性影响等几方面进行了数值分析，并结合现场监测数据进行对比分析，同时采用离散元软件 UDEC 模拟隧道掘进过程中爆破振动波的传播规律和衰减特征，并将其结果与现场监测的数据进行了比较分析，验证 UDEC 在模拟浅埋隧道掘进爆破荷载作用下地表振动规律的实用性。

(6)在软岩隧道风险评估技术方面，全望永等把模糊综合评判法运用到地面塌陷危险评价中，并进行了实例验证，绘制了危险性分区图，他认为模糊综合评判法清晰易用，是地面塌陷危险性定量评价的有效方法；缪钟灵在塌陷评价中引入了风险评价，特别是经济损失评价，更加客观地评价了地面塌陷；慎乃齐、包惠明把模糊综合评判法运用到地面塌陷危险评价中，绘制了危险性分区图，他们也认为模糊综合评判法具有方法清晰易用的特点，是地面塌陷危险性定量评价的有效方法，但前人的研究忽略了各指标间的级别及相互关系，运用多级模糊综合评判法更加准确和科学。

(7)在地铁隧道风险控制与管理方面，同济大学丁士昭教授对广州地铁首期工程、上海地铁一号线工程等地铁建设中的风险和保险模式进行了研究；香港的 L. Mcfeat-Smith 提出了亚洲复杂地质条件下隧道工程的风险评价模式，根据发生频率的高低和风险发生影响后果将风险分为五级；同济大学的黄宏伟教授对国内外隧道及地下工程建设中的风险管理研究进展进行了系统的总结，并探讨了当前实施风险管理中存在的主要问题，并开发出 TRM1.0 风险管理软件；上海交通大学与上海市隧道工程轨道交通设计研究院进行了隧道工程设计系统的风险管理研究，将隧道工程设计系统的风险管理工作分为预可行性研究、工程可行性研究、扩初设计、初步设计、施工图设计、运营组织维护设计 6 道“管理门”(SS-Gate)，通过为每道“SS-Gate”管理门设置相应的风险管理任务和分配风险管理工作内容，建立“SS-Gate”隧道工程设计系统的风险管理门方法。

1.2.3 存在的问题

目前，软岩隧道工程风险评估、控制与管理研究尚处于起步阶段，风险评价、控制与管理体系尚未成熟，特别是在实际工程的应用方面，没有成熟的规范和行业标准可供参考，存在不少亟待解决的问题。

(1)隧道与地下工程风险评估从理论上可以实现简化模型和一般统计理论相结合,很难用一种或几种单纯的技术来解决,经典理论与计算已无法满足实际的需要,只有发展和完善不确定性理论、系统科学和智能算法,基于风险事件发生发展的动力学模型与小样本统计理论耦合的风险评估方法等,风险分析与评估理论才有可能取得突破,因而需要通过研究其他工程领域风险评估成就,结合隧道工程本身的特点,建立相应的定量风险评估模型,为隧道工程风险管理提供可靠而坚实的基础。

(2)风险控制指标和体系对于有效的风险管理工作至关重要,而当前隧道与地下工程领域风险控制与管理标准往往缺乏定量指标和体系,这也给风险控制和管理工作带来了很大的不确定性,考虑到隧道工程具有唯一性、复杂性等特点,很难建立标准化的基础数据库,这样很难通过建立概率统计模型对风险进行量化,特别是针对软弱浅埋等典型高风险隧道,量化的风险控制指标和体系尚未建立,这也为今后隧道与地下工程领域标准和规范的修改和制定提出了新的难题。

(3)软岩隧道工程地质条件特殊,风险发生机理错综复杂,风险诱导因素不断变化,隧道与地下工程风险控制和管理是一个动态变化的过程,而当前软弱浅埋隧道工程领域常常局限于单一或者静态的风险评价、控制与管理技术和方法,许多风险分析方法缺乏运用的基础条件,盲目套用其他领域或者国外固有的方法和技术,很难达到预计的风险控制和管理效果。因此,软弱浅埋隧道风险评价、控制和管理方法必须采用动态和全过程的风险管理模式。

1.3 本书内容

软岩隧道属于高风险或较高风险隧道,为了系统总结软岩隧道施工安全与风险控制与管理的经验、理论和技术,本书结合宁安城际铁路钟鸣一号、二号隧道工程,对软岩隧道风险评估、控制与管理进行全面系统地论述。其目的是,分析总结软岩隧道施工中风险控制与管理的成功经验和技术;探索风险评价方法与风险监控技术;优化隧道施工工艺和技术参数,完善风险控制指标体系;改善软岩隧道施工风险状况,提升风险管理的实用性和可操作性。在当前铁路推广风险管理的形势下,本书对指导软岩隧道施工中的风险控制与管理具有指导作用和参考价值。

本书系统总结了软岩隧道施工安全与风险控制与管理的经验、理论和技术,形成一套普遍适用于软岩隧道风险管理的模式和理念,能够指导对软岩隧道工程在不同阶段进行有效的风险管理。本书内容共分 7 章,包括绪论,软岩隧道工程特性及围岩分类,软岩隧道风险识别与评估技术,软岩隧道施工风险控制技术,软岩隧道施工变形监测分析,软岩隧道施工风险控制标准,软岩隧道风险管理技术。

本书特点是所提供的软岩隧道风险评估与管理理论和技术实用性好,通用性强,反映了最新的科研成果和工程实践;内容简明、实用、图文并茂,适应现代隧道工程风险控制与管理的需要。

第2章 软岩隧道工程特性及围岩分类

软岩隧道设计与施工一直是一个世界性难题，近年来，中国在复杂地质条件下修建沪昆、兰渝、成兰等铁路线时，遇到大量软岩地层，研究软岩特性、分类和施工技术，有助于软岩工程设计与施工。由于软岩成因不一，类型繁多，虽然软岩隧道都表现为围岩变形量大，但是其变形机理是不同的。所以，要研究软岩地下工程设计与施工，首先要对软岩进行适当的分类，研究不同类型软岩地下工程的围岩变形规律和失稳规律，确定其支护设计与施工原则；考虑低等级围岩（Ⅳ、Ⅴ级围岩）的评定指标影响因素，并对其进行更细致的围岩亚分类研究，可以为设计和施工过程中的风险应对提供必要的理论依据。

2.1 软岩及其分类

目前，对于软岩尚无统一定义。1981年在东京召开的"国际软岩学术讨论会"规定"软弱、破碎和风化岩石"为软岩。有的学者建议把软岩定义为"难支护岩体"。清华大学周维垣教授认为软岩可定义为"在高地应力、地下水和强风化作用下，具有显著渗流、膨胀、崩解特性的软弱、破碎、风化和节理化围岩，简称为不稳定围岩岩体"。一般来讲，软岩是指软弱、破碎、膨胀、流变、强风化及高应力岩体的总称。

国内外已对岩体分类进行了大量研究，提出了几十种甚至上百种岩体分类方法。但对软弱岩体分类的研究很少，由于岩体分类的指标间隔一般是相同的，这对软岩显得过于粗糙。其次，分类方法的应用局限于为其本身需要而采用的资料上。尽管如此，要研究软岩分类方法，首先研究现有分类方法中对软岩的划分是必要的。

1964年，Deere提出根据岩芯取出率即RQD值对岩体进行分级的方法，软弱岩体可以认为是RQD值小于50%的差岩体或非常差岩体，但是RQD不能考虑节理是否含有黏土充填物等其他一些重要影响因素，所以应用于软弱岩体分类也是很勉强的。

节理化岩体地质力学分类（RMR）是南非学者Bieniawski于1973～1975年提出的，该法利用7个可在现场量测的参数评定（评分越高岩性越好）。这7个参数是：单轴抗压强度、RQD、节理间距、节理走向与方向、节理连续性与充填情况、地下水、风化与变质特征。总分（0～100）将岩体分为五级。但是由于RMR法原是为解决坚硬节理岩体中浅埋隧道工程而发展起来的，实践证明不适合于软弱岩体。

挪威学者Barton等于1974年提出工程岩体分类法（Q法），该法将RQD、节理组数J_n、节理粗糙度J_r、节理蚀变程度J_a、裂隙水的影响J_w、地应力影响因素SRF六个参数概括成三个商数而得出岩性的全面指标Q，利用Q这个综合分级指标对岩体进行定级分类。该分类法考虑的因素很多，计算繁琐，应用于软弱岩体分类是相当困难的。

我国《工程岩体分级标准》(GB/T 50218)考虑岩石坚硬程度和岩体完整程度这两个决定各类工程岩体稳定性的基本共性因素给出“岩体基本质量”；然后针对各类型工程岩体的特点，分别考虑地下水、主要软弱结构面与洞轴线的组合关系、高初始应力现象影响作为修正因素，对已经给出的岩体基本质量进行折减，最后确定工程岩体的级别。

2001年，铁道部颁布了修正的铁路隧道围岩分级方法，该分级方法主要考虑岩体结构特征与完整性、岩石强度、地下水和弹性波传播速度四个因素，将隧道围岩分为六级(好～差：Ⅰ～Ⅵ)，由于结构特征与完整性的好坏不同，软岩可能属于Ⅲ级，也可能属于Ⅴ级。

分析以上这些分类方法可见，虽然一般考虑的影响因素有5～7项之多，而且所有这些分类方法所考虑的因素比较一致，但所有岩体分类方法都考虑的因素只有岩石强度和岩体完整程度，这是决定各类工程岩体稳定性的两项基本的共性因素。这就给我们一个启示，可以根据软岩中起主要影响作用的因素对软岩进行分类，因为在不同影响因素作用下软岩的变形机理是不同的，如此分类，便于进行深入研究，也可以避免采用综合评价指标分类造成的模糊性。

根据主要影响因素和《工程岩体分级标准》(GB/T 50218)所依据的岩石坚硬程度(岩石单轴饱和抗压强度 R_c)和岩体完整程度(岩体完整性指数 K_v)这两个决定各类工程岩体稳定性的基本共性因素，将软岩划分为四类，即软弱型软岩、破碎型软岩、高应力型软岩、软弱破碎型围岩，见表2-1。这样可以把问题简化以便于研究，然而，交错重叠是不可避免的，因为有些地下工程稳定问题往往是几种因素联合作用的结果。

表2-1 按主要影响因素划分的软岩分类法

类别	软岩类型	形成软岩的主要因素	分类指标	岩体基本质量指标(BQ)
Ⅰ	软弱型软岩	岩块强度低、岩体完整性较好	$R_c^* < 30$ $0.15 < K_v^* < 0.55$	<250
Ⅱ	破碎型软岩	岩体完整性差、岩块强度较高	$30 < R_c < 60$ $K_v < 0.15$	<250
Ⅲ	高应力型软岩	岩块强度较高、岩体完整性差、高地应力或采动应力	$260 > 3R_c + 250K_v > 160$ $R_c/\sigma_1 < 5$	<250
Ⅳ	软弱破碎型围岩	岩块强度低、完整性差	$R_c < 5K_v < 0.15$	<150

* R_c——岩石单轴饱和抗压强度(MPa)；

K_v——岩体完整性指数，$K_v = (V_{pm}/V_{pr})^2$，其中，V_{pm} 为岩体弹性纵波速度(km/s)，V_{pr} 为岩石弹性纵波速度(km/s)。

根据大量实测资料和数值模拟计算结果分析发现，这几类软岩隧道其内部变形规律存在明显差别。例如，由于作用机理不同，高应力软岩隧道变形内表比值(所谓内表比是指隧道围岩内部任一点径向位移量与表面位移量之比)明显大于软弱型软岩隧道，且软弱型软岩隧道围岩变形内表比值随径向深度增加衰减很快，而高应力软岩隧道围岩变形内表比值随径向深度增加衰减慢，说明软弱型软岩隧道围岩变形集中在围岩内部较小的范围，而高应力软岩隧道围岩变形则在围岩内部较大范围发生。

2.2 软岩隧道工程特性分析

2.2.1 软岩隧道工程特点

综合分析,软岩隧道主要有以下几方面工程特点:

(1)软岩隧道围岩结构面发育。软岩隧道往往围岩十分破碎,地质结构面十分发育,呈相互交织状,以致没有明显的方向性,又因围岩强度很低,结构面(弱面)的影响相对不甚显著,而地质结构面一般可传递压应力和剪应力。因此,软岩隧道开挖后产生的地表下沉和应力释放影响区域较大,潜在塌滑面会逐渐产生并扩大,进而影响隧道的整体稳定。

(2)软岩隧道围岩不仅不能承受拉应力,而且围岩抗压强度也很低,隧道洞室开挖后,围岩不但会在拉应力的作用下破碎坍塌(如大跨度隧道在拱顶处围岩会产生拉应力),而且会在应力集中后压应力的作用下产生破坏滑移,形成剪切破坏区(如在围岩超挖处和软岩隧道拱脚处往往会产生应力集中现象),如果不加支护,则随着围岩变形的发展引起洞室的坍塌,围岩总体丧失稳定。

(3)软岩隧道围岩稳定性较差,强度很低,极易在隧道开挖后发生较大变形甚至塌方失稳,而当岩体中的应力引起破坏而产生滑移以后,在变形发展的过程中尚可保持一定的强度,特别是在初期支护作用以后,围岩变形及稳定性将得到一定控制,因此初期支护的刚度和封闭时间与围岩稳定性的关系十分密切,最佳支护即在允许地层产生稳定位移的条件下,使支护结构所受的力最小。

2.2.2 软岩隧道围岩稳定性影响因素

影响软岩浅埋隧道围岩稳定性的因素主要包括:围岩工程地质条件、隧道工程结构条件和隧道工程施工条件。其中,地质条件是指围岩所处的原始应力状态、围岩的破碎程度和结构特征及地下水的作用等;结构条件是指隧道所处的位置、隧道的形状(尤其是隧道顶部几何形状)、隧道断面大小(跨度和高度)和隧道的埋深等条件;施工条件是指施工方法(即对围岩的扰动程度)、施工速度(即围岩的暴露时间)、支护的施作时间(即发挥作用的时机)、支护的力学性能及其与围岩的接触状态等。以下对软弱浅埋隧道围岩稳定性的主要因素进行分析。

2.2.2.1 地下水

地下水对软弱浅埋隧道稳定性的影响主要表现为:地下水的存在会使岩质软化、强度降低,稳定性降低、岩块易滑动。地下水的流动也可能冲蚀构造破碎带或结构面的充填物。在这种情况下,地下水对软岩隧道稳定性的影响往往是极其显著的,主要可以分为以下四个方面:

(1)地下水增加了围岩中的含水量和饱和度,大大降低某些岩石的变形模量和强度,有时还引起剧烈的膨胀(如泥岩),使某些岩石屈服点下降,黏性增加,裂隙面则使摩擦系数降低,黏聚力 c 值减少,加剧了围岩的破坏及变形。

(2)地下水加快了围岩中的侵蚀及泥化作用。在地下水的通道上,由于溶解、搬运或某些矿物成分的化学分解以及与其他因素综合引起的物理、化学变化等，通常围岩的强度状况会进一步恶化。

(3)由于静水压力的作用，饱和水部分岩体的裂隙或有孔隙的岩石母体中有效压应力都减小了，无论对裂隙或岩石母体，其应力状态都趋于恶化。

(4)在某些条件下，由于隧道开挖形成了新的自由面，对有一定透水能力的围岩来讲，附近的地下水有了新的排泄通道，因此在隧道周围产生了渗压梯度。

2.2.2.2　地应力

地应力是控制隧道围岩稳定的基本因素之一，其对隧道的影响主要取决于最大主应力与最小主应力的差值。对于软岩隧道，隧道开挖引起的围岩应力重分布可能产生较大的塑性区及松动区，并可能导致围岩出现随时间而增长的大变形及挤压破坏，在拱部表现为塌落、在侧墙产生挤压破坏、在底板出现底臌等。一般而言，对节理发育的岩石，当地应力较大而其主方向已知时，应尽量避免在设计及布置地下工程时使主要临空面暴露在主应力及主要节理组成锐角的方向上。当围岩软弱破碎时，较高的地应力会使岩层发生挤出、底臌、溃曲等剧烈变形现象。

2.2.2.3　工程因素

工程因素主要是指隧道的方位、规模(高、跨、长)、形态(马蹄形、圆形、矩形)、使用性质(永久性或短暂性)、施工方法(开挖顺序、一次成洞、分段开挖)、开挖方法(一般钻爆法、控制爆破法或掘进机法)、支护形式及施工过程等各种影响因素在一定条件下均会对隧道围岩稳定性产生一定的影响。结合软弱浅埋隧道埋深较浅、地层响应显著和软岩变形较大的工程特点，下面就施工工法对围岩稳定性的影响进行详细分析。

软岩隧道开挖常选用分部开挖法，如双侧壁导坑法、CRD 法和三台阶法。分部开挖法围岩应力重分布的过程复杂，围岩内应力多次调整，不同的开挖工法对围岩稳定性的控制效果以及施工配套要求有显著的区别。

对于地层条件较差的隧道或是大跨度隧道，通过采用分部开挖法，将大跨分为两个甚至多个小洞，实现变大跨为小跨。施工过程中，由于各洞之间会存在相互干扰，因此，在采用分部开挖时，必须确定合理的开挖顺序，并且及时封闭。

2.2.2.4　时间因素

软弱破碎围岩失稳与开挖时间之间存在一定的关系，常在围岩开挖后经过一段时间发生。围岩状态随时间的恶化及地层压力的增加可以从以下两方面说明：

(1)许多岩体，特别是黏土质岩石、泥岩等软弱岩石以及盐岩有明显的流变性质，甚至坚硬的火成岩由于节理裂隙的削弱作用，也会产生流变现象。所谓流变性质，简单来讲就是围岩变形在应力状态不变情况下不断增加(蠕变)，或在变形约束情况下应力随时间而变化(降低)，即松弛，以及围岩强度随时间而降低的性质(图 2-1)。流变会导致塑性区扩大，变形增加，破裂及松动区发展。

(2)时间的增长加剧了围岩的弱化过程，比如开洞后温度、湿度的变化，气流及地下水的风化侵蚀作用，施工爆破的冲击振动作用或机械振动引起的疲劳作用等都可逐渐或大大削弱围岩的刚度和强度，从而导致围岩变形的增加、塑性或松动破裂区的扩大等。

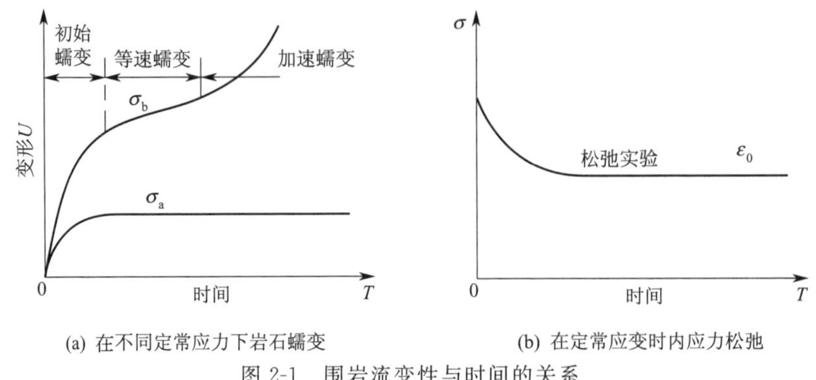

(a) 在不同定常应力下岩石蠕变　　(b) 在定常应变时内应力松弛

图 2-1　围岩流变性与时间的关系

因此，在软岩隧道施工过程中，应对开挖后已暴露的围岩及时支护，形成封闭的支护环，限制围岩产生过大的变形，尽量保证开挖速度与支护速度协调一致，并且合理地选择掘进方式，使隧道围岩尽量少受扰动，很好地控制工作面的变形。

2.2.3　软弱浅埋隧道围岩稳定性判别方法

现行隧道规范中对围岩稳定性评价标准，都是以周边容许收敛值或收敛速率给出的，主要判据为以下几种：①喷射混凝土出现明显裂缝；②洞周容许收敛值；③洞周最大收敛速率；④变形加速度。而判断软弱浅埋隧道围岩稳定性是复杂的，凭借单一参数往往难以得出结论。实际工程中，为了能够尽可能准确地判定软岩隧道的稳定性，往往需要多种方法互相印证。常用的软岩隧道稳定性的判别方法有以下三种：变形速率比值判别法、极限位移法和 Hoek 判别法。

2.2.3.1　变形速率比值判别法

变形速率是一种应用比较广泛的方法，现有规范和规程中均有相关的要求或指标。但是在实际工程应用中，往往需要根据工程特点，确定具体的评价参数与指标，其中基于工程类比法的的稳定性判别指标是最常用的。

该方法用于判断隧道开挖与初期支护稳定性的判别，称之为比值判别法。该方法假定预设计的初期支护全部施加后的围岩变形速率 v_1 与相应断面实测围岩变形速率最大值 v_0 的比值 v_1/v_0，不应大于典型工程监控量测统计的最大值。

2.2.3.2　极限位移判别法

极限位移是指在隧道各开挖阶段周边产生的最大位移量。在隧道的开挖过程中，围岩的稳定性可以看作是围岩与支护体系相互作用的复杂的动态平衡系统。要保证隧道施工各阶段的安全，就必须确保隧道周边位移量小于某一极限位移值，且变形量趋于恒定，否则隧道就会因变形过大而失稳破坏，甚至发生坍塌。

极限位移判别法是从隧道出现的各种极限状态入手，找出在某种极限状态下各控制点的位移，即极限位移，作为稳定性判别依据。通常的做法是在隧道的施工过程中，对隧道进行监控量测，如位移值超过某一极限值或者超出了预设计值，这意味着隧道处于不稳定状态，需要加强支护体系或采取其他有效措施。

2.2.3.3　经验数据法

对于软弱浅埋隧道能否发生严重的挤压或失稳变形，前人的研究方法主要有经验数值法和经验公式法。一般规范中给出的极限位移值在思路上与此类似。

Singh 基于 39 个隧道实例得出了如下的结论：如果 $H \gg 350Q^{\frac{1}{3}}$，则发生大的挤压变形，反之则不会。Goel 得出结论，如果 $H \gg (275N^{0.33})B^{-1}$(m)，则发生大的挤压变形，反之不会。二人提出了挤压程度的分级，具体分为以下三级：

(1)轻微挤压变形，隧道变形量一般为直径的 1%～3%；

(2)中等挤压变形，隧道变形量一般为直径的 3%～5%；

(3)大挤压变形，隧道变形量一般大于直径的 5%。

2.2.3.4　三种判断方法的比较

为了分析上述三种围岩稳定性判别方法在软弱浅埋隧道围岩判别过程中的实用性，现以新岭格隧道为例，进行对比分析，判别准则包括正常容许值、警戒值和危险值状态下的围岩变形速率和极限变形位移，并且与《公路隧道设计规范》(JTGD 70—2004)中的规范值相比较，相应的计算结果见表 2-2。

表 2-2　三种判别法的位移值对比

判断准则	正常值	容许值	警戒值	危险值
变形速率	<1 mm/d	1～5 mm/d	5～10 mm/d	≥10 mm/d
极限位移	30 mm	30～70 mm	70～100 mm	≥100 mm
U/B(%)	0.3	0.3～0.7	0.7～1.0	≥1.0
Singh 和 Goel(%)	0.1～0.3	0.3～0.5	0.5	≥0.5
Hoek 法(%)	0.1	0.1～0.5	0.5～1.0	≥1.0
《公路隧道设计规范》值	0.2	0.2～0.5	0.5～0.8	≥0.8

从表 2-2 中数据可以看出，变形速率比值判别法对于评价围岩稳定性的直观性较好。极限位移法对于判别隧道稳定性有着快速直观、计算简单的优势，由于每个隧道的极限位移的量值不同，这给判别带来了一定的难度。Singh 和 Goel 法以及 Hoek 法对于判别隧道稳定性有着更为直观和简单的优势，但是 Singh 和 Goel 法所判定的位移相对于我国的隧道设计规范所建议的相对位移限制值较小，而 Hoek 法的结果与《公路隧道设计规范》(JTGD 70—2004)的相应值接近。在判断隧道围岩稳定性时，应综合各因素，选择一个(或多个)合适的判别准则对隧道围岩稳定状态进行判定。

2.3　软岩隧道围岩细化分级

2.3.1　分级指标的选取

目前，国内外围岩分级的方法可以分为定性、定量和定性与定量相结合等三类方法，各类围岩分类方法采用的指标体系既有相同点，也有区别，选取合适的围岩分类指标体系有助于全面反映隧道围岩特性和准确确定隧道围岩质量等级。针对软弱浅埋隧道具体地质条件，结合目前国内外隧道围岩分级分类指标体系，选用下列细化分级指标。

2.3.1.1 岩石强度

岩体是由岩块和结构面组成，岩体的性质主要取决于岩块和结构面的性质，其中岩块的强度反映岩石的坚硬程度，岩块的强度越大，岩块越坚硬，承载能力越大，它是影响岩体工程性质的主要因素。由于岩石是岩体的基本组成单元之一，对岩体的工程性质有重要影响，因此岩石强度是围岩分级最重要的因素之一。

2.3.1.2 岩体完整程度

岩体的完整程度指岩体节理、裂隙、层理和断层等发育程度，结构面的存在破坏了岩体的完整性，结构面越密集，岩体越破碎，岩体的强度越小，稳定性越差。因此，国内外大部分分级方法中都将岩体的完整性作为一个主要因素。结构面的发育程度可以采用节理间距、结构面组数、单位体积岩体中含有的结构面数量等量化指标来表示。

2.3.1.3 工作面状态

工作面状态用来描述工作面是否稳定和是否需要支护，如发现有掉块或塌方，说明不能自稳，需要支护或超前支护，是对工作面稳定程度的一种直观表示。

2.3.1.4 岩体的风化程度

新鲜未风化的岩体强度远远大于强风化岩体的强度，风化程度对岩体强度的影响十分明显，因此，在围岩分级中应该适当考虑其作用。

2.3.1.5 岩体结构

岩体结构表示岩体被结构面切割后岩块的形状特征及其组合关系，也是评价岩体完整性的一种常用指标，反映岩体结构的因素有：岩层厚度、节理情况、嵌合程度、岩体结构类型等方面。

2.3.1.6 软弱夹层状况

软弱夹层指隧道围岩中的软弱部位，相对于上下盘岩体性状有显著差别，对隧道围岩稳定性具有重要的控制作用。

2.3.1.7 地 下 水

水对岩体性质的影响比较复杂，一般情况下，软岩遇水后易发生软化，强度降低，硬岩则不太明显。水对结构面的性质影响较大，当结构面中含有泥质充填物时，含水后抗剪强度将会大大降低，结构面中水压的作用将使法向应力减小，从而导致抗剪能力的降低。

2.3.2 软岩细化分级评价体系

围岩分级是所有岩石工程设计和施工管理的基本依据。我国现行的《工程岩体分级标准》(GB 50125—94)和《公路隧道设计规范》(JTJD 70—2004)中对围岩分级的方法属于多因素定量分级标准。本书充分结合钟鸣一号、二号隧道围岩分级影响指标，深入分析软弱浅埋隧道低等级围岩特征，对设计资料中Ⅳ、Ⅴ类围岩进行亚分类，建立适用于软弱浅埋隧道低等级围岩的定性与定量相结合的围岩分级标准体系，进而在施工过程中有针对性的对其进行施工方案优化及风险控制。

2.3.2.1　围岩定量分级指标

软岩隧道围岩评分指标体系采用围岩分级评价及量化评分的方法，可以比较准确地评价围岩特性，减少人为因素影响。围岩评分指标体系需要建立在大量实际工程的基础上，根据各个评价指标与工程实际的影响程度，越重要的指标，其分值越大，结合工程经验，制定各个分级的量化分值。表 2-3 为软岩隧道细化分级评分指标体系表。

表 2-3　围岩评分指标体系

评价指标	指标等级及评分			
岩体强度	锤击易裂开，呈小片状	锤击易崩裂	用指甲可崩成碎片	土砂状
	20～15	15～10	10～5	5～0
工作面状态程度	自稳，但局部掉块	需留核心土	需要强支护和大规模支护措施	其他
	20～15	15～10	10～5	5～0
岩体风化程度	微风化，沿裂隙变风化色、强度稍稍降低	弱风化、整体变色风化，强度大大降低	强风化，部分土砂化、黏土化	全风化，整体土砂化、黏土化
	15～11	11～7	7～3	3～0
岩体结构类型	块状、层状结构	镶嵌破碎状、中薄层状架构	裂隙块状、破碎结构	散体状结构
	15～11	11～7	7～3	3～0
软弱夹层状况	软弱夹层与上下层岩性接近	软弱夹层范围小	软弱夹层稳定性差或者分布范围较大	软弱夹层稳定性极差，且分布范围广
	20～15	15～10	10～5	5～0
地下水	稍湿润	渗水	滴水	流水
	15～10	15～10	10～5	5～0

在表 2-3 的基础上，可以得到围岩的各项分级指标评分值，所有分级指标的评分值之和将作为围岩的定量评价指标。该指标为 0～100 之间的数值，数值越大，说明围岩质量越好，反之，围岩质量则越差。结合国内外代表性分级系统的作法，采用了简单区间划分的方式进行级别划分，将《铁路隧道设计规范》(TB 10003—2005)中Ⅳ、Ⅴ级围岩细化分为Ⅳ-1、Ⅳ-2、Ⅴ-1 和Ⅴ-2 四个等级，见表 2-4。

表 2-4　软岩隧道细化分级

评分值	80～100	65～80	40～65	0～40
围岩等级	Ⅳ-1	Ⅳ-2	Ⅴ-1	Ⅴ-2

2.3.2.2　围岩定性分级指标

为了使围岩等级评定工作在隧道设计和施工过程中易于操作，在表 2-2 和表 2-3 的基础上，结合工程经验和《铁路隧道设计规范》(TB 1003—2005)的分级标准，对软岩隧道细化分级法制定定性分级评定标准，见表 2-5。

根据表 2-2～表 2-4 软弱浅埋隧道低等级围岩细化分级评定指标，结合现场实际施工情况和地质条件，对宁安铁路钟鸣一号、二号隧道典型断面进行围岩等级划分，见表 2-6。

表 2-5 围岩定性分级表

围岩等级		岩性	埋深(m)	岩土完整程度	风化程度	地下水发育特征	工作面围岩自稳能力
Ⅳ	Ⅳ-1	微风化、强风化泥砂岩	20～30	岩体较破碎	弱风化	稍湿润	可稳定一个月，可能发生小型塌方
	Ⅳ-2	粉质黏土层	20～30	岩体破碎	强风化	渗水	可稳定半个月，开挖界面容易出现松动圈，发生中型塌方
Ⅴ	Ⅴ-1	粉质黏土夹粗圆砾土层	15～25	岩体破碎	全风化	滴水	稳定时间不足一周，工作面易发生失稳滑移和中大型塌方
	Ⅴ-2	粗圆砾土层	10～15	岩体极破碎	散粒状土	流水	不能自稳，开挖前需预支护，极易发生塌方

表 2-6 宁安城际铁路钟鸣一号、二号隧道典型断面围岩等级划分情况

断面位置	地层岩性	埋深(m)	岩体完整程度	岩体风化程度	工作面稳定情况	地下水	评分	围岩等级
DK140＋370	粗圆砾土、泥质砂岩	16.8	破碎、极破碎	全风化，呈土状	不能自稳，极易发生坍塌和失稳	有渗水现象	58	Ⅴ-1
DK140＋490	粗圆砾土、泥质砂岩	29.5	破碎、极破碎	全风化，呈土状	不能自稳，极易发生坍塌和失稳	孔隙水和基岩裂隙不发育	72	Ⅳ-2
DK141＋165	含砾粉质黏土	22.9	极破碎	全风化，呈土状	不能自稳，极易向洞室临空挤出	孔隙水和基岩裂隙不发育	68	Ⅳ-2
DK141＋050	粉质黏土、粗圆砾土	12.6	破碎、极破碎	全风化，呈土状	不能自稳，粉质黏土和全风化层易变性	孔隙水和基岩裂隙不发育	55	Ⅴ-1
DK140＋010	泥质砂岩	8.3	破碎、极破碎	全风化、强风化	不能自稳，极易发生坍塌和失稳	有滴水现象	25	Ⅴ-2
DK140＋610	粗圆砾土	7.6	破碎、极破碎	全风化，呈土状	不能自稳，极易发生坍塌和失稳	有滴水现象	30	Ⅴ-2
DK140＋940	粉质黏土、(含砾)粗圆砾土、泥质砂岩	9.2	破碎、极破碎	全风化	不能自稳，受地下水影响极易发生坍塌和失稳	裂隙水较发育，有滴水现象	34	Ⅴ-2
DK141＋560	泥质砂岩	9.5	破碎	全风化、强风化	不能自稳，极易发生坍塌和失稳	裂隙水较发育，有滴水现象	27	Ⅴ-2
DK141＋100	粉质黏土、(含砾)粗圆砾土、泥质砂岩	27.3	破碎、极破碎	全风化，呈土状	不能自稳，极易发生坍塌和失稳	孔隙水和基岩裂隙水不发育	64	Ⅴ-1
DK141＋450	泥质砂岩	12.5	破碎、极破碎	全风化、强风化	不能自稳，遇水极易软化，发生坍塌和冒顶	有滴水现象	50	Ⅴ-1

第3章　软岩隧道风险识别与评估技术

风险识别和评估技术是通过风险辨识、风险估计与评价、风险对策及其他多种管理方法、技术和手段对工程中可能出现的各种风险进行有效地控制,并通过采取主动行动来降低风险发生概率和风险发生损失的方法。有效地风险评估和管理工作可以用最少的成本来保证项目的安全实施,并能在一定程度上为决策者提供参考。由于软弱浅埋隧道特有的工程特性,塌方冒顶、围岩大变形、工作面失稳等风险类型常在施工过程中发生。因此,运用风险识别和评估技术对其进行分析和控制具有重大的经济意义和社会效益。

3.1　风险评估程序和流程

风险评估主要程序如下:

(1)明确相关人员及组织机构,制定计划和策略,确定风险评估对象及目标,风险等级标准和接受准则,收集基本资料,提出风险识别和评价方法;

(2)确定风险来源并分类,建立风险指标体系,对初始风险进行识别;

(3)对初始风险进行评价,分别确定各风险因素对目标风险发生的概率和损失;风险概率难以取得时,可采用风险频率代替;

(4)分析各风险因素对目标风险的影响程度(权重),并进行多风险综合影响分析;

(5)评价初始风险等级,根据评价结果制定相应的风险处理方案或措施;

(6)对风险进行再评估,提出残留风险及其等级。

项目在整个实施过程中可分为可行性研究阶段、初步设计阶段(施工图设计阶段)、施工阶段。其中,施工阶段的风险是最为重要的,直接关系到施工质量的好坏,具体评估流程如图3-1所示。

3.2　风险评估方法

3.2.1　风险评估中常用的定性方法

风险评估的定性方法有专家评议法、专家调查法、失效模式和后果分析法等多种方法,每种方法的适用性和优缺点均有不同。这里仅简单介绍专家调查法。

专家调查法是通过函询向专家征求意见,利用专家的专业知识和项目经验来对风险进行评估。主要步骤为:首先,通过风险识别列出工程中可能出现的所有风险的调查表;然后,请专家对工程中各种风险因素发生的可能性和损失等各个指标进行打分,得到各个风险因素以及整个工程的风险程度。

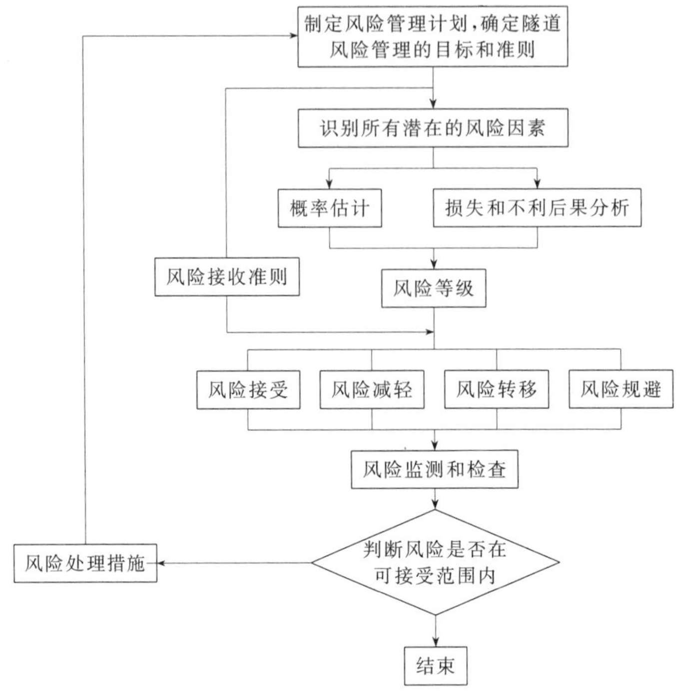

图 3-1 风险评估流程图

专家调查打分法主要是采用统计方法将多数人的意见和少数人的意见都包含在内，结果比较全面，可信度相对较高。但是，该法主要依赖于专家经验，所做出的评价意见是根据本人的知识水平和工程经验得到的，受组织者、参加者的主观因素影响较大，其结果合理与否直接会影响评价结果的准确性。

该法通常用于工程具体数据资料缺乏时的情况，适用于难以借助精确分析技术而只能依靠集体直观判断进行预测的问题。

3.2.2 风险评估中常用的定量方法

3.2.2.1 蒙特卡罗方法(Monte-Carl)

蒙特卡罗方法是估计经济风险和工程风险常用的方法。应用蒙特卡罗方法可以直接处理每一个风险因素的不确定性，并把这种不确定性在成本方面的影响以概率分布的形式表示出来。该方法是一种多元素变化分析方法，其中所有的元素都同时受风险不确定性的影响。

蒙特卡罗方法的优点是能够用于随机变量的计算中，且变量数目不受限制，随机变量可以根据具体数据采用任何分布形式，也可以更有效地发挥专家的作用。它的缺点是在实际中建立模型较难，且没有计入风险因素之间的相互影响。

该方法既有对项目结构的分析，又有对风险因素的定量评价，比较适合在大中型项目中应用，适用于问题比较复杂、要求精度较高的场合。

3.2.2.2 CIM 模型法(控制区间记忆模型法)

CIM 模型法是进行概率分布叠加的有效方法之一。该方法用直方图代替变量的概率分布,用和代替概率函数的积分,是一种较成熟的概率分布处理技术。所谓“控制区间”,是指为了减少叠加误差,在计算中对叠加变量的直方图加以处理(缩小其概率区间),将原叠加变量的相应概率区间分解得再小些,可以得到更加精确的结果。所谓“记忆”,是把前两个概率分布叠加的结果记忆下来,再用CIM方法与下一个变量的概率分布叠加,直至叠加完最后一个变量为止。

CIM模型法的优点是用直方图代替变量的概率分布,用和代替积分函数,变量的概率分布采用经验分布形式,使风险因素量化过程变得简单、直观,并且易于实现概率的加法和乘法计算。其缺点是只适用于各变量间相互独立的情况,最终结果的精确与否与所取区间大小有很大关系。若所取区间较大,得到的结果精确度不高。它适用于结果精度要求不高,且变量间相互独立或者相关性可以忽略的项目。

3.2.3 风险评估中常用的半定量方法

由于很多风险因素都具有不确定性,其性质和活动无法用数字来定量描述,因此目前的定量评价方法都是建立在定性分析的基础之上,将定性分析结果凭经验进行分类,然后运用一些定量方法将定性结果定量化,得到风险指数,然后再进行定性评价,结果也是含糊不定的,这些方法称为半定量评估方法。由于这些方法能够将定性的风险定量化,给决策者提供直接的参考依据,因此得到了广泛应用。目前,常用于风险评价的半定量方法有事故树分析法和风险指数矩阵法。

3.2.3.1 事故树分析法(Fault Tree Analysis)

事故树分析法是一种演绎的逻辑分析方法,在风险分析中的应用遵循从结果找原因的原则,将项目风险形成的原因由总体到部分按树枝形状逐级细化,分析项目风险及其产生原因之间的因果关系,即在前期预测和识别各种潜在风险因素基础上,运用逻辑推理方法,沿着风险产生的路径,求出风险发生的概率,提供各种控制风险因素的方案。

事故树的优点是层次清楚、阶段明显,可以进行多阶段、多因素事件动态发展过程的分析,预测系统中事故发展的趋势。此外,事故树法可以定性、定量地辨识初始事件发展为事故的各种过程及后果,并分析严重程度。事故树分析法也存在着一些缺点。由于国内外数据较少,进行定量分析很难实现,且用于大系统时,事件树的大小随问题中变量个数呈指数增长,计算量比较大。

3.2.3.2 风险指数矩阵法

风险指数矩阵法是采用概率理论对风险因素发生的概率和后果进行评估的方法。该方法的过程为:首先,确定风险评估指标;然后,确定每个风险因素的后果等级和概率等级;最后,将风险发生的概率等级和后果等级分别列在风险矩阵图上,二者垂直坐标交点区域即为风险等级。

该方法操作简单,容易得到风险评估的结果,既能进行定性分析又能定量分析。它的不足在于主观性比较强。如果经验不足,会给分析带来较大的误差,且风险严重等级和发生频率都是由研究者自己决定,存在较大的主观误差。此方法可根据使用需求对风险等级划分进行修改，使其适用于不同的分析系统，但要有一定的工程经验和数据资料作依据。

3.3 风险评估模型

3.3.1 模糊综合评判法

模糊数学是使用数学工具来研究和处理生活中存在的模糊现象。模糊数学绝不是把精确的数学模糊化，而是用精确的数学方法来处理现实生活中无法用数学描述的模糊现象，是架在形式化思维和复杂系统之间的一座桥梁。模糊数学在处理非数字化的、模糊的、难以定义的变量方面有独到之处，能通过合理的数学方法去描述变量、估计变量，将模糊的变量用数学的语言描述出来。

在风险评估中引入模糊数学的思想，是考虑到在实际工程项目中，许多风险因素性质和影响具有模糊性，它们常被用模糊语言描述为"较低"、"低度"、"中度"、"高度"、"极高"等，这些模糊的描述无法用数字来准确地进行定量描述，而模糊数学可以将这些模糊信息以定量化形式表现出来，也就是先用模糊数来表示出项目的风险，然后采用模糊数学的方法进行模糊综合评价，得出一个定量化的描述，结果更加直观，也能取得更好的实际效果。将模糊综合评价法用于风险评价，具体步骤如下。

3.3.1.1 确定评价因素集、评价等级

因素集：$U=\{U_1,U_2,\cdots,U_m\}$，$(i=1,2,\cdots m)$

其中，$U_i(i=1,2,\cdots m)$为影响评价对象的一个因素，即因素集是以影响评价对象的各个因素为元素的一个普通集合。

评价集：$V=\{V_1,V_2,\cdots V_n\}$

其中，$V_j(j=1,2,\cdots n)$表示每一因素所处状态的第j种决断（即评价等级），即评价集是专家利用自己的经验和知识对项目因素对象可能做出的各种评判结果所组成的集合。

3.3.1.2 构造判断矩阵和确定权重

权重集反映了因素集中各因素的重要程度，一般对各因素$U_i(i=1,2,\cdots m)$赋予一相应的权数$a_i(i=1,2,\cdots m)$，这些权数组成的集合$A=(a_1,a_2,\cdots,a_m)$称为因素权重集，简称权重集。

权数是表征各个因素相对重要性大小的度量值。在评价问题中，赋权数是非常重要的。一般都是通过专家经验来获得权重，具有一定的主观色彩，但是，该方法也有客观的一面，在某种程度上也是对实际情况的一种反映。当反映了实际情况时，则评价结果具有较高的参考价值。但是主观判断权数有些时候可能与客观情况存在较大的差异，从而导致评价的结果严重失真，直接影响到决策者的判断。在实际运用中，可以通过数学的方法来确定权数，凭借数学方法严格的逻辑性尽量剔除评分过程中的主观性，使评价结果更符合客观实际。

3.3.1.3　建立隶属度

首先对因素集中的单因素 $U_i(i=1,2,\cdots m)$ 作单因素评判，从因素 U_i 着眼事物对抉择等级 $V_j(j=1,2,\cdots n)$ 的隶属度为 r_{ij}，这样就得出第 i 个因素 U_i 的单因素评判集 $r_i=(r_{i1},r_{i2},\cdots,r_{in})$，这样 m 个因素的评价集就构造出一个总的评价矩阵 R，即每个被评价对象确定了从 U 到 V 的模糊关系 R，它是一个矩阵：

$$R=(r_{ij})_{m\times n}=\begin{bmatrix} r_{11} & r_{12} & r_{13} & \cdots & r_{1n} \\ r_{21} & r_{22} & r_{23} & \cdots & r_{2n} \\ r_{31} & r_{32} & r_{33} & \cdots & r_{3n} \\ \vdots & \vdots & \vdots & \ddots & \vdots \\ r_{m1} & r_{m2} & r_{m3} & \cdots & r_{mn} \end{bmatrix}(i=1,2,\cdots m,j=1,2,\cdots n) \tag{3-1}$$

式中，r_{ij} 表示第 i 个因素 U_i 在第 j 个评语上的频率分布，且满足 $\sum r_{ij}=1$。首先进行最低层次的模糊综合评判，其次由最低层次的评判结果构成上一层次的模糊矩阵，再进行上一层次的模糊综合，循此自上而下逐层进行模糊综合评判。

3.3.1.4　选择适当的算法进行模糊综合评判

R 中不同的行反映了某个被评价事物单因素对各等级模糊子集的隶属程度。用权向量 A 将不同的行进行综合，就可得到该被评事物从总体上来看对各等级模糊子集的隶属程度，即模糊综合评价结果向量。引入一个模糊子集 B（决策集），$B=(b_1,b_2,\cdots,b_n)$。一般令 $B=A\cdot R$（$\cdot$ 为算子符号），称为模糊变换。这个模型看起来简单，实际上较为复杂。对于不同的模糊算子，就有不同的评价模型。本书采取的模糊算子是比较简单的乘法，即直接相乘，其模糊综合评判模型为

$$B=A\cdot R=(a_1,a_2,\cdots,a_m)\begin{bmatrix} r_{11} & r_{12} & r_{13} & \cdots & r_{1n} \\ r_{21} & r_{22} & r_{23} & \cdots & r_{2n} \\ r_{31} & r_{32} & r_{33} & \cdots & r_{3n} \\ \vdots & \vdots & \vdots & \ddots & \vdots \\ r_{m1} & r_{m2} & r_{m3} & \cdots & r_{mn} \end{bmatrix}=(b_1,b_2,\cdots,b_n) \tag{3-2}$$

3.3.1.5　综合决策

这一步主要是对评判指标进行计算、处理，并依据指标处理的结果进行决策。一般情况下，评判指标的处理可采用最大隶属度法、模糊分布法和加权平均法。

(1)最大隶属度法：以 B 中的 $\max\{b_1,b_2,\cdots,b_n\}$ 对应的评价等级作为评价结果，仅考虑了最大评价指标的贡献，舍去了其他指标所提供的信息；当最大评价指标不止一个时，用最大隶属度法便很难决定具体的评价结果，可采用加权平均法。

(2)模糊分布法：直接把评价指标作为评价结果，或将评价指标归一化，用归一化的评价指标作为评价结果。归一化的做法如下：

先求各评价指标之和，即

$$b=b_1+b_2+\cdots+b_n=\sum_{j=1}^{n}b_j \tag{3-3}$$

再用原来的各个评价指标除以 b：$B=\left(\frac{b_1}{b},\frac{b_2}{b},\cdots\frac{b_n}{b}\right)=(b_1',b_2',\cdots+b_n')$ 为归一化的模糊综合评价指标，即 $\sum_{j=1}^{n}b_j'=1$。

(3)加权平均法：取 b_j 为权数，对各个评价结果进行加权平均的值作为评价最后的结果，即

$$V=\frac{\sum_{j=1}^{n}b_jV_j}{\sum_{j=1}^{n}b_j} \tag{3-4}$$

如果评价指标 b_j 已经归一化，则

$$V=\sum_{j=1}^{n}b_jV_j \tag{3-5}$$

在计算软弱浅埋隧道工程风险时，出于安全考虑，考虑最严重的风险后果，采用最大隶属度法，以便及时做好应对措施。在模糊综合评判法中，步骤三是非常关键的一步，本书采用层次分析法和改进的层次分析法来确定各个指标的权重，以下着重介绍这两种方法。

3.3.2 层次分析法

层次分析法(Analytic Hierarchy Process，简称 AHP)，是美国著名运筹学家 Saaty 在 20 世纪 70 年代中期创立的一种多目标决策方法，其本质是试图使人的思维条理化、层次化，这种方法具有将决策者对复杂系统的决策思维过程实现易于理解的、简单的数量化。通过建立判断矩阵，逐步分层地将复杂因素和决策者的个人因素综合起来进行逻辑思维，并用定量形式表示出来，从而使决策者能对复杂问题有清晰的认识。

对于复杂多层次指标体系，若要让决策者直接给出某一层的若干指标对上一层次中与其相关的某项指标的权重，是比较困难的；若要求决策者直接给出最下层各项指标相对于最上层总目标的权重值，则更加困难。但是，如果让决策者分层两两比较各项指标对于相邻同一层次中相关指标的重要性，则比较容易。在获得这一两两比较的结果之后，就可分层求出各项指标对于上一层次指标的权重值，从而可分层求得不同的权重值。

AHP 方法的基本原理就是把复杂系统分解成各个组成因素，又将这些因素按支配关系分组形成递阶层次结构，通过两两比较的方式确定层次中各因素的相对重要性，然后综合决策者的判断，确定决策方案相对重要性的总排序。层次分析法一般有以下四个步骤：

3.3.2.1 建立层次结构

在深入分析所要研究的问题之后，将问题中所包含的因素划分为不同层次，包括最高层、中间层和最低层。其中最高层是目标层，表示决策者所要达到的目标；中间层是准则层，表示衡量是否达到目标的判别准则；最底层是指标层。层与层之间的连线表示上下层之间各元素的相关关系。将同一层次的因素作为比较和评价的准则，对下一层次的某些因素起支配作用，同时它又是从属于上一层次的因素。对于复杂的决策问题，其目标可能

不止一个，这时可将目标层扩展成两层，第一层为总目标，第二层为并列的分目标；其准则也可能不止一层，也可划分为准则层和指标层，以此类推。

3.3.2.2　构造判断矩阵

建立层次结构模型之后，在各层元素中进行两两比较，构造出比较判断矩阵。应用 AHP 是对每一层次中各元素相对重要性给出判断，这些判断可以通过引入合适的标度(1～9标度)用数值表示出来。9 级标度判断矩阵及其含义，见表 3-1。

表 3-1　判断矩阵标度及其含义

标　度	含　义
1	表示两个元素相比，同样重要
3	表示两个元素相比，前者比后者稍重要
5	表示两个元素相比，前者比后者明显重要
7	表示两个元素相比，前者比后者强烈重要
9	表示两个元素相比，前者比后者极端重要
2,4,6,8	表示上述判断的中间值

判断矩阵一般写成如下形式：

$$A=\begin{bmatrix} a_{11} & a_{12} & \cdots & a_{1n} \\ a_{21} & a_{22} & \cdots & a_{2n} \\ \cdots & \cdots & \ddots & \cdots \\ a_{n1} & a_{n2} & \cdots & a_{nn} \end{bmatrix} \tag{3-6}$$

在矩阵 $A=(a_{ij})_{n\times n}$ 中，a_{ij} 表示元素 i 与元素 j 的重要度之比，关系如下：

(1)$a_{ij}=1/a_{ji}$，$i,j=1,2,\cdots\cdots n$；(2)$a_{ii}=1$；(3)$a_{ij}>0$。

3.3.2.3　单一准则下元素的指标权重计算

计算矩阵特征值和特征向量的方法很多，在精度要求不高的情况下，可以用近似方法计算特征值 λ_{max} 和特征向量 W，最常用的有以下两种方法：

(1)求和法

①将判断矩阵按列归一化

$$\overline{a}_{ij}=\frac{a_{ij}}{\sum_{i=1}^{n}a_{ij}} \qquad i,j=1,2,\cdots,n \tag{3-7}$$

②每一列经归一化后的判断矩阵按行相加

$$\overline{W}_i=\sum_{j=1}^{n}\overline{a}_{ij} \qquad i,j=1,2,\cdots,n \tag{3-8}$$

③对向量 $\overline{W}=(\overline{W}_1,\overline{W}_2,\cdots\overline{W}_n)^T$ 作归一化处理

$$W_i=\frac{\overline{W}_i}{\sum_{i=1}^{n}\overline{W}_i} \qquad i=1,2,\cdots,n \tag{3-9}$$

依此所得到 $W=(W_1,W_2,\cdots W_n)^T$ 即为所求特征向量。

④按下列公式计算 λ_{max}

$$\lambda_{max}=\sum_{i=1}^{n}\frac{(AW)_i}{nW_i}\qquad i=1,2,\cdots,n \tag{3-10}$$

式中，$(AW)_i$ 表示向量 AW 的第 i 个元素。

(2)方根法

①A 的元素按列相乘并开 n 次方，即

$$\overline{W}_i=\sqrt[n]{\prod_{j=1}^{n}a_{ij}}\qquad i=1,2,\cdots,n \tag{3-11}$$

②将 $\overline{W}_i$ 归一化即得排序权向量 W_i，即

$$W_i=\frac{\overline{W}_i}{\sum_{i=1}^{n}\overline{W}_i}\qquad i=1,2,\cdots,n \tag{3-12}$$

③按式(3-10)计算 λ_{max}。

3.3.2.4 一致性检验

(1)检验指标

①一致性指标 CI

$$CI=\frac{\lambda_{max}-n}{n-1} \tag{3-13}$$

式中，n 为判断矩阵的阶数。

当 $\lambda_{max}=n$，$CI=0$，为完全一致；$\lambda_{max}>n$，判断矩阵不具有一致性，需要引入一致性指标，CI 值越大，判断矩阵的一致性越差，一般只要 $CI\leqslant 0.1$，则认为判断矩阵的一致性可以接受。判断矩阵的维数($n\geqslant 4$)越大，判断的一致性将越差，故应放宽对高维判断矩阵一致性的要求，可以引入平均随机一致性指标 RI 进行修正。

②随机一致性指标 RI

平均随机一致性指标是在多次(500 次以上)重复进行随机判断矩阵特征值的计算之后取算术平均数得到的。1～15 阶重复计算 1 000 次的平均随机一致性指标见表 3-2。

表 3-2 平均随机一致性指标 *RI*

矩阵参数	1	2	3	4	5	6	7	8
RI	0	0	0.52	0.89	1.12	1.26	1.36	1.41
矩阵参数	9	10	11	12	13	14	15	
RI	1.46	1.49	1.52	1.54	1.56	1.58	1.59	

③ 一致性比率 CR

$$CR=\frac{CI}{RI} \tag{3-14}$$

当判断完全一致时，$CR=0$。一般只要 $CR<0.1$，就认为这个判断矩阵的一致性可以接受。

(2)检验步骤

①求矩阵的最大特征值 λ_{max}，并按式(3-13)计算 CI 值；

②按矩阵阶数从表 3-2 中查出 RI 值；

③按式(3-14)计算 CR 值；

④如果 $CR<0.1$，检验通过，否则需对判断矩阵进行某些调整，再返回①。

3.3.2.5　层次总排序

经过上述两两比较评判即可计算出最低层因素对于最高层(总目标)的相对重要性的排序权值，从而进行层次总排序。计算方法为各二级指标权重与其所属一级指标权重的乘积，即

$$c_j=a_ib_{ij} \tag{3-15}$$

式中，c_j 为层次总排序值；a_i 为层次结构一级指标的权重；b_{ij} 为级指标下二级指标的权重。

(1)假设某准则层下有四个指标 B_1、B_2、B_3、B_4，邀请若干专家打分，经汇总后得到如表 3-3 所示的评分矩阵。

表 3-3　专家打分表

评价指标	B_1	B_2	B_3	B_4
B_1	1	1	3	2
B_2	1	1	3	2
B_3	1/3	1/3	1	1
B_4	1/2	1/2	1	1

可以得到判断矩阵如下：

$$A=[a_{ij}]=\begin{bmatrix}1 & 1 & 3 & 2\\ 1 & 1 & 3 & 2\\ 1/3 & 1/3 & 1 & 1\\ 1/2 & 1/2 & 1 & 1\end{bmatrix}$$

(2)求矩阵的特征向量。按照上面的近似计算方法，先将判断矩阵每一列归一化，再将每一列经归一化后的判断矩阵按行相加得到向量 $\overline{W}=(\overline{W}_1,\overline{W}_2,\cdots\overline{W}_n)^T$，最后对向量 $\overline{W}=(\overline{W}_1,\overline{W}_2,\cdots\overline{W}_n)^T$ 作归一化处理得到所求的特征向量，过程如下：

$$\begin{bmatrix}1 & 1 & 3 & 2\\ 1 & 1 & 3 & 2\\ 1/3 & 1/3 & 1 & 1\\ 1/2 & 1/2 & 1 & 1\end{bmatrix}\sim\sim\begin{bmatrix}0.35 & 0.35 & 0.38 & 0.33\\ 0.35 & 0.35 & 0.38 & 0.33\\ 0.12 & 0.12 & 0.13 & 0.17\\ 0.18 & 0.18 & 0.13 & 0.17\end{bmatrix}\sim\sim\begin{bmatrix}1.41\\ 1.41\\ 0.53\\ 0.64\end{bmatrix}\sim\sim\begin{bmatrix}0.354\\ 0.354\\ 0.131\\ 0.161\end{bmatrix}$$

即得到权重 $W=(0.354,0.354,0.131,0.161)^T$。

(3)求 λ_{max},检验一致性。

由 $\lambda_{max}=\sum_{i=1}^{n}\frac{(AW)_i}{nW_i}$

$$\begin{bmatrix}1 & 1 & 3 & 2\\1 & 1 & 3 & 2\\1/3 & 1/3 & 1 & 1\\1/2 & 1/2 & 1 & 1\end{bmatrix}\begin{bmatrix}0.354\\0.354\\0.131\\0.161\end{bmatrix}=\lambda_{max}\times 4\begin{bmatrix}0.354\\0.354\\0.131\\0.161\end{bmatrix}$$

即可得到 $\lambda_{max}=4.02$。

$$CI=\frac{\lambda_{max}-n}{n-1}=\frac{4.02-4}{4-1}=0.007$$

$$CR=\frac{CI}{RI}=\frac{0.007}{0.89}=0.0077<0.1$$

故该矩阵的判断一致,计算的权重可以接受。四个风险指标 B_1、B_2、B_3、B_4 的权重为 $W=(0.354,0.354,0.131,0.161)^T$。

3.3.3 基于三角模糊数的改进层次分析法

传统的层次分析法一般以 1～9 之间的整数作为标度来构造评分矩阵,这种判断不能表现出评分的模糊性和不确定性。因此,荷兰学者 Van Laargoven 于 1983 年提出了引进三角模糊数来表示各个指标模糊比较判断的方法,并运用三角模糊数的运算和最小二乘法来求得各个评价元素的排序,从而把层次分析法拓展为考虑多种模糊性的模糊层次分析法。该法克服了传统层次分析法两大缺点:

(1)在邀请专家打分构造判断矩阵时,传统的 AHP 只能根据"1～9"标度来确定两个风险评估指标之间的相对重要性,比较的结果只能用 1/9～9 之间的一个数字来表达,而不能选用其他方式。由于影响评估指标间重要性程度的因素很多、不同的人对风险认识各不相同、风险评分中存在各种模糊性和不确定性,这样的评分方法无法反映风险因素评分问题,与实际操作存在一定程度上的差别。

(2)用层次分析法构造判断矩阵时,一致性检验的过程比较复杂,但是一致性检验方法是否合理,在学术界仍有很多争议。此外,专家打分后,如果指标的评分矩阵不符合一致性检验,则需要邀请专家对风险重新进行打分,这个操作过程不仅给工程增加了很多工作量,而且对专家群体打分的质量不够信任,在技术上和实际中都难以操作。

基于以上两个缺点,本节引入三角模糊数理论,对层次分析法确定权重的算法进行了修正,这种修正可以很好地解决以上两个缺点,使分析模型变得更加科学、合理和完善。首先简单介绍三角模糊数的一些基本理论。

3.3.3.1　三角模糊数的基本理论

定义：若 $p=(l,m,s)$，且 $0<l<m<s$，则称 p 为三角模糊数，其隶属函数可表示为

$$f(x)=\begin{cases}0 & x\leqslant l\\ \dfrac{x-l}{m-l} & l<x\leqslant m\\ \dfrac{s-x}{s-m} & m<x\leqslant s\\ 0 & x>s\end{cases} \tag{3-16}$$

式中，$x\in R$，$l\leqslant m\leqslant s$，l、s 分别为下界和上界，表示模糊的程度。设 $\delta=s-l$，则 δ 越大表示模糊程度越高，δ 越小表示模糊程度越低，$\delta=0$ 表示判断是非模糊的，这时即为传统 AHP 打分方法。

对任意两个三角模糊数 $p_1=(l_1,m_1,s_1)$、$p_2=(l_2,m_2,s_2)$，有关三角模糊数的运算法则如下：

$$\begin{cases}p_1+p_2=(l_1+l_2,m_1+m_2,s_1+s_2)\\ p_1\cdot p_2=(l_1\cdot l_2,m_1\cdot m_2,s_1\cdot s_2)\\ p_1^{-1}=(s_1^{-1},m_1^{-1},l_1^{-1}),\lambda p_1=(\lambda l_1,\lambda m_1,\lambda s_1)\end{cases} \tag{3-17}$$

3.3.3.2　基于三角模糊数的层次分析法[84]

改进后的层次分析法步骤如下：

(1)建立评价指标的层次结构。

(2)建立各个指标之间的相对重要度判断矩阵。利用专家打分法对同一准则层下的各个指标进行两两比较判断，利用三角模糊数 (l_{ij},m_{ij},s_{ij}) 定量表示比较的结果，记为 $a_{ij}=(l_{ij},m_{ij},s_{ij})$。若 $\delta=s_{ij}-l_{ij}<1$，模糊度过小，没有完全反映人们认识上的模糊；$\delta=s_{ij}-l_{ij}>2$，则模糊度过大，置信度将会相对减小，本书将其控制在 $1\leqslant\delta=s_{ij}-l_{ij}\leqslant 2$，在此范围内，评分能够得到比较理想的评价效果。按照这种思想，构造的模糊判断矩阵见表 3-4。

表 3-4　专家模糊判断矩阵

评价指标	A_1	A_2	…	A_n
A_1	a_{11}	a_{12}	…	a_{1n}
A_2	a_{21}	a_{22}	…	a_{2n}
⋮	⋮	⋮	⋱	⋮
A_n	a_{n1}	a_{n2}	…	a_{nn}

表 3-4 矩阵中 $a_{ij}=(l_{ij},m_{ij},s_{ij})$ 是一个三角模糊数，表示专家评定的风险因素 A_i 对于 A_j 的重要度，l_{ij}，m_{ij}，s_{ij} 表示专家评分的一个相对模糊值，分别为最悲观值、最可能值和最乐观值。

其中，$a_{ji}=\dfrac{1}{a_{ij}}=\left(\dfrac{1}{s_{ij}},\dfrac{1}{m_{ij}},\dfrac{1}{l_{ij}}\right)$。

(3)单一准则下元素的指标权重计算:

①采用简单加权法来汇总各决策者的偏好信息,计算公式为

$$a_{ij}=\frac{1}{q}(a_{ij}^{(1)}+a_{ij}^{(2)}+\cdots+a_{ij}^{(q)})=\left(\frac{\sum_{i=1}^{q}l_{ij}}{q},\frac{\sum_{i=1}^{q}m_{ij}}{q},\frac{\sum_{i=1}^{q}s_{ij}}{q}\right)\ i,j=1,2,\cdots,n \quad (3\text{-}18)$$

②计算模糊程度值

$$p_i=(\sum_{j=1}^{n}l_{ij},\sum_{j=1}^{n}m_{ij},\sum_{j=1}^{n}s_{ij})\otimes(\sum_{i=1}^{n}\sum_{j=1}^{n}l_{ij},\sum_{i=1}^{n}\sum_{j=1}^{n}m_{ij},\sum_{i=1}^{n}\sum_{j=1}^{n}s_{ij})^{-1}$$
$$\approx\left(\frac{\sum_{j=1}^{n}l_{ij}}{\sum_{i=1}^{n}\sum_{j=1}^{n}s_{ij}},\frac{\sum_{j=1}^{n}m_{ij}}{\sum_{i=1}^{n}\sum_{j=1}^{n}m_{ij}},\frac{\sum_{j=1}^{n}s_{ij}}{\sum_{i=1}^{n}\sum_{j=1}^{n}l_{ij}}\right) \quad (3\text{-}19)$$

(4)权重向量计算:

设 $p_1=(l_1,m_1,s_1)$、$p_2=(l_2,m_2,s_2)$是任意的两个三角模糊数,则 $p_1\geqslant p_2$ 的可能度为

$$V(p_1\geqslant p_2)=\begin{cases}0,\text{其他}\\1,m_1\geqslant m_2\\\dfrac{l_1-s_2}{(m_2-s_2)-(m_1-l_1)},m_1<m_2\end{cases} \quad (3\text{-}20)$$

设由 $n+1$ 个三角模糊数的集合为 $T=(p,p_1,p_2,\cdots,p_n)$,则 $p\geqslant p_1,p_2,\cdots,p_n$ 的可能度为

$$V(p\geqslant p_1,p_2,\cdots,p_n)=\min\{V(p\geqslant p_1),V(p\geqslant p_2),\cdots V(p\geqslant p_n)\} \quad (3\text{-}21)$$

按照式(3-21)计算 $p_1\geqslant p_2$ 的可能度,即 $w_i'=V(p_1\geqslant p_2,p_2\cdots p_n)$,依据得到的 w_i',则排序权向量可被视为 $w'=(w_1',w_2',\cdots,w_n')^T$,归一化后即可得到权向量 $w=(w_1,w_2,\cdots,w_n)^T$。

鉴于这种权重计算过程比较繁琐,计算量比较大,这里引入一种简便的处理方法。

$$w_i'=\frac{1}{2}\alpha(m_i+s_i)+\frac{1}{2}(1-\alpha)(m_i+l_i)\ i=1,2,\cdots,n \quad (3\text{-}22)$$

由式(3-22)即可得到权重向量 $w'=(w_1',w_2',\cdots,w_n)^T$,归一化后即得到权重向量 $w=(w_1,w_2,\cdots,w_n)^T$。

3.3.4 风险评估模型的建立

本书建立了两种评估模型:一种是模糊层次分析模型(结合模糊综合评判法和层次分析法的评估模型);另一种是改进的模糊层次分析模型(将模糊综合评判法与改进的层次分析法结合的模型)。两种模型的步骤相同,仅在权重计算上采用的方法不同。这两种模型各有特点,因此,适用范围也不同。本书将主要介绍后一种模型。

根据模糊综合评价方法和改进后的层次分析法的特征,建立适用于软弱浅埋隧道风

险评估的改进的模糊综合层次分析模型。其具体评估过程如下：

3.3.4.1　确定评估指标体系以建立因素集

不同的隧道，由于地形地貌、水文地质条件等的不同，风险因素可能有所不同，需要结合实际工程情况，参照以往工程案例，收集可能会影响隧道风险的各种因素，组成一个普通集合。将收集起来的这些因素分成若干层次，形成评估树状结构，建立隧道风险评估指标体系。

3.3.4.2　建立权重集

在软弱浅埋隧道中，针对第一步中建立的风险指标体系，利用专家打分法对同一层风险指标进行两两比较判断，按照相对重要性赋予相应的权重，利用三角模糊数 (l_{ij},m_{ij},s_{ij}) 定量表示比较结果，$a_{ij}=(l_{ij},m_{ij},s_{ij})$。之后经过引入三角模糊数和改进的层次分析法，计算各风险因素的权重。

3.3.4.3　建立评语集

评语集是专家利用自己的经验知识和对工程项目的了解对各种风险因素对象可能做出的评判结果所组成的集合。$V=\{V_1,V_2,\cdots V_n\}$ 为刻画每一因素所处状态的 n 种决断。由于风险量是通过风险概率、风险损失和风险可控制性计算得到的，所处状态取决于这三个因素所处的状态。风险概率的状态为：{很不可能，不可能，偶然，可能，很可能}，风险损失的可能状态为：{轻微，较大，严重，很严重，灾难性}，风险可控制性的可能状态为：{可忽略，可接受，可控制，不期望，不可接受}。经三者综合后，风险量的评语集为：$V=\{V_1,V_2,V_3,V_4,V_5\}$，对应了一级、二级、三级、四级和五级。

3.3.4.4　单因素模糊综合评判

基于风险多维特性，从风险损失、发生概率和可控制性三个特性对风险进行打分，打分是由对该工程比较熟悉的、且在该领域具有丰富经验和阅历的专家来完成。专家评分后，参照风险矩阵，评定各个风险因素的风险等级。总结所有专家意见，建立初始风险事件的评语集。m 个风险因素的评价集可以构造出一个总的评价矩阵 R，即每个风险因素确定了从 U 到 V 的模糊关系 R 为

$$R=(r_{ij})_{m\times n}=\begin{bmatrix} r_{11} & r_{12} & r_{13} & \cdots & r_{1n} \\ r_{21} & r_{22} & r_{23} & \cdots & r_{2n} \\ r_{31} & r_{32} & r_{33} & \cdots & r_{3n} \\ \vdots & \vdots & \vdots & \ddots & \vdots \\ r_{m1} & r_{m2} & r_{m3} & \cdots & r_{mn} \end{bmatrix}(i=1,2,\cdots,m;j=1,2,\cdots,n) \quad (3\text{-}23)$$

式中，r_{ij} 表示第 i 个因素 U_i 在第 j 个评语上的频率分布，一般将其归一化使之满足 $\sum r_{ij}=1$。将每个专家的评分进行汇总，得出每个风险因素对各风险等级的隶属度，并根据最大隶属度原则得到各风险因素的风险等级。

3.3.4.5　模糊综合评判

模糊综合评判就是权重集和模糊评价矩阵的合成。本书采取比较简单的乘法模糊算子，模糊综合评判模型为

$$B=A\cdot R=(a_1,a_2,\cdots,a_m)\begin{bmatrix} r_{11} & r_{12} & r_{13} & \cdots & r_{1n} \\ r_{21} & r_{22} & r_{23} & \cdots & r_{2n} \\ r_{31} & r_{32} & r_{33} & \cdots & r_{3n} \\ \vdots & \vdots & \vdots & \ddots & \vdots \\ r_{m1} & r_{m2} & r_{m3} & \cdots & r_{mn} \end{bmatrix}=(b_1,b_2,\cdots,b_n) \quad (3\text{-}24)$$

3.3.4.6 综合决策

综合评价结果 $b_j(j=1,2,\cdots n)$ 是一个模糊向量，由于实际评判结果是清晰的，还需对所得向量进行集化，以确定综合评估级别。这里采用最大隶属度方法对评判结果进行处理，取与最大的评价指标 $\max\{b_j\}$ 相对应的评语 v_p 为评价的结果。

根据已经得到的风险指标权重集和初始风险事件评语集，利用式(3-24)进行多级模糊评价，就可以得到各个风险事件的风险等级、整个隧道工程的风险等级，并给出相应的风险对策。第一种模型与第二种模型步骤大致相同，只有在步骤二建立权重集中权重计算方法不同，在使用过程中需要根据实际工程情况确定采用哪一种模型来进行评估。两种模型的不同之处在于：

(1)风险权重计算方法不同。模型一采用层次分析法来计算各个风险因素的权重，而模型二采用改进的层次分析法。

(2)两种模型准确性不同。从理论上说，采用层次分析法不能充分反映风险评分中存在的各种模糊性和不确定性，但是改进后的层次分析法能很好地解决这个问题，计算结果更加准确、合理、符合实际。

(3)适用性不同。层次分析法在计算风险权重时存在一些问题，适用性受到限制，但是，层次分析法步骤简单，需要处理的数据少，在实践中容易被接受；而基于三角模糊数的层次分析法虽然考虑了较多因素，计算结果比较合理，但是计算过程比较繁琐，需要处理大量的数据，限制了其在工程中的应用。

3.4 风险评估内容

3.4.1 风险指标体系

由于建立铁路隧道风险评估指标体系需要考虑的因素很多，不确定性严重，有些因素很难定量描述，使得这一问题解决起来很困难，如信息来源的可靠性问题，风险识别的成本问题，调查结果的偏差问题等。根据前述建立指标体系的原则，对设计、施工单位进行问卷调查，调研隧道资料，在此基础上，通过理论分析、系统分析、二手资料分析，并且参考国内外研究成果，全面吸收、归纳、重组、增删现有的评价指标，删除影响微弱、作用不大的因素，然后研究主要因素间的关系，以得到更为完善的风险分析指标体系。隧道风险评估按项目阶段进行，以设计阶段和施工阶段风险评估为主。评估目标为安全风险、环境风险、工期风险、投资风险及第三方风险等。

3.4.1.1 《铁路隧道风险评估与管理暂行规定》中的风险指标体系

在我国《铁路隧道风险评估与管理暂行规定》编制中，初步建立了各阶段风险指标体系，见表 3-5。该体系按风险因素、风险事件划分，同一阶段中采用相同的划分方法。该指标体系是开放式的，需要在实践中不断调整和逐步完善。

(1)该框架按树状层次结构建立，即由总体到细节，由宏观到微观。由于不同的阶段和不同的施工方法，评估对象和评估重点不同，该指标体系框架的建立考虑了这些因素。

(2)该框架第二层的矿山法包括山岭隧道的矿山法和水底隧道的矿山法；明挖法是指洞口段的明挖法；掘进机法包括山岭隧道的掘进机法和水底隧道的掘进机法；盾构法包括水底隧道的盾构法。第三层(环境、工期等)为目标风险。第四层为风险因素分类栏。

可研阶段的风险因素按专业领域分类。地质因素是指可能存在的不利地质因素或其因地质勘察深度产生的不确定性引起的风险。隧道技术因素是指在设计中所采用的各种技术措施可能导致的风险。

表 3-5　铁路隧道风险评估指标体系框架

<table>
<tr><th>项目阶段</th><th>施工方法</th><th>目标风险</th><th>风险因素或风险事件</th></tr>
<tr><td rowspan="3">可行性研究阶段</td><td rowspan="3">矿山法
掘进机法
盾构法</td><td rowspan="28">安全、环境、
质量、投资、
工期、第三方</td><td>地质因素</td></tr>
<tr><td>隧道技术因素</td></tr>
<tr><td>其　他</td></tr>
<tr><td rowspan="9">初步设计阶段
施工图设计阶段</td><td rowspan="9">矿山法
掘进机法
盾构法</td><td>塌　方</td></tr>
<tr><td>瓦　斯</td></tr>
<tr><td>突水(泥、石)</td></tr>
<tr><td>大变形</td></tr>
<tr><td>岩　爆</td></tr>
<tr><td>设备风险</td></tr>
<tr><td>掘进风险</td></tr>
<tr><td>进出洞风险</td></tr>
<tr><td>其　他</td></tr>
<tr><td rowspan="16">施工阶段</td><td rowspan="6">矿山法</td><td>塌　方</td></tr>
<tr><td>突水(泥、石)</td></tr>
<tr><td>瓦　斯</td></tr>
<tr><td>大变形</td></tr>
<tr><td>岩　爆</td></tr>
<tr><td>其　他</td></tr>
<tr><td rowspan="3">明挖法</td><td>山体开裂变形</td></tr>
<tr><td>坍　塌</td></tr>
<tr><td>其　他</td></tr>
<tr><td rowspan="3">掘进机法</td><td>设备风险</td></tr>
<tr><td>掘进风险</td></tr>
<tr><td>其　他</td></tr>
<tr><td rowspan="4">盾构法</td><td>设备风险</td></tr>
<tr><td>掘进风险</td></tr>
<tr><td>进出洞风险</td></tr>
<tr><td>其　他</td></tr>
</table>

3.4.1.2 针对软弱浅埋隧道的风险指标体系

软弱浅埋隧道属于不良地质条件隧道，围岩等级差、支护条件高，多为Ⅵ级及Ⅵ级以上围岩，开挖面及洞室变形量大，变形速率高，隧道埋深浅，上覆土范围在 10 m 以下，很容易造成塌方冒顶事故。盾构和明挖法是针对此类型隧道的常用方法，但若因条件限制必须使用暗挖法时，则需使用多断面分台阶法或 CD 法等多工法开挖，严格控制进尺，及时支护。风险指标体系见表 3-6。

表 3-6 软弱浅埋隧道风险评估指标体系框架

<table>
<tr><th>项目阶段</th><th>施工方法</th><th>目标风险</th><th>风险因素或风险事件</th></tr>
<tr><td rowspan="3">可行性研究阶段</td><td rowspan="3">暗挖法
盾构法</td><td rowspan="25">安全、环境、
质量、投资、
工期、第三方</td><td>地质因素</td></tr>
<tr><td>隧道技术因素</td></tr>
<tr><td>其 他</td></tr>
<tr><td rowspan="8">初步设计阶段
施工图设计阶段</td><td rowspan="8">暗挖法
盾构法</td><td>塌 方</td></tr>
<tr><td>冒 顶</td></tr>
<tr><td>大变形</td></tr>
<tr><td>人员风险</td></tr>
<tr><td>设备风险</td></tr>
<tr><td>掘进风险</td></tr>
<tr><td>进出洞风险</td></tr>
<tr><td>其 他</td></tr>
<tr><td rowspan="14">施工阶段</td><td rowspan="6">暗挖法</td><td>开挖面塌方</td></tr>
<tr><td>洞室渗水</td></tr>
<tr><td>洞室大变形</td></tr>
<tr><td>偏 压</td></tr>
<tr><td>上覆土穿漏</td></tr>
<tr><td>其 他</td></tr>
<tr><td rowspan="4">明挖法</td><td>山体开裂变形</td></tr>
<tr><td>坍 塌</td></tr>
<tr><td>边坡垮塌</td></tr>
<tr><td>其 他</td></tr>
<tr><td rowspan="4">盾构法</td><td>设备风险</td></tr>
<tr><td>掘进风险</td></tr>
<tr><td>进出洞风险</td></tr>
<tr><td>其 他</td></tr>
</table>

3.4.2 风险因素核对

风险因素核对是指对各类风险因素进行逐项排查，标明对不同风险事件有影响的风险因素。对于软弱浅埋隧道的施工风险因素核对见表 3-7。

表 3-7　矿山法(暗挖法)施工风险因素核对表

风险因素＼风险事件		塌　方	瓦　斯	突水(泥、石)	大变形	岩　爆	其　他
地　形	偏　压	★					
	浅　埋						
地　质	岩性及风化程度	★		★	★	★	
	构造(单斜、向斜、背斜、断层)	★	★	★	★	★	
	地下水	★		★	★		
不良地质	滑　坡	★					
	岩　堆	★					
	顺　层	★					
	岩　溶			★			
	煤层及矿藏采空区	★	★	★			
	挤压性地层				★		
特殊岩土	膨胀岩、土,冻土,软土				★		
设计情况	常规设计	★	★	★	★	★	
	特殊设计	★	★	★	★	★	
	监控量测设计	★	★	★	★	★	
隧　道	断　面	★	★	★	★	★	
	长　度	★	★	★	★	★	
	埋　深	★	★	★	★	★	
辅助坑道	类　型		★	★			
	长　度		★	★			
	位　置		★	★			
	坡　度		★	★			
	断面大小		★	★			
其　他							

注:“★”表示该风险因素对风险事件有影响,以下表同。

3.4.3　风险分级

《铁路隧道风险评估指南》中采用 RPC 法进行风险评价定级,$R=P\times C$ 定级法是综合考虑风险因素发生概率和风险后果,给风险评价定级的一种方法,其中,R 表示风险;P 表示风险因素发生的概率;C 表示风险因素发生时可能产生的后果。$P\times C$ 不是简单意义的相乘,而是表示风险因素发生概率和风险因素产生后果的级别的组合。$R=P\times C$ 定级法是一种定性与定量相结合的方法,根据隧道地质环境的特殊性,找出施工阶段风险事件发生的概率以及其发生后造成后果的严重程度,正确定位各个风险因素,从而采取合适的策略进行有效控制。采用此法对建设工程项目风险因素实施定级步骤如下:

(1)找出工程项目存在的各种主要风险因素。

(2)根据实际情况,并借鉴以往类似建设工程项目风险管理的经验,分析各个风险因素的发生概率,得出发生概率 P。

(3)根据发生后可能产生的后果对经济、人员、环境和工期等造成影响的程度,采用定量计算的方法划分风险因素的后果等级;一般划分为 5 个等级(灾难性、重大、严重、中等、轻微),通过定量计算确定各个风险因素的后果等级 C。

(4)综合风险因素的影响程度等级 C 和其发生的概率 P,将两者组合起来,参照 $R=P\times C$ 定级方法的风险评估矩阵,确定各个风险因素的等级,并制定不同的方案,用比较合理的措施实施风险管理和风险控制。

$R=P\times C$ 定级评价方法在风险评价过程中结合专家的意见,从多种复杂的风险事件中,系统性的对风险大小进行准确描述,找出风险事件发生的概率及其造成后果的严重程度,用定量方法将这两者结合起来,有直观的结论,便于决策者做出进一步的决策,但 P、C 值的确定采用专家打分法,存在一定的主观因素。

(5)P 值选取方法:事故发生概率等级标准见表 3-8。

表 3-8　事故发生概率等级标准

概率范围	中心值	概率等级描述	概率等级
>0.3	1	很可能	5
0.03～0.3	0.1	可　能	4
0.003～0.03	0.01	偶　然	3
0.000 3～0.003	0.001	不可能	2
<0.000 3	0.000 1	很不可能	1

注:①当概率值难以取得时,可用频率代替概率;②中心值代表所给区间的对数平均值。

(6)C 值选取方法:

①经济损失是指风险事故发生后造成工程项目发生的各种费用的总和,包括直接费用和事故处理所需的各种费用,见表 3-9。

表 3-9　经济损失等级标准

后果定性描述	灾难性的	很严重的	严重的	较大的	轻微的
后果等级	5	4	3	2	1
经济损失(万元)	>1 000	300～1 000	100～300	30～100	<30

注:"～"含义为包括上限值而不包括下限值,以下各表均同。

②人员伤亡是指在参与施工活动过程中人员所发生的伤亡,依据人员伤亡的类别和严重程度进行分级,见表 3-10。

表 3-10　人员伤亡等级标准

后果定性描述	灾难性的	很严重的	严重的	较大的	轻微的
后果等级	5	4	3	2	1
人员伤亡数量(人)	$F>9$	$2<F\leqslant 9$ 或 $SI>10$	$1\leqslant F\leqslant 2$ 或 $1<SI\leqslant 10$	$SI=1$ 或 $1<MI\leqslant 10$	$MI=1$

注:F=死亡人数;SI=重伤;MI=轻伤。

③工期延误是指工程风险事故引起的工程建设时间延长。对不同性质的工程和建设工期，采用不同的绝对延误时间，见表 3-11。

表 3-11　工期延误等级标准

后果定性描述	灾难性的	很严重的	严重的	较大的	轻微的
后果等级	5	4	3	2	1
延误时间 1(控制工期工程)(月/单一事故)	>10	1～10	0.1～1	0.01～0.1	<0.01
延误时间 2(非控制工期工程)(月/单一事故)	>24	6～24	2～6	0.5～2	<0.5

④环境影响是指隧道施工对周围建(构)筑物破坏或损害、环境污染等，根据其影响程度进行分级，见表 3-12。

表 3-12　环境影响等级标准

后果定性描述	灾难性的	很严重的	严重的	较大的	轻微的
后果等级	5	4	3	2	1
环境影响描述	永久的且严重的	永久的但轻微的	长期的	临时的但严重的	临时的且轻微的

注："临时的"含义为在施工工期以内可以消除；"长期的"含义为在施工工期以内不能消除，但不会是永久的；"永久的"含义为不可逆转或不可恢复的。

(7)R 值确定方法

铁路隧道风险等级标准见表 3-13。

表 3-13　风险等级标准

概率等级＼后果等级		轻微的	较大的	严重的	很严重的	灾难性的
		1	2	3	4	5
很可能	5	高度	高度	极高	极高	极高
可　能	4	中度	高度	高度	极高	极高
偶　然	3	中度	中度	高度	高度	极高
不可能	2	低度	中度	中度	高度	高度
很不可能	1	低度	低度	中度	中度	高度

3.4.4　风险接收标准

铁路隧道风险接受准则与采取的风险处理措施见表 3-14。

表 3-14　风险接受准则

风险等级	接受准则	处理措施
低　度	可忽略	此类风险较小，不需采取风险处理措施和监测
中　度	可接受	此类风险次之，一般不需采取风险处理措施，但需予以监测
高　度	不期望	此类风险较大，必须采取风险处理措施降低风险并加强监测，且满足降低风险的成本不高于风险发生后的损失
极　高	不可接受	此类风险最大，必须高度重视并规避，否则要不惜代价将风险至少降低到不期望的程度

3.5 钟鸣一号、二号隧道风险识别与评估

3.5.1 初始风险评估

3.5.1.1 钟鸣一号隧道初始风险辨别

(1)安全风险

①明挖段

钟鸣一号隧道进口端明洞长 35 m,出口端明洞长 78 m,其中包含进口、出口斜切式洞门 17 m。进、出口分别有 35 m、78 m 明洞施工。进口明挖段最高边坡为 15 m,出口明挖段最高边坡为 18 m。明洞段的左右临时边坡原设计按 1∶0.75 进行开挖,边坡出露多为粉质黏土,土质松软,极易坍塌。采用锚喷网加固,但锚杆长度较小(目前采用 5 m 长锚杆),防护效果不好,进口端大里程方向左侧边坡曾于 2010 年 8 月 31 日发生坍塌事故,如图 3-2 所示。

图 3-2 钟鸣一号隧道进口端边坡坍塌现场

②暗挖段

钟鸣一号隧道全隧属浅埋偏压隧道,局部超浅埋(最浅埋深 8 m 左右),全隧属Ⅴ级围岩。隧道洞身位于地下水水位以下,地下水为基岩裂隙水,受地下水的影响,粉质黏土和全风化层易变形,向洞室临空面挤出,粗圆砾土(夹漂石)组成的围岩很不稳定,极易发生掉块;易渗漏,容易造成围岩内细颗粒的大量流失,极易发生突然坍塌,引起洞壁失稳和地表沉陷。隧道暗洞起初按“三台阶”法开挖后,至 2010 年 8 月下旬,洞口段(6 m 范围内)拱顶沉降已达到 180 mm,由于下沉量较大,仰坡出现两道垂直中线方向的裂缝,且洞内开挖时出现工作面不稳定的情况。经各方研究确定对洞口大管棚段采用“六步 CD 法施工”。进、出口端暗挖法进洞段,已开挖揭示的围岩为含砾粉质黏土,松散(图 3-3)。降雨过后洞内渗水较严重(图 3-4),顶部存在掉块,极易发生洞口段坍塌,DK140+285~+315 为一段山坳,埋深最小处仅为 8 m,极易发生坍塌冒顶事故。

(2)环境风险

钟鸣一号隧道上覆地表植被发育,隧道开挖会在一定程度上破坏地表植被,同时导致地下水重新分布,若隧道开挖引起山体开裂变形、坍塌冒顶等风险事故,则会连带引发较严重的环境问题。

图 3-3　隧道出口端洞内土体性质

图 3-4　隧道洞内土体渗水

(3)第三方风险

钟鸣一号隧道上覆地表植被多为周边村民种植的经济作物，土地已被村民承包或具有归属权，若施工引发环境风险破坏地表经济作物，则会损害村民等的第三方利益，引发第三方风险。

3.5.1.2　钟鸣二号隧道初始风险辨别

(1)安全风险

①明挖段

钟鸣二号隧道进口、出口分别有 75 m、63 m 明洞施工，进口边坡最高 16 m，出口边坡最高 18 m，都属高边坡施工。边坡揭露多为粉质黏土，土质松软，遇水易软化滑塌。施工中已采用锚喷网加固，但由于锚杆长度偏小，防护效果不好，曾发生坍塌事故，且仍有可能再次发生，引起山体开裂变形。

里程 DK140＋980～DK141＋005 冲沟段在考虑了施工安全和工期风险后，将初步设计的暗挖法施工改为明挖法，边坡最高 18 m。该段地质松散夹有漂石，边坡不稳定，降雨后边坡遇水易软化滑塌，引起山体开裂变形。

②暗挖段

钟鸣二号隧道全长属浅埋，局部属超浅埋，V 级围岩。隧道洞身位于地下水水位以下，地下水为基岩裂隙水，不发育，但受地下水的影响，粉质黏土和全风化层易变形，向洞室临空面挤出，粗圆砾土(夹漂石)组成的围岩很不稳定，极易发生掉块；易渗漏，容易造成围岩内细颗粒的大量流失，极易发生塌方，引起洞壁失稳和地表沉陷。进口端暗洞开挖揭露的围岩为含砾粉质黏土，松散、渗水严重。降雨过后洞内严重渗水，顶部掉块严重，部分部位顶部掉块后存在超挖 30～40 cm，极其不稳定。在施工过程中，应严格按要求施工，合理组织施工，使每一循环的时间尽量缩短，以保持围岩的稳定。在里程 DK141＋110～＋120 段有一条公路与隧道斜交，因为附近建立了一处料场，重载车经常通过，其动荷载对隧道施工影响巨大，极易引起围岩变形、隧道坍塌。

③ 隧道进口段

里程 DK140＋905～＋980 为钟鸣二号隧道进口端到冲沟明挖进口端里程，该段隧道属洞口浅埋、偏压地段，Ⅴ级围岩。地下水主要为基岩风化层孔隙水，不发育。隧道洞身位于地下水位以下，受地下水的影响，粉质粘土和全风化层易变形，向洞室临空面挤出，粗圆砾土(夹漂石)组成的围岩很不稳定，易渗漏，容易造成围岩内细颗粒的大量流失，极易突然发生坍塌，造成洞口垮塌。

该段原始植被在土地被村民承包后均被破坏，钟鸣二号隧道进口端均为2010年初种植的泡桐树。降雨后，新种植的树苗无法保持水土，雨水下渗严重，对隧道施工影响较大。

2010年7月5日，进口端导向墙施工完成后出现强降雨，地表水下渗，仰坡滑动导致导向墙倒塌，如图3-5所示。施工过程中，两侧边坡及仰坡多次出现裂缝，采用各种措施包括卸载及地表注浆之后，使得裂缝影响减小，但裂缝仍在发展，如防护不当，遇雨天极有可能再次坍塌。

图3-5　钟鸣二号隧道进口端导向墙倒塌

④ 冲沟明挖进口段

该段在明挖25 m后进洞，仰坡高18 m，洞顶埋深6～10 m，属浅埋隧道，土质松软，Ⅴ级围岩。降雨后地表水汇集，易发生塌方、隧道变形和山体开裂变形。

⑤ 隧道出口段

钟鸣二号隧道洞口端属高边坡高偏压段，偏压严重，右侧浅埋最小埋深5 m，Ⅴ级围岩，土质松软，极易发生洞口坍塌，施工难度大，雨天渗水严重，岩体容易脱落，掉块严重，影响施工。

(2)环境风险

钟鸣二号隧道地下水主要为基岩风化层孔隙水，不发育，但隧道洞身位于地下水水位以下，隧道开挖会对地下水有一定影响。

隧道施工段植被发育，隧道开挖，尤其明挖段施工，若出现塌方、坍塌冒顶，山体大变形等事故，会对植被、树木造成严重破坏，对环境造成一定影响。

(3)第三方风险

钟鸣二号隧道施工段土地已被村民承包，目前，钟鸣二号隧道进口端均为2010年初种植的泡桐树，其他段也有归属权，隧道开挖施工中出现的施工事故，都会对农民造成不同程度的财产损失。

在 DK141＋110～＋120 段有一条公路与隧道斜交，因为附近建立了一处料场，重载车大量通过，其动荷载对隧道施工影响巨大，若引起隧道坍塌，势必对车辆造成不同程度的损坏，对车主造成人身和财产损失。

3.5.1.3 初始风险等级汇总表

根据钟鸣一号、二号隧道风险清单和风险分级及接受标准，采用专家打分法对初始风险等级进行评估，基于保守考虑，取安全风险、工期风险、环境风险和第三方风险中概率等级和后果等级的最大值，再利用 $R=P\times C$ 法求出隧道综合风险权重，评估结果见表 3-15。

3.5.2 残余风险评估

通过采取适当的风险对策措施，将初始风险降低到可接受的程度，再次进行风险等级评估，见表 3-16。

3.5.3 风险评价结果

3.5.3.1 钟鸣一号隧道初始风险辨别

经过对钟鸣一号隧道初始风险等级进行统计，由于地质因素，隧道施工难度大，所面临的安全风险大；由于安全风险大，故采用偏于保守的“六步 CD 法”施工，开挖进度缓慢，工期剩余时间短，工期上存在较大风险，在暗挖进洞段采用“六步 CD 法”可以保证施工安全，但视工程情况，酌情改用三台阶临时仰拱法施工，以加快施工进度。

钟鸣一号隧道风险等级为“高度”的风险事件通过采取相应的工程对策后，能够将风险等级降为“中度”或“低度”。因此，钟鸣一号隧道正洞的建设在安全、工期、环境和第三方等多个目标风险方面都是可以接受的。

3.5.3.2 钟鸣二号隧道初始风险辨别

经过对钟鸣二号隧道初始风险等级进行统计，大部分风险因素可导致风险等级为“高度”的风险事件，通过采取相应的工程对策后，能够将风险等级降为“中度”和“低度”。其中隧道的工期在冲沟段采用明挖法施工增加一个进洞口，并且在围岩较好地段改为三台阶临时仰拱法的情况下也可以降低到可接受的范围。因此，钟鸣二号隧道的建设在安全、工期、环境、第三方等多个目标风险方面都是可以接受的。

表 3-15　钟鸣一号、二号隧道初始风险等级表

初始风险等级表								编号					日期			
隧道名称			钟鸣一号隧道、钟鸣二号隧道					审核					阶段		施工阶段	
	序号	风险因素	风险事件	A(安全)			B(工期)			C(环境)			D(第三方)			初始风险综合权重
				概率等级	后果等级	风险等级	概率等级	后果等级	风险等级	概率等级	后果等级	风险等级	概率等级	后果等级	风险等级	综合权重	风险等级
钟鸣一号隧道	1	DK139+970～DK140+005 隧道进口明挖段，高边坡，土质松软，边坡设计不合理	边坡垮塌	4	2	高度	4	2	高度	4	1	中度	4	1	中度	8	高度
			山体开裂变形	3	3	高度	3	2	中度	3	2	中度	3	1	中度	9	高度
	2	DK140+005～+035 隧道暗挖进口段，浅埋、偏压，Ⅴ级围岩，全风化呈土状，局部夹有强风化碎块，结构松散，遇水易软化、易渗漏	塌　方	4	2	高度	4	3	高度	4	2	高度	4	1	中度	8	高度
			大变形	4	3	高度	4	2	高度	4	2	中度	4	1	中度	12	高度
			山体开裂变形	3	3	高度	3	2	中度	3	2	中度	3	1	中度	9	高度
	3	DK140+035～+260 浅埋暗挖段，Ⅴ级围岩，偏压，土质松软，全风化呈土状或强风化呈碎块状，遇水易软化、易渗漏	塌　方	4	2	高度	4	2	高度	4	2	高度	4	1	中度	8	高度
			大变形	3	2	中度	3	2	中度	3	2	中度	3	1	中度	6	中度
			山体开裂变形	3	3	高度	3	2	中度	3	2	中度	3	1	中度	9	高度
	4	DK140+260～+340 超浅埋暗挖段，山体中存在山坳，Ⅴ级围岩，土质松软，粉质粘土全风化层遇水易变形，最浅处仅为 8m	塌方冒顶	4	3	高度	4	3	高度	4	1	中度	4	1	中度	12	高度
			大变形	4	2	高度	3	2	中度	3	2	中度	3	1	中度	8	高度
			山体开裂变形	3	3	高度	3	2	中度	3	2	中度	3	1	中度	9	高度
	5	DK140+340～+550 浅埋暗挖段，Ⅴ级围岩，偏压，土质松软，全风化呈土状或强风化呈碎块状，遇水易软化、易渗漏	塌　方	4	2	高度	4	2	高度	4	1	中度	4	1	中度	8	高度
			大变形	3	2	中度	3	2	中度	3	2	中度	3	1	中度	6	中度
			山体开裂变形	3	3	高度	3	2	中度	3	2	中度	3	1	中度	9	高度
	6	DK140+550～+608 浅埋暗挖段，Ⅴ级围岩，偏压，土质松软，全风化呈土状，遇水易软化、易渗漏	塌　方	4	2	高度	4	2	高度	4	1	中度	4	1	中度	8	高度
			大变形	3	2	中度	3	2	中度	3	2	中度	3	1	中度	6	中度
			山体开裂变形	3	3	高度	3	2	中度	3	2	中度	3	1	中度	9	高度
	7	DK140+608～+638 隧道出口段，浅埋偏压，Ⅴ级围岩，全风化呈土状，局部夹有强风化碎块，结构松散，遇水易软化、易渗漏	塌　方	4	3	高度	4	2	高度	4	2	高度	4	1	中度	12	高度
			大变形	4	3	高度	4	2	中度	4	2	中度	4	1	中度	12	高度
			山体开裂变形	3	3	高度	3	2	中度	3	2	中度	3	1	中度	9	高度
	8	DK140+638～+716 隧道出口明挖段，高边坡，土质松软，边坡设计不合理	边坡垮塌	4	2	高度	4	2	高度	4	1	中度	4	1	中度	8	高度
			山体开裂变形	3	3	高度	3	2	中度	3	2	中度	3	1	中度	9	高度

续上表

	序号	风险因素	风险事件	A(安全)			B(工期)			C(环境)			D(第三方)			初始风险综合权重	
				概率等级	后果等级	风险等级	概率等级	后果等级	风险等级	概率等级	后果等级	风险等级	概率等级	后果等级	风险等级	综合权重	风险等级
钟鸣二号隧道	1	DK140+830～+905 明挖段，边坡高，土质松软，地下水发育，雨天边坡遇水易软化滑塌，引起山体开裂变形	边坡坍塌	4	3	高度	4	3	高度	4	3	高度	4	1	中度	12	高度
			山体开裂变形	3	3	高度	3	2	中度	3	2	中度	3	1	中度	9	高度
	2	DK140+905～+980 隧道端属洞口浅埋、偏压地段，Ⅴ级围岩	塌 方	4	3	高度	4	2	高度	4	2	高度	4	2	高度	12	高度
			大变形	4	3	高度	4	2	高度	4	1	中度	4	1	中度	12	高度
			山体开裂变形	4	3	高度	4	2	高度	4	1	中度	4	1	中度	12	高度
	3	DK140+980～DK141+005 冲沟明挖段，边坡高，土质松软，雨天地表水汇集，边坡易软化滑塌，引起山体开裂变形	边坡坍塌	4	3	高度	4	3	高度	4	2	高度	4	2	高度	12	高度
			山体开裂变形	3	3	高度	3	2	中度	3	1	中度	3	1	中度	9	高度
	4	DK141+005～+035 隧道冲沟进口端属洞口浅埋，Ⅴ级围岩	塌 方	4	2	高度	4	2	高度	4	2	高度	4	2	高度	8	高度
			大变形	4	3	高度	4	3	高度	4	1	中度	4	1	中度	12	高度
			山体开裂变形	3	3	高度	3	2	中度	3	1	中度	3	1	中度	9	高度
	5	DK141+035～+105 属浅埋暗挖段，最大埋深 21 m，Ⅴ级围岩，土质松软	塌 方	4	2	高度	4	3	高度	4	2	高度	4	2	高度	8	高度
			大变形	3	2	中度	3	1	中度	3	1	中度	3	1	中度	6	中度
			山体开裂变形	3	3	高度	3	2	中度	3	1	中度	3	1	中度	9	高度
	6	DK141+105～+120 属浅埋暗挖段，最大埋深 21 m，Ⅴ级围岩，土质松软，处有一条公路，在过往车辆动荷载影响下，隧道围岩稳定性极差，极容易发生塌方和山体开裂变形	塌 方	4	3	高度	4	3	高度	4	2	高度	4	3	高度	12	高度
			大变形	4	3	高度	4	1	中度	4	1	中度	4	3	高度	12	高度
			山体开裂变形	3	3	高度	3	2	中度	3	3	高度	3	3	高度	9	高度
	7	DK141+120～+428 属浅埋暗挖段，最大埋深 22 m，Ⅴ级围岩，土质松软	塌 方	3	3	高度	3	3	高度	3	2	中度	3	2	中度	9	高度
			大变形	3	2	中度	3	1	中度	3	1	中度	3	1	中度	6	中度
			山体开裂变形	3	3	高度	3	2	中度	3	1	中度	3	1	中度	9	高度
	8	DK141+428～+525 属浅埋暗挖段，最大埋深 15 m，Ⅴ级围岩，土质松软	塌 方	4	3	高度	4	3	高度	4	2	高度	4	2	高度	12	高度
			大变形	3	3	高度	3	1	中度	3	1	中度	3	1	中度	9	高度
			山体开裂变形	3	3	高度	3	2	中度	3	1	中度	3	1	中度	9	高度
	9	DK141+525～+565 隧道出口端属严重偏压地段，右侧最小埋深 5 m，Ⅴ级围岩，土质松软	塌 方	4	3	高度	4	2	高度	4	2	高度	4	2	高度	12	高度
			大变形	4	3	高度	4	2	高度	4	2	高度	4	2	高度	12	高度
			山体开裂变形	4	3	高度	4	2	高度	4	1	高度	4	1	中度	12	高度
	10	DK141+565～+628 明挖段，边坡高，土质松软，雨天边坡遇水易软化滑塌，引起山体开裂变形	边坡坍塌	4	3	高度	4	3	高度	4	3	高度	4	2	高度	12	高度
			山体开裂变形	3	3	高度	3	2	中度	3	2	中度	3	1	中度	9	高度

表 3-16 钟鸣一号、二号隧道残余风险等级表

初始风险等级表				编号						日期						施工阶段	
隧道名称			钟鸣一号隧道、钟鸣二号隧道	审核						阶段							
	序号	风险因素	风险事件	A(安全)			B(工期)			C(环境)			D(第三方)			初始风险综合权重	
				概率等级	后果等级	风险等级	概率等级	后果等级	风险等级	概率等级	后果等级	风险等级	概率等级	后果等级	风险等级	综合权重	风险等级
钟鸣一号隧道	1	DK139+970～DK140+005 隧道进口明挖段，高边坡，土质松软，边坡设计不合理	边坡垮塌	2	2	中度	2	2	中度	2	1	低度	2	1	低度	4	中度
			大变形	3	2	中度	3	1	中度	3	1	中度	3	1	中度	6	中度
			山体开裂变形	2	1	低度	2	1	低度	2	1	低度	2	1	低度	2	低度
	2	DK140+005～+035 隧道暗挖进口段，浅埋、偏压，V级围岩，全风化呈土状，局部夹有强风化碎块，结构松散，遇水易软化、易渗漏	塌 方	3	2	中度	3	2	中度	3	1	中度	3	1	中度	6	中度
			山体开裂变形	2	1	低度	2	1	低度	2	1	低度	2	1	低度	2	低度
	3	DK140+035～+260 浅埋暗挖段，V级围岩，偏压，土质松软，全风化呈土状或强风化呈碎块状，遇水易软化、易渗漏	塌 方	3	2	中度	3	1	中度	3	1	中度	3	1	中度	6	中度
			大变形	3	2	中度	3	1	中度	3	1	中度	3	1	中度	6	中度
			山体开裂变形	2	1	低度	2	1	低度	2	1	低度	2	1	低度	2	低度
	4	DK140+260～+340 超浅埋暗挖段，山体中存在山坳，V级围岩，土质松软，粉质粘土全风化层遇水易变形，最浅处仅为 8m	塌方冒顶	3	2	中度	3	2	中度	3	1	中度	3	1	中度	9	中度
			大变形	3	2	中度	3	2	低度	3	1	中度	3	1	中度	9	中度
			山体开裂变形	3	2	中度	2	1	低度	2	1	低度	2	1	低度	6	中度
	5	DK140+340～+550 浅埋暗挖段，V级围岩，偏压，土质松软，全风化呈土状或强风化呈碎块状，遇水易软化、易渗漏	塌 方	3	2	中度	3	2	中度	3	1	中度	3	1	中度	6	中度
			大变形	3	1	中度	3	1	中度	3	1	中度	3	1	中度	3	中度
			山体开裂变形	2	2	中度	2	1	低度	2	1	低度	2	1	低度	4	中度
	6	DK140+550～+608 浅埋暗挖段，V级围岩，偏压，土质松软，全风化呈土状，遇水易软化、易渗漏	塌 方	3	2	中度	3	2	中度	3	1	中度	3	1	中度	6	中度
			大变形	3	2	中度	3	2	中度	3	1	中度	3	1	中度	6	中度
			山体开裂变形	2	1	低度	2	1	低度	2	1	低度	2	1	低度	2	低度
	7	DK140+608～+638 隧道出口段，浅埋偏压，V级围岩，全风化呈土状，局部夹有强风化碎块，结构松散，遇水易软化、易渗漏	塌 方	3	2	中度	3	2	中度	3	1	中度	3	1	中度	6	中度
			大变形	3	2	中度	3	1	中度	3	1	中度	3	1	中度	6	中度
			山体开裂变形	2	1	低度	2	1	低度	2	1	低度	2	1	低度	2	低度
	8	DK140+638～+716 隧道出口明挖段，高边坡，土质松软，边坡设计不合理	边坡垮塌	2	2	中度	2	2	中度	2	1	低度	2	1	低度	4	中度
			山体开裂变形	2	1	低度	2	1	低度	2	1	低度	2	1	低度	2	低度

续上表

隧道	序号	风险因素	风险事件	A(安全)			B(工期)			C(环境)			D(第三方)			初始风险综合权重	
				概率等级	后果等级	风险等级	概率等级	后果等级	风险等级	概率等级	后果等级	风险等级	概率等级	后果等级	风险等级	综合权重	风险等级
钟鸣二号隧道	1	DK140+830～+905 明挖段,边坡高,土质松软,地下水发育,雨天边坡遇水易软化滑塌,引起山体开裂变形	边坡坍塌	3	2	中度	3	2	中度	3	2	中度	3	1	中度	6	中度
			山体开裂变形	2	2	中度	2	1	低度	2	1	低度	2	1	低度	4	中度
	2	DK140+905～+980 隧道端属洞口浅埋、偏压地段,Ⅴ级围岩	塌方	3	3	高度	3	3	高度	3	2	中度	3	2	中度	9	高度
			大变形	3	3	高度	3	2	中度	3	1	中度	3	1	中度	9	高度
			山体开裂变形	3	2	中度	3	2	中度	3	1	低度	3	1	中度	6	中度
	3	DK140+980～DK141+005 冲沟明挖段,边坡高,土质松软,雨天地表水汇集,边坡易软化滑塌,引起山体开裂变形	边坡坍塌	3	2	中度	3	2	中度	3	2	中度	3	2	中度	6	中度
			山体开裂变形	2	2	中度	2	1	低度	2	1	低度	2	1	低度	4	中度
	4	DK141+005～+035 隧道冲沟进口端属洞口浅埋,Ⅴ级围岩	塌方	3	3	高度	3	2	中度	3	2	中度	3	2	中度	9	高度
			大变形	3	3	高度	3	3	高度	3	1	中度	3	1	中度	9	高度
			山体开裂变形	2	2	中度	2	2	中度	2	1	低度	2	1	低度	4	中度
	5	DK141+040～+105 属浅埋暗挖段,最大埋深 21 m,Ⅴ级围岩,土质松软	塌方	3	2	中度	3	2	中度	3	2	中度	3	2	中度	6	中度
			大变形	2	2	中度	2	1	低度	2	1	低度	2	2	中度	4	中度
			山体开裂变形	2	2	中度	2	1	低度	2	1	低度	2	1	低度	4	中度
	6	DK141+105～+120 属浅埋暗挖段,最大埋深 21 m,Ⅴ级围岩,土质松软,处有一条公路,在过往车辆动荷载影响下,隧道围岩稳定性极差,极容易发生塌方和山体开裂变形	塌方	3	3	高度	3	2	中度	3	2	中度	3	2	中度	9	高度
			大变形	3	3	高度	2	2	中度	2	1	低度	2	2	中度	9	高度
			山体开裂变形	2	2	中度	2	2	中度	2	2	中度	2	2	中度	4	中度
	7	DK141+120～+428 属浅埋暗挖段,最大埋深 22 m,Ⅴ级围岩,土质松软	塌方	2	2	中度	2	2	中度	2	2	中度	2	2	中度	4	中度
			大变形	2	1	低度	2	1	低度	2	1	低度	2	1	低度	2	低度
			山体开裂变形	2	2	中度	2	1	低度	2	1	低度	2	1	低度	4	中度
	8	DK141+428～+525 属浅埋暗挖段,最大埋深 15 m,Ⅴ级围岩,土质松软	塌方	3	2	中度	3	2	中度	3	2	中度	3	2	中度	6	中度
			大变形	2	2	中度	2	1	低度	2	1	低度	2	1	低度	4	中度
			山体开裂变形	2	2	中度	2	1	低度	2	1	低度	2	1	低度	4	中度
	9	DK141+525～+565 隧道出口端属严重偏压地段,右侧最小埋深 5 m,Ⅴ级围岩,土质松软	塌方	3	2	中度	3	2	中度	3	2	中度	3	2	中度	6	中度
			大变形	3	2	中度	3	2	中度	3	2	中度	3	2	中度	6	中度
			山体开裂变形	2	2	中度	2	1	低度	2	1	低度	2	1	低度	4	中度
	10	DK141+565～+628 明挖段,边坡高,土质松软,雨天边坡遇水易软化滑塌,引起山体开裂变形	边坡坍塌	2	2	中度	2	2	中度	2	2	中度	2	2	中度	4	中度
			山体开裂变形	2	2	中度	2	1	低度	2	2	中度	2	1	低度	4	中度

第 4 章　软岩隧道施工风险控制技术

软岩隧道由于地质条件较差、风险因素复杂多变，如果在工程可行性研究阶段和设计阶段对各类风险因素分析不够全面，对风险等级评估不够准确，就会给施工带来较大的风险和安全隐患。在实际施工中，也常常由于技术措施不到位、风险安全意识不强等原因，造成风险事故和工程损失。因此，有必要对软岩隧道施工过程中的风险因素、类别和应对措施进行系统全面地分析和研究，深入分析典型风险的内在发生机理及外在影响因素，有针对性地提出行之有效的风险应对措施，并通过优化隧道施工技术方法，形成一套适用于软岩隧道的施工风险控制技术。

4.1　风险类型

4.1.1　塌方冒顶

塌方冒顶是山岭隧道施工中最常见、危害最大的风险事故，特别是对于软岩隧道。一旦发生塌方冒顶，不仅延误工期、提高工程费用，也可能造成人员伤害，而目前对隧道塌方还难以准确预测，特别是在围岩软弱、覆土较浅、工程地质复杂的隧道工程中，如何预测和控制塌方冒顶已成为一项重要课题。

4.1.1.1　特点及分类

根据塌方的特点及围岩条件将软岩隧道的塌方归纳为整体不稳定围岩塌方和局部不稳定围岩塌方。整体不稳定围岩塌方是指隧道在开挖后，围岩在爆破振动、松散压力及变形压力的影响下，发生解体溃散、分离剥落形成的塌方，或在地下水的作用下，形成突泥、涌泥或泥石流状塌方；局部不稳定围岩塌方是指由关键块体的滑塌引起的局部破碎围岩的塌方，受断层、剪切带、破碎带或结构面控制。

根据《工程岩体分级标准》(GB 50218—94)，按照塌方体积或塌腔高度将塌方分为三类，见表 4-1。

表 4-1　塌方类型划分表

塌方类型	小　塌　方	中　塌　方	大　塌　方
塌方高度(m)	＜3	3～6	＞6
塌方体积(m^3)	＜30	30～60	＞60

注：只需满足表中塌方体积或塌方高度之一即可。

4.1.1.2　原因分析

隧道塌方冒顶的原因包括工程地质原因(围岩结构类型、围岩强度、围岩应力、地下水、特殊不良地质、偏压、埋深)，勘察设计原因(地质勘察、支护设计、开挖深度)，施工方法和措施(爆破扰动、施工措施、支护时间、工序失衡、支护方式或质量、监控量测),自然原因(降水量、地震),人为原因(管理、认识、经验),以及其他因素(地形地貌原因、隧道开挖上方存在空洞或储水区、墓穴坑位及时填充夯实、经济原因、地下管线原因、围岩不利结构面与隧道轴线成小角度相交、隧道上方车流荷载、监理单位失职、处于土石界面处),其中,软弱围岩和隧道埋深较浅是引起软弱浅埋隧道塌方冒顶最活跃的因素。

浅埋隧道施工时拱部一般难以成拱,若未采取足够措施,易发生局部塌方;偏压地段隧道支护结构将承受显著的不对称荷载,变形过大甚至造成塌方;软岩自稳性较差,受开挖扰动后变形较快,若又处于浅埋,隧道围岩极易受到局部坍塌而造成整体失稳或塌方。另外,地下水状况一定程度上也会导致塌方冒顶的发生。软岩往往遇水会迅速软化,抗剪强度大大降低,摩擦阻力小,岩体自稳能力降低,使得岩层易发生顺滑。因此,在软弱浅埋偏压隧道掘进过程中极易发生整体或局部的围岩塌方和掉落现象,一般表现为松散围岩的塌落和软岩的蠕变,对隧道施工影响极大。

4.1.2　软岩大变形

4.1.2.1　机　　理

隧道所处的地质环境不同,围岩发生大变形的时间、位置、破坏程度、影响范围也会不同。大变形发生的岩性、环境及约束条件,大、小变形的区别及力学机理对于分析和控制隧道围岩大变形至关重要。围岩大变形是指在软岩隧道或具有膨胀性岩石在有地下水条件的隧道中,采用常规支护围岩发生塑性破坏,变形得不到有效地约束,变形量超过了规范允许的变形量(或设计预留变形量),或有超过规范允许变形量的趋势,或在隧道完成二次衬砌较长时期后,边墙、拱顶和拱脚破裂、隆起等现象。

4.1.2.2　特点及分类

围岩大变形根据不同的受控条件可以划分为:受岩性控制、受围岩结构构造控制,以及受人工采掘扰动三种。其中,受岩性控制的大变形主要包括岩性软弱的泥质页岩和砂质泥岩、泥灰岩以及具有膨胀性的软岩等。对于软弱浅埋隧道,由于松散围岩形成的松散压力直接作用在支护上,隧道开挖后围岩应力重新分布,部分围岩或其结构面失去强度,成为脱离母岩的分离块体和松散体,在重力作用下,克服较小的阻力发生塌滑,软岩在形变应力较大时,将进入塑性或流变变形阶段,因而形成较大的围岩变形。

根据《铁路隧道设计规范》(TB 10003—2005),单线隧道正常变形量一般不大于15 cm,双线隧道不大于30 cm,也就是说,当实际变形量超过这一数值时,即认为发生了较大变形。对隧道大变形的变形量按三级划分标准,见表 4-2。

表 4-2　隧道大变形的变形量划分表

大变形分级	Ⅰ	Ⅱ	Ⅲ
单线隧道(cm)	25～50	50～70	>70
双线隧道(cm)	40～70	70～100	>100

注:①变形值系指未考虑支护的作用情况,若考虑较多支护的作用,则变形值将减少 40%～60%;

②大变形的分级适用于 R_b 为 1.0～4.0 MPa 的情况,并不普遍适用于所有岩体。

4.1.2.3 原因分析

围岩大变形区别于一般岩体失稳如岩爆、坍塌等围岩局部破坏的显著特征是围岩体的塑性变形，并具有累积性扩展和明显的时间效应特征，给施工处理造成了较大难度。处于软弱和破碎地层中的浅埋隧道，其围岩变形的特点是以垂直下沉为主。隧道大变形是岩性、地下水及施工工法等因素综合影响的结果，其中包括不均匀浅埋软弱地层、拱脚承载力不足、锁脚锚杆失效、地表水下渗、地表开裂等因素。浅埋大跨度隧道由于埋深很浅的原因，隧道上覆岩层接近于整体沉陷，一般不能形成岩石承载拱，加之地质条件复杂，岩体破碎，节理发育，隧道围岩自稳能力差，导致初期支护大变形问题。

4.1.3 工作面失稳滑移

4.1.3.1 影响因素

隧道工作面的稳定性不仅受到地质结构、地应力状态、隧道埋深、工程因素、地下水以及时间条件等的约束，而且还与隧道断面形式等众多因素有关。隧道工作面失稳滑移一般发生在软弱围岩地段，在公路或铁路隧道围岩分类中一般是Ⅳ级、Ⅴ级及以下的围岩。对于软弱围岩段，由于工作面前方围岩的强度和刚度不能满足围岩稳定的要求，围岩挤出变形可能很大且不随时间的变化而收敛，呈扩大的趋势，从而导致隧道开挖轮廓面失去稳定。对于浅埋围岩段，工作面松弛将到达地表面，在横断面方向不能形成承载拱，接近工作面前方的围岩急剧下沉，并向后方扩张，形成盆状的地表下沉。对于偏压、表层有软弱堆积物、风化带等地质条件的围岩，工作面围岩下沉急剧上升，地表会出现开裂等。因此，在不同的地质、隧道埋深、地应力及地下水条件下，隧道工作面发生失稳的状况也会不同，而且在隧道浅埋、软弱、偏压段均极易发生。

4.1.3.2 分　类

不同围岩条件下隧道工作面失稳滑移类型是不同的。例如：在砂质围岩中，砂质层滞留的地下水从隧道工作面围岩上部流出，造成工作面拱部出现塌落，或者因排水和通风的原因，造成砂层干燥，使其丧失凝聚力而崩落等。在破碎围岩中，由于破碎带的存在，围岩开挖后，破坏了原来围岩之间的咬合黏结，如果有地下水的存在，使得工作面突然出现涌水，从而使得涌水和土砂从工作面流出，造成崩塌。在没有地下水的破碎围岩中，工作面随开挖而松弛，围岩失去平衡而崩塌。在裂隙发育的岩体环境中，层薄而且强度小的岩体会沿着其表面发生剥落。在软弱围岩中，由于围岩强度较低，加上有地下水的存在，使得逆向的围岩松弛，岩体节理面因剪切阻力不充分而崩落，对于核心土上方围岩，由于上部透水层产生的土压、水压使得工作面出现涌水，从而致使工作面围岩崩塌。

4.1.4 洞口边坡失稳

4.1.4.1 特点与机理

隧道进出洞口往往有以下三方面的工程特性：①隧道洞口段围岩往往处于强风化带，围岩一般比较破碎，自稳能力差，有时甚至是滑坡体或者堆积体，成洞困难；②隧道洞口段一般处于浅埋状态，洞顶围岩覆盖层薄，开挖更容易使围岩受到扰动，产生"冒顶"，使问题复杂化；③由于很多隧道贴着山壁进洞，或者受到地形影响，洞口段存在偏压现象，围岩左右侧压力不均衡，支护结构受力也不均衡，支护处理不当，容易使二次衬砌受到威胁。特别是在软弱浅埋偏压隧道工程中，边坡岩体松散，地表荷载作用不均匀，自然条件对洞口边坡工程结构影响较大，洞口的坡体在隧道施工中易出现滑坡等地质灾害。

4.1.4.2　类　　型

隧道洞口边坡失稳外部表现一般为：①边仰坡喷层剥落破坏，②张拉破坏，③剪切破坏，④局部塌陷破坏，⑤雨水冲刷破坏，⑥洞口初期支护失稳破坏。简化破坏形式可以概括为：平面破坏、楔(形)体破坏、旋转破坏、倾倒破坏和坍陷破坏。其中，洞口偏压段由于隧道开挖导致原始应力场的破坏，围岩受到由高到低的剪切作用，进而软弱夹层极可能作为剪切滑移带，使得边坡发生剪切破坏。洞口浅埋、围岩风化较严重区段由于隧道原始应力场遭到破坏从而使边坡的关键块被挖除，使得上部岩块缺少必要的支撑，再加上围岩较松散，黏聚力较小，不能形成平衡拱以达到自平衡，最终塌陷破坏，直至冒顶。洞口节理发育或软质、破碎、风化的岩体由于开挖的边坡过陡，在坡顶或边坡外缘产生拉裂缝，并逐次向外侧发展而造成坍塌现象。

4.1.5　支架失稳

4.1.5.1　特　　点

在围岩松散、地压较大和浅埋等条件下，为了防止围岩变形过大而造成坍塌，往往需要采用支架支撑。支架主要为钢支架，其中钢支架的刚度和强度都比较大，比较适合于软弱破碎带及塌方段、黄土隧道松散岩体段、洞口浅埋段、膨胀性岩体节理发育段和地下水发育段。

分析软岩隧道工程经验可知，开挖程序是否合理与围岩变形关系密切，及时封闭成环是减小围岩变形的有效措施。对于围岩较差的隧道，在支撑结构中，应先施作刚度大、强度大的支撑，再施作系统锚杆，以有效控制围岩变形；横向和纵向支撑系统必须合成支撑整体，防止纵向失稳或者横向破坏。另外，拱脚处锚杆必须加密，以提高拱脚处围岩的承载力。

4.1.5.2　机　　理

图 4-1 和图 4-2 分别为浅埋隧道沉降槽示意图和隧道钢架失稳示意图。在浅埋隧道中，由于洞身上部覆土较浅，围岩难以形成压力拱以支撑上部覆土的稳定性，往往会造成拱顶沉降较大和围岩收敛变形过大，甚至造成地表下陷等现象，特别是在地下水发育地段，该种破坏现象常有发生，也常常伴随着洞顶塌方、地表断裂等现象，且围岩破坏为剪切破坏。对于软弱隧道中支架失稳及破坏的现象，一般是由于拱脚围岩强度不足、洞身上部荷载过大以及支撑系统强度和刚度不足等因素引起的，往往伴随着围岩和支撑钢架收敛变形过大，甚至造成支撑系统整体失稳和隧道洞身塌方等灾害，因此对于软弱浅埋隧道，应加强支撑系统对围岩的支护作用，使围岩收敛变形控制在一定范围内。

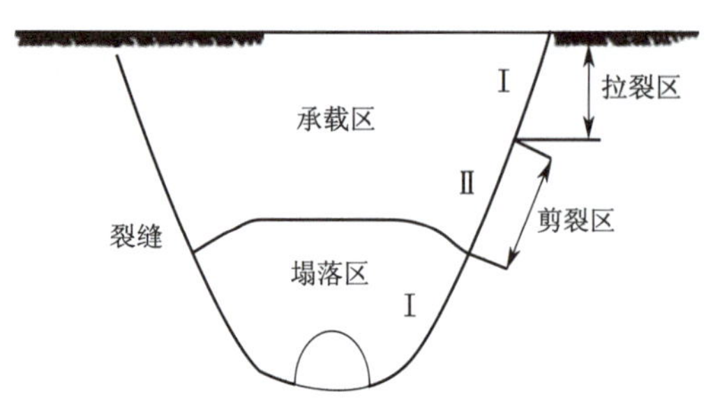

图 4-1 浅埋隧道沉降槽示意图

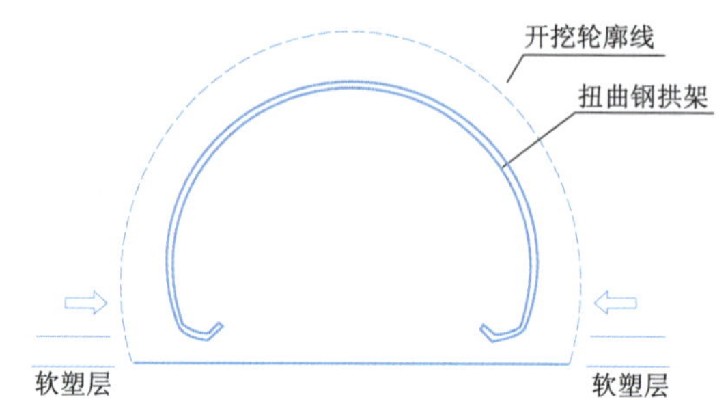

图 4-2 隧道钢架失稳示意图

4.2 软岩隧道施工风险控制技术

4.2.1 超前地质预报

软岩隧道工程所处的工程地质环境复杂，如多变的地质条件、破碎带、富水岩层等。超前地质预报是防止发生突发性地质灾害的关键。

4.2.1.1 预报方法

(1)地质法

地质法是一种传统的、实用和基本的超前地质预报方法，包括地质素描法、超前导坑法、超前水平钻孔法等。它是通过调查隧道穿越的地层及岩性的产状特征、节理发育规律、裂隙的构造，岩溶发育的部位，断层破碎带的走向、形态等特征，分析隧道工程地质条件，充分认识隧道所处地质段的地质结构特征，从而推测工作面前方不良地质的类型，出露部位以及规模大小，指导隧道施工过程采取有效的措施，达到避免工程事故发生的目的。

(2)地球物理法

地球物理探测法及物探法主要包括：电磁波法（地质雷达）和地震反射波预报法（TSP、TGP）。地质雷达是利用宽频带短脉冲高频电磁波的反射来探测目标体。当高频电磁波通过岩石破碎带、溶洞、富水区等介质时，电磁波将发生反射，反射的电磁波空间和时间域信息被接收器所接收，经分析和处理，从而确定工作面进深地质体电性界面空间分布规律。TSP 利用地震波在不均匀地质体中产生的反射波特性来预报隧道进深方向及周围临近区域地质状况。当遇见岩石波阻抗界面时，经过反射后被高灵敏度的地震检波器接收，经分析前方围岩软硬状况、界面位置、界面与隧道轴线相交所呈现的角度及距工作面的距离等，测定围岩弹性模量、密度、泊松比等参数，通过反射波特征分析，结合隧道所处的区域地质资料，即可判断隧道前方及周围区域不良地质构造的位置、规模和特性。

(3)综合法

综合法遵循“洞内外结合，以洞内为主；长短结合，以短为主”的原则；多种探测方法相互结合，相互验证，极大地提高了预报的准确性。综合考虑岩石的坚硬度、地质构造、节理裂隙发育程度、风化程度、完整程度、水和地应力等因素，结合地质资料和物探技术进行分析研究，推断隧道工作面前进方向围岩状况，对其进行稳定性评价，向施工单位提出施工建议，以便采取更符合实际的施工方案和支护参数，避免因不良地质灾害而导致的工程事故，确保工程施工安全。

4.2.1.2　预报内容

(1)对隧道纵向超前探测，提供开挖工作面前方的围岩类别，预报隧道地质条件的变化情况及对施工的影响，描述工作面开挖前方 100 m 以内的地质情况。

(2)判断超前地质预报所获得的工程和水文地质信息与设计文件中提供的工程和水文地质信息有无差异或变化；对地质条件的差异或变化，提出是否加强或降低原设计参数的建议及相应工程措施。

(3)预报可能出现塌方、滑动的部位、型式、规模及发展趋势，提出处理建议。

(4)探测工作面的水文地质情况，预报可能出现突然涌水点及对施工的影响。

(5)预报工作面前方可能存在的溶洞规模和位置。

(6)预报隧道将要穿过的不稳定岩层、断层、岩石破碎带等不良地质情况。

(7)预报隧道附近或瓦斯地段的岩层中瓦斯的影响范围。

4.2.1.3　方案流程

图 4-3 为超前地质预报工作流程。

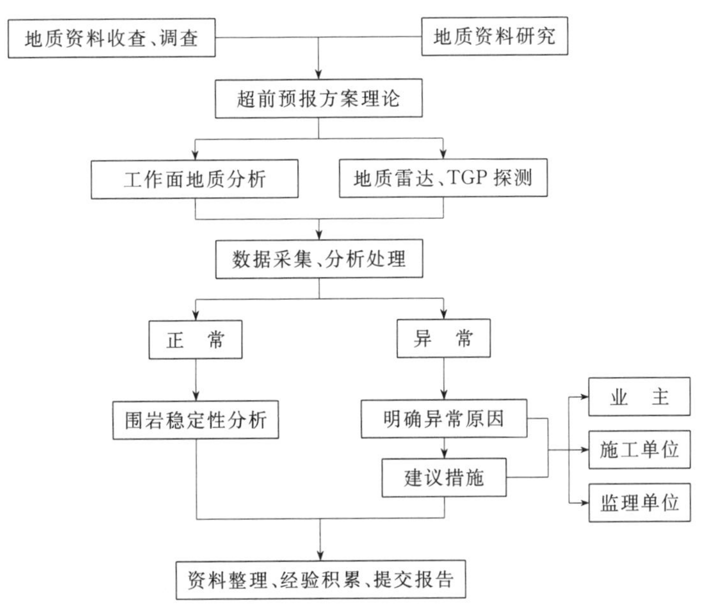

图 4-3　超前地质预报工作流程

4.2.2　控制爆破

软岩隧道施工中，爆破振动往往会对围岩的整体结构带来不利的影响。因此，在软岩隧道施工过程中，必须对爆破进行严格控制，采用适当的掏槽形式，合理设计周边眼的钻爆参数、装药结构，保证隧道成形良好。

4.2.2.1　爆破参数选取

南岭隧道施工中，进行了爆破试验，探索在浅埋、特浅埋软弱围岩隧道大断面开挖新奥法施工中采用光面爆破和预裂爆破方法，同时借助于锚喷支护以增强围岩的自身承载能力，实现安全顺利施工。表 4-3 为南岭隧道试验段爆破技术指标。

表 4-3　南岭隧道试验段爆破技术指标

断面里程	断面名称与爆破方法	开挖断面(m^2)	炮眼数目(个)	炮眼深度(m)	比钻眼量(m/m^2)	平均循环进尺(m)	平均循环装药量(kg)	必装药量(kg/m^2)	炮眼利用率(%)
DK1931+919～DK1931+943	上断面光面爆破	32.45	101	1.0～1.10	3.11	1.05	16.763	0.483	100
DK1931+892～DK1931+919	上断面光面爆破	32.06	111	1.0～1.10	3.37	1.08	17.89	0.517	103
	下断面预裂爆破	63.70	120	1.0～1.20	1.68	1.23	24.312	0.312	112
	全断面	95.76	231	1.0～1.20	2.20		42.362	0.375	107.5
DK1931+988～DK1932+013	上断面光面爆破	32.12	102	1.0～1.10	3.2	1.10	42.362	0.375	107.5
	下断面预裂爆破	64.70	121	1.0～1.20	1.75	1.17	32.763	0.433	106
	全断面	96.82	223	1.0～1.20	2.2		52.075	0.47	105.5

注：表中数据均系施工现场统计平均值，DK1931+919～+943 下断面数据因爆破次数所限未列入表内。

4.2.2.2　爆破流程控制

软弱围岩控制爆破设计的总体思路是拱部采用光面爆破，边墙采用预裂爆破，核心部分采用控制爆破，掏槽采用抛掷爆破，钻眼爆破顺序为：掏槽眼→辅助眼→周边眼→底板眼，尽可能小地减轻爆破对围岩的扰动，减轻振动强度，维护围岩自身的稳定性，使隧道轮廓成形良好。采用控制爆破技术开挖隧道，有效地减小了爆破振动速度，降低地表沉降量和围岩收敛变形，确保软弱浅埋隧道施工安全。在爆破施工过程中，采用爆破振动监测来指导施工，根据爆破振动速度适当增减装药量与变换进尺深度，可以在保证安全的基础上加快开挖速度。图 4-4 为控制爆破工艺流程图。

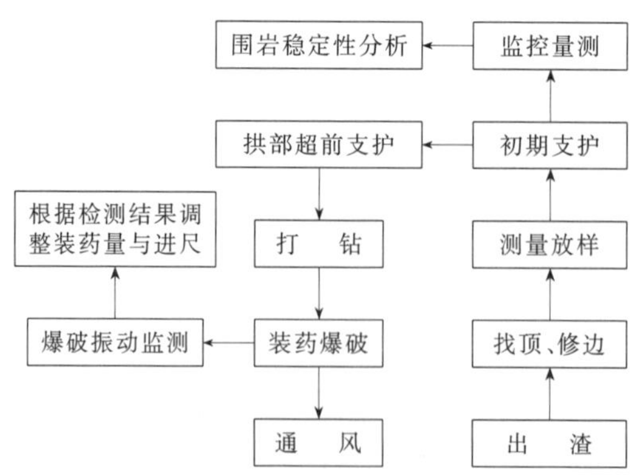

图 4-4　控制爆破工艺流程图

4.2.3　施工工法优化

隧道施工方法应根据断面形状、隧道长度、施工工期、工程地质、涌水情况及周围环境等条件综合确定。对于洞口浅埋段和断层破碎带等围岩，其地质条件较差、围岩较破碎，地表水及地下水较丰富，施工困难，施工前应充分调查，选择适宜的隧道开挖工法，保证开挖过程中围岩变形控制效果满足要求，确保隧道结构稳定和安全。软弱浅埋隧道往往采用中隔壁法、双侧导坑开挖法和三台阶分步平行开挖法进行隧道开挖，并结合缩短开挖进尺以及辅助工法进行开挖施工。

4.2.3.1　施工方法及适用性

(1)中隔壁法(CD 法、CRD 法)

在工作面不太稳定，埋深较浅及围岩较差的工程中常使用中隔壁法，如图 4-5 所示。该方法因纵向分割断面，能确保工作面的稳定性，其开挖断面相对较小，若支护及时，可防止隧道周边围岩松弛范围的扩大。当施工地质变化较大时，CD 法、CRD 法易于与其他施工方法进行转换。

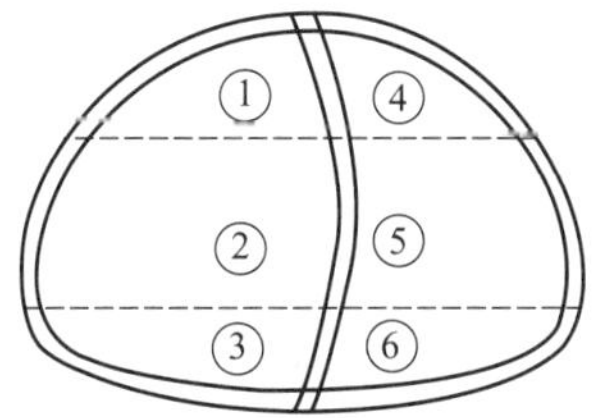

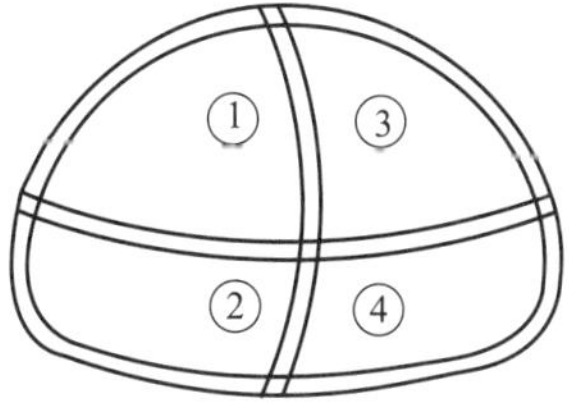

图 4-5　中隔壁法(CD 法、CRD 法)示意图

(2)双侧导坑开挖法(双侧导坑超前开挖法、眼镜法)

在埋深超浅、围岩特别差以及地表沉降控制严格的工程中常使用双侧壁导坑法，如图 4-6 所示。该方法因分割断面细，能确保工作面的稳定和有效控制隧道周边围岩松弛范围，超前的导坑能探明前方的地质情况，遇到不良地质时可在开挖前采取预防措施，但当地质变好时改变工法困难。

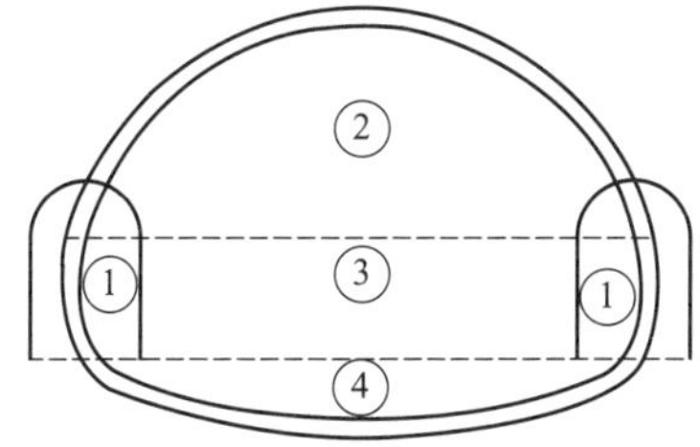

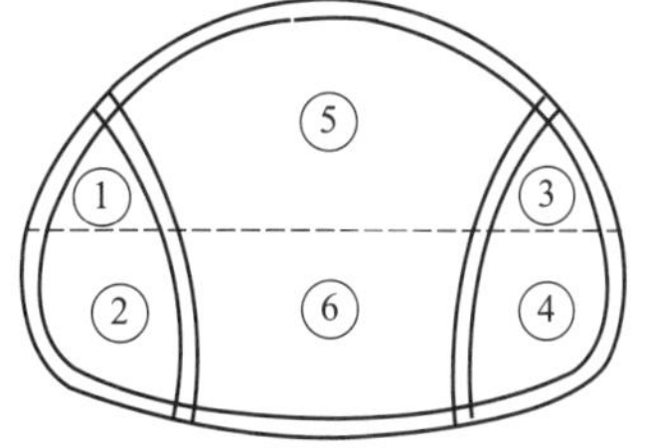

图 4-6　双侧导坑开挖法(双侧导坑超前开挖法、眼镜法)

(3)三台阶分步平行开挖法

在工程实践中，中壁法和双侧壁导坑法以下缺点很难克服：①限制了大型施工机械的使用，降低了工效；②在软、硬围岩相间的隧道，施工方法的调整时间很长；③临时施工支

护多,投入大,不经济;④施工中相互干扰大;⑤分部施工防水层和混凝土衬砌,运营病害多。在软弱浅埋隧道中采用三台阶分步平行开挖法施工,可以成功解决软岩、断层等地质难题,确保工程质量和工期。三台阶分步平行开挖法采用分步平行开挖和施作拱墙初期支护,混凝土仰拱超前施作及时闭合,构成稳固的初期支护体系,保护围岩的天然承载力,有效抑制围岩变形。在断层带、破碎带等自稳性较差和富水地层中,则采用大管棚、迈式注浆锚杆和小导管预注浆等辅助施工措施,混凝土仰拱紧跟下台阶及时施作尽早闭合成环,构成支护体系,如图 4-7 所示。

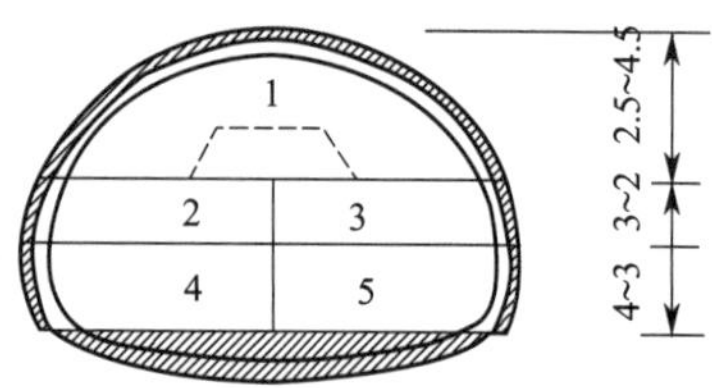

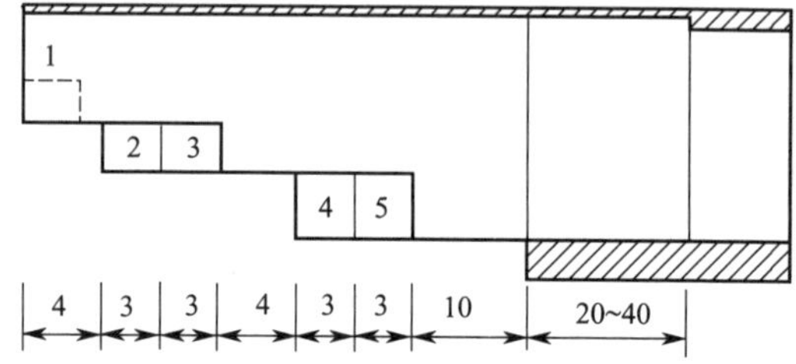

图 4-7 三台阶分步平行开挖法示意图(单位:m)

4.2.3.2 施工方法比选

根据隧道工程施工需要,对三台阶分步平行开挖法、中隔壁法和双侧导坑开挖法在软岩隧道中的适用性及各项工程控制效果进行分析,见表 4-4。

表 4-4 施工方法比选

工法名称	三台阶分步平行开挖法	中隔壁法(CD 法、CRD 法)	双侧导坑开挖法(双侧导坑超前开挖法)
适用条件	Ⅳ、Ⅴ级围岩,工期紧,$D\leqslant 12$ m	偏压软弱围岩,$D\leqslant 18$ m,变形无要求	偏压软弱围岩,小跨度,可扩成大跨,变形有要求
施工机械	中大型	中小型	小型
施工技术难度	低	较高	较高
施工工序	工序少,管理简单	工序较多	工序多,管理难度大
造价控制	低	较高	高
资源配置	少	较多	多
防排水效果	较好	好	差
沉降控制	一般	较大	大
拆除初期支护	无	较小	较大
工期控制	短	较短	较长
围岩变化时施工方法的适应性	均能适应	适应性均不好	适应围岩变差时
工作面的稳定性	差	较好	较好
施工管线布置	方便	不方便	不方便
配合辅助支护措施	很容易	一般	一般
对关键部位支护的有效性	一般	较好	较好

4.2.3.3　辅助施工技术

辅助施工方法是针对软弱不良地层提出的，其选择的正确与否直接关系到工程的成败和造价的高低，是衡量施工应变能力的重要标志。辅助施工方法分为稳定工作面和控制地表下沉及加强围岩的辅助施工方法。

(1)稳定工作面

工作面稳定性和开挖面的大小有密切的关系，因此，开挖方法的选择对辅助工法的选择有很大的影响。根据地质条件，工作面难以稳定时，开挖要采用分割断面的方法，或缩短一次进尺。根据性能的不同，可分为支护围岩(超前支护、短管棚)，改良围岩(注浆等)，发挥锚杆作用(斜锚杆、正面锚杆等)，喷混凝土加强。

(2)控制地表下沉和加强围岩

①超前管棚法

超前管棚支护的工作原理为：通过管棚注浆，使拱顶预先形成加固的保护环，使其发挥承载拱的作用，承受拱上部的地面荷载和岩层重量；当超前管棚沿隧道开挖轮廓周边密布时，加固环的变形变小，传递给隧道支护结构的上部荷载减小，同时通过环形固结层与管棚，将拱部围岩的应力传递给支撑拱架。由于支撑拱架间的相互连接，形成整体支护，有效保证掘进施工和初期支护的安全。超前管棚加固形式如图 4-8 所示。

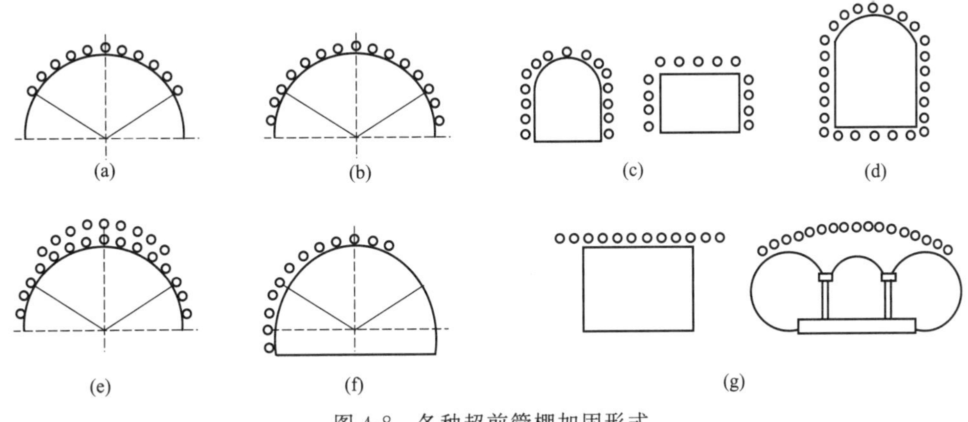

图 4-8　各种超前管棚加固形式

② 超前小导管预注浆法

适用条件：风化严重、节理较发育的软弱围岩地段；断层破碎带地段；富水围岩地段；砾石土、砂、泥等不良地质地段；塌方或涌水事故处理地段。

工程特点：小导管超前注浆法施工简易，施工速度快，比超前锚杆的支护能力大，但较超前大管棚支护能力要小；与格栅钢架组合，采用喷射混凝充填，所形成的初期支护具有较强的承载能力并有一定的防水性能；初期支护与围岩紧密黏结，形成一个刚度较接近的共同变形体，易形成有效的压力拱，使隧道结构受力条件趋于合理。

③ 超前锚杆(锚管)法

超前锚杆技术是沿隧道纵向在拱部开挖轮廓线外一定范围内向前上方倾斜一定角度，或者沿隧道横向在拱脚附近向下方倾斜一定角度的砂浆锚杆(锚管)。拱部超前锚杆用以支托拱上部临空的围岩，起插板作用。边墙超前锚杆用于将拱部开挖产生的起拱线附近围岩的较大荷载传递至深层围岩，从而提高施工中的围岩稳定性。超前锚杆主要适用于Ⅲ、Ⅳ级围岩在开挖后数小时内可能剥落或局部坍塌的情况。在拱部支护结构基底承载力不足时采用边墙超前锚杆。

4.2.4 地下水控制

软岩易遇水软化，地下水作用使软弱围岩软化，呈流塑状，强度低，开挖极易坍塌。软弱围岩在地下水影响下积土出现流失现象，导致台阶难以形成、拱架背后出现空洞、拱脚悬空、锁脚及系统锚杆失效，无法形成受力结构。地下水还可能导致地表出现下沉、开裂和初支大变形。对软弱浅埋隧道，还可能由于隧道埋深较浅，地表水下渗、围岩富水等因素直接影响隧道施工与加固效果。

4.2.4.1 加强防排水，以防止软岩的软化

开挖至软弱围岩地段后，工作面附近涌水情况比较严重，如不及时排除积水，可能导致工作面附近土体浸泡在水中，使土体软化，从而危及整个结构的安全。在隧道内两侧，设置集水坑，选用小型抽水机和大型抽水机配套使用，将水排出洞外，同时要做好洞口地表水的排堵，防止洞外水倒灌进洞内。

4.2.4.2 注浆加固围岩以阻止地下水的渗流

注浆措施分为超前注浆、周边加固注浆和基底加固注浆三类，如图 4-9 所示。

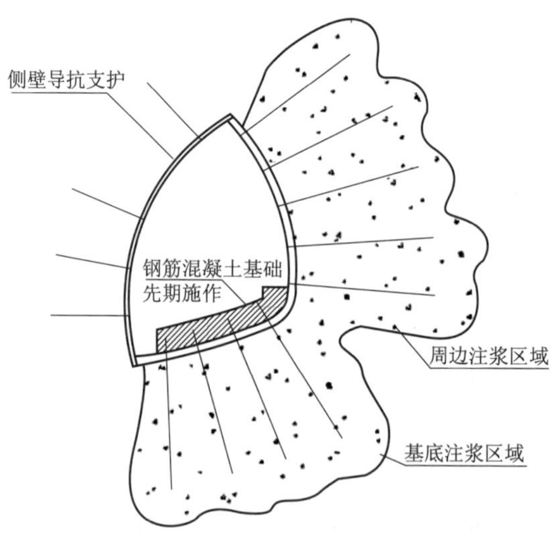

图 4-9 超前注浆、周边加固注浆和基底加固注浆示意图

超前注浆就是在工作面周边用 3.5～5.0 m 的钢管向前打入土体，然后注浆加固前方周边围岩，提高开挖面前方岩土体的稳定性，阻止地下水向工作面的渗透，为下步开挖与支护施工的安全提供足够保护时间。周边加固注浆就是在周边初期支护初步形成后，用钢管代替传统的钢筋锚杆，对隧道周边进行系统性注浆加固，以提高系统锚杆的锚固能力，提高周边岩土体的自身承载能力。基底加固注浆就是在双侧壁导坑技术初期支护施作完成后，对下部岩土体进行注浆加固，使下部岩土体形成一个扩大基础，以大规模减少

基础的沉降和向内侧收敛。

4.2.5 支护技术优化

软岩隧道施工中，由于地下水影响以及施工工序安排不合理等原因往往造成支护结构失稳和隧道围岩收敛变形过大等问题，围岩大变形是在常规支护结构不能提供足够的支护力，围岩变形得不到有效地约束控制产生显著的塑性变形时才会发生。合理的支护措施和科学的施工方法能够有效抑制大变形的发生；反之，不合理支护措施和不规范的施工方法则可能促成大变形的发生，甚至使地质条件较好的围岩发生大变形。对于浅埋软岩隧道，建议采取“洞内加固处理为主，地表临时处理为辅，先加固基础，后处理拱部，增大预留变形量，加强支护参数，二次衬砌紧跟，尽快通过”的加固原则与方法。

4.2.5.1 加固处理措施

(1)在洞内用型钢设置可靠的内支撑，以控制土体下沉变形与破坏。

(2)喷射混凝土封闭工作面，以阻止地下水自由地从工作面流出以及防止工作面土体涌出而引起围岩更大的变形。

(3)疏通地表排水沟，用黏土封闭地表裂缝，以减少地表水下渗。

(4)及时排除洞内涌水与涌泥，防止围岩受水浸泡后进一步软化。

4.2.5.2 施工技术

(1)软弱围岩大跨度隧道施工与一般地段存在较大的差别，一方面由于地质较差，松散荷载较大，在同等条件下，结构的荷载能力较低，另一方面由于开挖面积大，支护结构相对较复杂，使得每一道施工工序的时间大大拖延。

(2)在软弱地层中，作用在隧道结构上的松散土压力荷载相对大，且土压力的增长速度较快，拱脚基础的稳定关系到整个支护结构的稳定，否则结构就会下沉，造成土体更大的松散破坏。因此，可在侧壁导坑基础初期支护完成后，先设置底部注浆钢管，要求钢管端部露出30 cm左右，及时施作二次衬砌钢筋混凝土基础。

(3)对于大跨度软弱围岩隧道，初期支护的承载能力是有限的，必须要求二次衬砌紧跟开挖面，考虑到隧道埋深较浅，初期支护钢架距离应相对缩小，二次衬砌钢筋和周边注浆钢管密度也应相对提高，以保证隧道洞身稳定。

4.3 钟鸣一号、二号隧道施工风险控制技术

4.3.1 超前地质预报技术

4.3.1.1 目　　的

钟鸣一号、二号隧道地质条件较差，隧道施工中有坍塌冒顶、洞壁失稳和地表沉陷等地质灾害，为保证施工安全、优化工程设计、实现施工信息化，避免发生坍塌冒顶、地下水流失而破坏当地生态环境，需要采取有效措施对隧道工作面前方的地质条件进行较为准确地预测，同时也是开展动态设计、合理制定施工方案、有效进行投资控制和确保隧道施工安全快速的必然要求。

4.3.1.2 方　　法

(1)地质编录

对隧道的工程地质、水文地质特征进行详细的地质编录,并结合勘察设计地质资料,对工作面前方的地质情况进行预测,并提出工程措施意见。

(2)超前水平钻探

对钟鸣一号隧道 DK140+107～+137、DK140+137～+177 和钟鸣二号隧道 DK141+452～+492、DK141+442～+480、DK141+436～+471 采用超前水平钻探的方法进行超前地质预报工作,结果表明,地层土性为泥质粉砂岩(W_4)。

(3)加深炮孔

利用潜孔钻探孔,通过观测记录钻速、冲洗液及岩屑以及气体含量的变化,进行分析判断,预报短距离的地质灾害问题,表 4-5 为工作面钻孔参数。

(4)地质雷达

利用高频电磁波以宽频带短脉冲形式由地面通过发射天线送入地下,经地下不连续体或目的体反射后返回地面为接收天线所接收,反射电磁波经过一系列的处理和分析之后可以得到探测地质介质的有关信息。

表 4-5　工作面超前钻孔布置图及钻孔参数表

钻孔类型	布孔形式	水平角(°)	竖直角(°)	孔深(m)
1	单　孔	0	0	30
2	双　孔	左偏 5	上仰 3	30
		右偏 5	下俯 3	30
3	三角孔	左偏 5	上仰 3	30
		右偏 5	上仰 3	30
		0	0	30

图 4-10～图 4-14 为钟鸣一号隧道 DK140+137～+177、DK140+107～+137 和钟鸣二号隧道 DK141++452～+492、DK141+442～+480、DK141+436～+471 超前水平钻探钻芯取样图。

图 4-10　DK140+137～+177 超前水平钻探取芯图

图 4-11　DK140＋107～＋137 超前水平钻探取芯图

图 4-12　DK141＋452～＋492 超前水平钻探取芯图

图 4-13　DK141＋442～＋480 超前水平钻探取芯图

图 4-14　DK141＋436～＋471 超前水平钻探取芯图

超前水平钻芯样描述：灰紫色，夹灰黄色，全风化泥质粉砂结构，层状构造，节理裂隙特别发育，岩体很破碎，岩芯是半岩半土状；灰紫色，夹灰黄色，全风化泥质粉砂结构，泥质胶结，节理裂隙很发育，被大量铁质污染原岩，质软，钻芯深 13.1～14.5 m 是 65～80 mm

块状;灰紫色,夹灰黄色,全风化泥质粉砂结构,层状构造,节理裂隙特别发育,被少量泥质填充,岩体很破碎,岩芯是半岩半土状。

图 4-15 为钟鸣一号隧道地质雷达探测左侧上台阶地质与水文情况。

图 4-15　现场地质雷达探测

4.3.1.3　效果分析

根据超前水平钻的芯样、地质素描现场记录和地质雷达探测结果分析如下:

(1)经过超前水平地质钻孔,钟鸣一号隧道出口上台阶左侧工作面揭露的岩层为 T_3 H地层。里程 DK140+330～+375 岩性为:泥质砂岩,灰黄色,夹褐紫色,全风化,原岩结构构造已被破坏,保存原岩外观,夹约 25%～30%(强风化,泥质砂岩)原岩碎块,块径 20～40mm 岩芯多是土块。根据以上资料结合隧道工作面的地质情况综合分析确定:洞内工作面前方的地质情况较差,岩层延伸性欠佳,未发现构造异常及断层破碎带,不存在特殊土和不良地质体,岩质较软弱,变形较大。水文地质条件较好,第四系孔隙水和三叠系岩层裂隙水不发育,南方多雨,施工时局部地段会发生渗透水,应随时观察围岩的变化情况。开挖时,严格遵循短进尺、弱爆破、强支护、快封闭、勤测量及时反馈的施工原则。

(2)表 4-6 为 DK141+389.2 左侧中台阶和上台阶施工阶段围岩级别判定表。

4.3.2　工法优化技术

钟鸣一号、二号隧道穿越地层主要为含砾粉质黏土及泥质粉砂岩,围岩较破碎全风化,进出口均为偏压地段,全隧道属Ⅴ级围岩,地下水主要为孔隙水和基岩风化层孔隙水,地质条件非常复杂,属宁安铁路高风险隧道。结合设计施工图中提供的明挖、三台阶临时仰拱法、四步 CD 法、六步 CD 法、CRD 法和双侧壁导坑法,在隧道开挖过程中,施工单位结合隧道地质条件和施工实际情况,先后多次变换工法,主要包括明挖法、三台阶临时仰拱法、六步 CD 法和 CRD 法,明挖法主要用于隧道进出口明挖段和冲沟超浅埋段(埋深小于 5 m),三台阶临时仰拱法主要用在前期施工,但由于施工控制效果不佳,后期选用六步 CD 工法和 CRD 工法进行隧道绝大部分区段的施工,并结合隧道地质条件选择适当的支护参数和施工参数,隧道进出口施工一般选用六步 CD 法,并配合超前管棚等支护方式,控制效果较好。因此,钟鸣一号、二号隧道由于地质条件、施工条件等的特殊性,工法优化技术在施工过程中发挥了较好的控制

表 4-6　施工阶段围岩级别判定表

<table>
<tr><td rowspan="2">工程名称</td><td colspan="3" rowspan="2">宁安铁路钟鸣二号隧道</td><td colspan="2">施工里程</td><td colspan="2">DK141+389.2
左侧中台阶和上台阶</td><td rowspan="2">评定</td></tr>
<tr><td colspan="2">距洞口距离(m)</td><td colspan="2">484.2m</td></tr>
<tr><td rowspan="3">岩性指标</td><td colspan="2">岩石类型(名称)</td><td>粉质黏土</td><td colspan="2">埋深 18.6m</td><td colspan="2"></td><td rowspan="3">极硬岩
硬岩
较软岩
软岩
极软岩土</td></tr>
<tr><td colspan="2">岩石强度 R_c(MPa)</td><td>$R_c>60$</td><td>$60\geqslant R_c>30$</td><td>$30\geqslant R_c>15$</td><td>$15\geqslant R_c>5$</td><td>$R_c\leqslant 5$</td></tr>
<tr><td colspan="2">工作面状态</td><td>稳定</td><td>稳定</td><td>随时间松弛掉块</td><td>自稳困难需及时支护</td><td>正面不能自稳、需超前支护</td></tr>
<tr><td rowspan="8">岩体完整状态</td><td colspan="3">地质构造影响程度</td><td>较微</td><td>较重</td><td>严重</td><td>极严重</td><td>完整</td></tr>
<tr><td rowspan="4">地质结构图</td><td>间距(m)</td><td>>1.5</td><td>1.5~0.6</td><td>0.6~0.2</td><td>0.2~0.06</td><td><0.06</td><td rowspan="2">较完整</td></tr>
<tr><td>延伸性</td><td>极差</td><td>差</td><td>中等</td><td>好</td><td>极好</td></tr>
<tr><td>粗糙度</td><td>明显台阶状</td><td>粗糙波纹状</td><td>平整光滑有擦痕</td><td colspan="2">平整光滑</td><td>较破碎</td></tr>
<tr><td>张开性(mm)</td><td>密闭<0.1</td><td>部分张开0.1~0.5</td><td>张开 0.5~1.0</td><td>无充填张开>1.0</td><td>黏土充填</td><td>破碎</td></tr>
<tr><td colspan="2">风化程度</td><td>未风化</td><td>微风化</td><td>弱风化</td><td>强风化</td><td>全风化</td><td rowspan="3">极破碎</td></tr>
<tr><td colspan="2">岩层产状</td><td colspan="5"></td></tr>
<tr><td colspan="2">节理产状</td><td colspan="3"></td><td colspan="2"></td></tr>
<tr><td rowspan="3">岩体含水状态</td><td colspan="2" rowspan="3">渗水量
[L/(min·10m)]</td><td colspan="2" rowspan="3"><10
干燥或湿润</td><td rowspan="3">10~25
偶有渗水</td><td colspan="2" rowspan="3">25~125
经常渗水</td><td>干燥或湿润</td></tr>
<tr><td>偶有渗水</td></tr>
<tr><td>经常渗水</td></tr>
<tr><td>围岩级别</td><td colspan="2">Ⅰ</td><td colspan="2">Ⅱ</td><td>Ⅲ</td><td>Ⅳ</td><td>Ⅴ</td><td>Ⅵ</td></tr>
<tr><td>简要说明及附图</td><td colspan="8">(a)左侧　(b)工作面　(c)右侧
简述:含砾粉质黏土,黄褐色,灰褐色,岩石风化严重</td></tr>
</table>

作用与效果,工法优化技术主要包括工法选择和改进、临时支护参数优化(喷射混凝土、钢拱架、中隔墙、锁脚锚杆和超前小导管)、永久支护参数优化(初期支护和二衬)和施工参数优化(进尺、台阶高度和开挖工序),是工法优化技术在软弱浅埋隧道施工风险控制过程中的成功应用。图 4-16 和图 4-17 分别为钟鸣一号、二号隧道施工工法统计图,表 4-7 为钟鸣一号、二号隧道工法比选对照表。

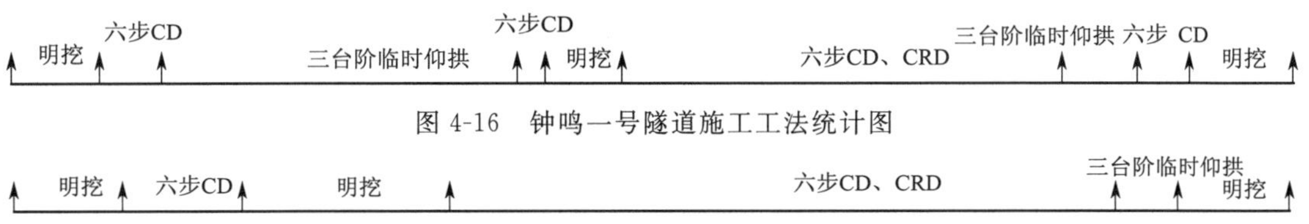

图 4-16　钟鸣一号隧道施工工法统计图

图 4-17　钟鸣二号隧道施工工法统计图

表 4-7 钟鸣一号、二号隧道工法比选对照表

隧道里程	施工工法	埋深(m)	地质情况	支护结构		施工进度(m/d)	围岩变形(mm/d)	
				临时支护	永久支护		最大拱顶下沉	最大水平收敛
DK140+005~DK140+025	六步CD法	5~15	地表水不发育，地下水主要为孔隙水和裂隙水；洞身位于地下水位以下，Ⅴ级围岩	上、中台阶底部临时仰拱为I18钢架、C25喷混凝土10 cm，中隔壁为I18钢架，喷混凝土厚度18 cm，ϕ25中空锚杆 L=4.5 m	HW175钢架，间距0.6 m/榀，超前小导管3 m/环，ϕ6钢筋网片C25喷混凝土	0.6~1.2	5	3
DK140+025~DK140+269	三台阶临时仰拱法	14~20		上、中台阶底部临时仰拱为I18钢架，喷混凝土厚度10 cm	HW175钢架，间距0.6 m/榀，超前小导管3 m/环，ϕ6钢筋网片，C25喷混凝土	0.6~1.2	4	3
DK140+320~DK140+550	CRD法	10~20		上、台阶增加I18钢架临时仰拱，喷混凝土10 cm，中台阶分2次开挖	HW175钢架，间距0.6 m/榀，超前小导管3 m/环，ϕ6钢筋网片，C25喷混凝土	0.6~1.2	13	5
DK140+558~DK140+598	六步CD法	5~20		上、中台阶底部临时仰拱为I18钢架、C25喷混凝土10 cm，中隔壁为I18钢架，喷混凝土厚度18 cm，ϕ25中空锚杆 L=4.5 m增设中支撑立柱	HW175钢架，间距0.6 m/榀，超前小导管3 m/环，ϕ6钢筋网片，C25喷混凝土	0.6~1.2	5	5
DK140+905~DK140+980	六步CD	5~10	地下水主要为基岩裂隙水，不发育，Ⅴ级围岩	中、台阶底部临时仰拱为I18钢架、C25喷混凝土10 cm，中隔壁为I18钢架，喷混凝土厚度18 cm，ϕ25中空锚杆 L=4.5 m	HW175钢架，间距0.6 m/榀，大管棚支护，ϕ6钢筋网片，C25喷混凝土	0.6~1.2	6	4
DK141+020~DK141+460	CRD法	5~20		上台阶增加I18钢架临时仰拱，喷混凝土10 cm，中台阶分2次开挖	HW175钢架，间距0.6 m/榀，超前小导管3 m/环，ϕ6钢筋网片，C25喷混凝土	0.6~1.2	7	5
DK141+460~DK141+512	CRD法	15~20		上台阶增加I18钢架临时仰拱，喷混凝土10 cm，中台阶分2次开挖，增设中支撑立柱	HW175钢架，间距0.6 m/榀超前小导管3 m/环，ϕ6钢筋网片C25喷混凝土	0.6~1.2	5	5

4.3.3 预加固技术

4.3.3.1 注 浆

取得地表详细的勘察资料、注浆加固设计文件及图纸、施工现场平面图等资料，对水泥强度、安定性及其他必要的性能指标进行复试。地表注浆段先对现场进行清表处理，然后将注浆区域进行片区划分，并合理安排注浆先后顺序。

(1)注浆方式

采用注浆花管由高压注浆泵全孔压入式地表注浆。

(2)注浆孔布置

各段注浆孔按梅花形布置，其中 K140＋018～＋032 段孔距 1 m，其余各段按孔距 2 m 呈三角形布置，即横距 2 m，排距 1.7 m。其中，注浆孔分Ⅰ序孔和Ⅱ序孔，Ⅰ序孔为低压注浆孔，Ⅱ序孔为高压注浆孔，Ⅰ序孔和Ⅱ序孔交错布置。

(3)钻孔孔径及注浆管

钻孔直径 89 mm，钻孔深度为隧道边墙开挖轮廓外从地表至隧底，边墙开挖轮廓内从地表至隧道轮廓线顶外 0.5 m；孔内采用注浆花管(钢管)，孔外采用高压胶管。注浆花管采用直径 60 mm 钢管，壁厚 4 mm；在注浆管前端钻设孔径 10 mm、间距 400 mm、呈梅花形布置的花孔。注浆花孔钻设范围根据孔深情况调整，Ⅰ序注浆花管孔口 2 m 范围及Ⅱ序注浆管孔表层土范围不开花孔。

(4)表层止浆

由于隧道覆盖层较薄，注浆深度较浅，且表层土为铝土矿弃渣，在注浆过程中容易从地表冒浆，为了防止地表冒浆造成浆液损耗和影响注浆效果，在地表设止浆盘，止浆盘采用 300 mm 厚双层钢筋网喷混凝土。钢筋网采用直径 8 mm 钢筋，网格间距 300 mm×300 mm。为防止管孔缝隙往上冒浆对止浆盘造成隆起破坏而影响注浆效果，对管孔缝隙进行糊缝处理，糊缝材料为 CS 胶泥和速凝砂浆，并准备一些木楔，当管间串浆时塞紧串浆孔管。

(5)材料选择及浆液配合比

注浆材料采用水泥单液浆和水泥水玻璃双液浆两种，除注浆范围周边 2 m 的孔吸浆量大、严重失浆时采用双液浆外，其余采用单液浆。

水泥：425 号普通硅酸盐水泥。

水玻璃：浓度 35～40Be，模数 2.8～3.4。

缓凝剂：Na_2HPO。

水泥浆水灰比(质量比)：0.5∶1～1∶1。

水泥浆水玻璃比(体积比)：1∶0.5～1∶1。

注双液浆时掺加 2%～4%缓凝剂。

(6)注浆压力及顺序

Ⅰ序孔：0.5～1.5 MPa；Ⅱ序孔：2～3 MPa。

为了满足洞内施工与地表注浆平行作业，采取分段分片注浆。总体注浆顺序为：由出口向进口方向分段顺序进行，左右洞地表注浆平行作业，每段注浆先注沟侧周边孔，后注山侧周边孔，注浆时先外围后中间，并采取隔孔注浆方式。

(7)注浆结束标准

注浆结束标准以注浆终压和注浆量进行综合判定，Ⅰ序孔采用单孔注浆量控制，当单孔注浆量达到设计注浆量时，即换孔注浆；Ⅱ序孔采用注浆终压控制，以保证注浆效果，达到设计注浆终压后，稳定 20～30 min 即可停止注浆。

4.3.3.2 管　　棚

图 4-18 为超前大管棚施工工艺流程图。

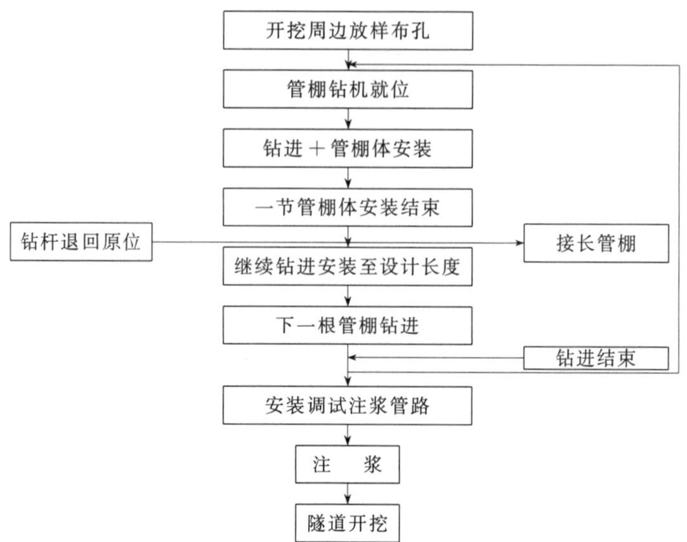

图 4-18　超前大管棚施工工艺流程图

4.3.3.3　超前小导管

图 4-19 为超前小导管施工工艺流程图。

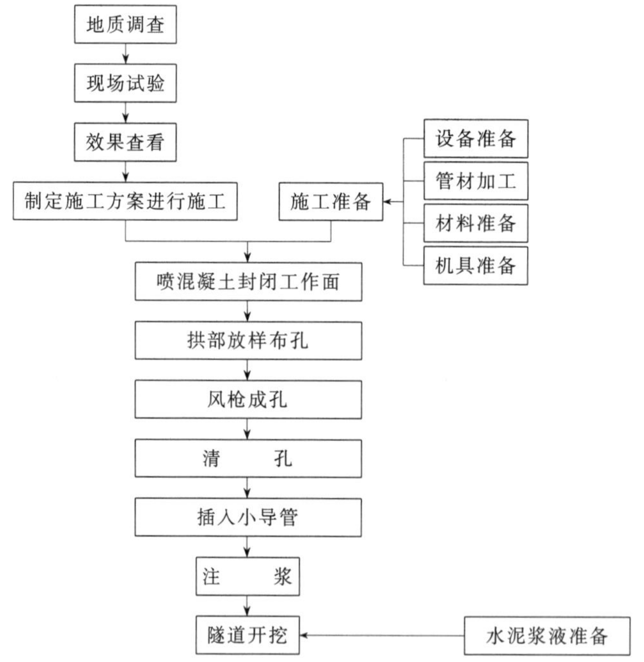

图 4-19　超前小导管施工工艺流程图

4.3.4　贯通技术

根据钟鸣一号、二号隧道工程地质条件及风险因素分析，施工过程中通过超前地质预报及实测分析，选择适宜的隧道贯通断面及施工状态，结合施工风险控制的具体要求及措施，钟鸣一号、二号隧道等典型软弱浅埋隧道实现成功贯通，贯通过程中各项指标均满足规范要求，表 4-8 为钟鸣二号隧道贯通段红线控制表，表 4-9 钟鸣二号隧道贯通前施工里程要求情况。

表 4-8　钟鸣二号隧道贯通段红线控制表

序号	工序名称	贯通段范围		红线长度(m)	红线控制距离(m)
		进口端	出口端		
1	开　挖	DK141+425.0	DK141+431.2	6.2	
2	仰拱及填充	DK141+405.0	DK141+450.0	45.0	30
3	二　衬	DK141+396.0	DK141+450.0	54.0	60

表 4-9　钟鸣二号隧道贯通前施工里程要求

位置	施工部位	各部位里程	贯通前里程	施工长度(m)	备　注
进口端	左　上	DK141+408.0	DK141+425.0	17	开挖至贯通前里程后暂停开挖，进行工作面封闭及仰拱、二衬跟进
	左　中	DK141+402.5			
	左　下	DK141+397.6			
	右　上	DK141+402.5			
	右　中	DK141+397.5			
	右　下	DK141+377.2			
	仰拱及填充	DK141+369.0	DK141+405.0	36	
	二　衬	DK141+350.0	DK141+396.0	46	
出口端	左　上	DK141+431.2	DK141+431.2	0	下台阶开挖至 DK141+450 后，进行工作面封闭
	左　中	DK141+436.1			
	左　下	DK141+454.6			
	右　上	DK141+438.7			
	右　中	DK141+444.6			
	右　下	DK141+454.6			
	换　拱	剩余 13 榀			
	仰拱及填充	DK141+456.0	DK141+450.0	6	
	二　衬	DK141+471.0	DK141+450.0	21	

4.3.5　换拱施工技术

4.3.5.1　围岩注浆加固

(1)对线路左侧侵限区段进行围岩注浆固结处理，采用 ϕ50 mm×5 mm 钢花管，长度 5 m，小导管上钻注浆孔，孔径 10 mm，孔间距 150 mm，呈梅花形布置，前端加工成锥形，尾部不钻孔长度不小于 300 mm，作为止浆段。

(2)注浆管在两榀钢架之间垂直于岩面打设，呈环向布置，间距 500 m。

(3)采用钻孔打入法，使用气腿钻钻孔，钻孔直径比钢管直径大 3～5 mm，然后将注浆管用钻机顶入，顶入长度不小于钢花管长度的 90%。钢花管安设后，用锚固剂封堵孔口及周围裂隙,视情况在钢花管附近喷射混凝土。

(4)注浆材料采用水灰比为 1∶1 水泥浆液(重量比),注浆压力为 0.5～1.0 MPa。注浆过程中要随时观察注浆压力及注浆泵排浆量的变化,达到设计注浆量或注浆压力达到设计终压时可结束注浆。

4.3.5.2 加强锁脚锚杆

在待置换拱架的上部及下部,即未侵限钢架两侧加打锁脚钢管,左、右侧各 2 组,每榀合计 8 根;锁脚钢管采用 ϕ50 mm 钢管,壁厚 3.5 mm,单根长 5 m,并用 L 形钢筋将钢架及锁脚钢管焊接牢固,使未侵限部位的钢拱架处于稳定状态。

4.3.5.3 凿除侵限钢架混凝土

(1)利用防水板台车作为作业平台,采用风镐对两榀钢拱架之间的初支混凝土进行凿除,凿除时自下向上施工,避免松动的混凝土块坠落伤人。待初支混凝土全部凿除后,再利用氧气、乙炔将初支里面的钢筋网、连接钢筋、钢带及钢拱架割除。

(2)在钢拱架全部凿出之后,将钢拱架背后的混凝土及泥土利用风镐扩挖至设计位置。

(3)在凿除混凝土时每次最多凿除 2 榀钢拱架,严禁连续凿出多榀钢拱架。对于侵限较长的钢拱架,要从下向上分段施工,不可一次性凿除整个侵限部位的钢拱架。

4.3.5.4 初喷混凝土

钢架割除、并扩挖至设计位置时,立即对岩面进行初喷,初喷厚度 40 mm,初喷混凝土时应先填平岩面较大凹洼处,初喷混凝土面应大致圆顺。

4.3.5.5 置换钢拱架

(1)初喷完成后,立即进行立架施工,将新置换的钢拱架移至设计位置,测量人员实时测量,在调整钢拱架时,保证钢拱架位置准确,最后将钢拱架固定牢固。每段钢架之间,均采用连接钢板,即螺栓连接,连接钢板间应密贴,螺栓应带紧;若钢板间有间隙,需加设 ϕ22 mm 螺纹钢筋补焊,焊接时要注意焊缝高度及焊缝宽度,保证焊接质量;

(2)在钢拱架调整好之后,对新置换的钢拱架每 1 m 打入一对锁脚(径向)钢管,锁脚钢管采用 ϕ50 mm 钢管,壁厚 3.5 mm,单根长 5 m,并用 L 形钢筋(ϕ22 mm 螺纹钢筋)将钢架及锁脚连接牢固。

4.3.5.6 封闭喷射混凝土

在拱架立好之后,布挂钢筋网片,钢筋网片采用 ϕ6 盘圆加工,间距 200 mm×200 mm,应保证搭接长度(1～2 网格)。钢拱架之间采用连接钢带进行连接,环向间距 1 m;喷射混凝土采用湿喷作业,混凝土由洞外拌合站集中拌料,混凝土运输车运到工作面。喷射混凝土厚度 300 mm,在喷射混凝土之前在围岩表面埋入厚度标记,喷射作业应变换喷嘴喷射角度和与受喷面的距离,将钢架、钢筋网背后喷填密实。

4.3.5.7 二衬跟进

当换拱洞长满足一模二衬混凝土浇筑长度,且监控量测数据不超标时,需立即施作二衬,尽量缩小二衬与换拱段的间距,以保证隧道的整体稳定。

4.4 小　　结

软弱浅埋隧道风险控制技术是一套贯穿工程规划、设计、施工和运营管理阶段的综合实施性风险控制指南，施工过程作为工程实施的一个主要阶段，软弱浅埋隧道施工风险控制在整个风险控制系统中极为重要，影响和决定着整个工程的风险控制效果及安全质量。结合宁安城际铁路钟鸣一号、二号隧道等典型软弱浅埋隧道的工程地质特征及施工实际情况，本章主要通过深入分析软弱浅埋隧道典型风险类型的发生机理和控制措施，紧密结合钟鸣一号、二号隧道施工过程中典型风险事故的控制措施和经验，研究提出一套较为实用的软弱浅埋隧道施工风险控制技术指南。

(1)结合软弱浅埋隧道埋深较浅、围岩破碎且强度较低、偏压以及受地下水影响较明显等地质特征，塌方冒顶、围岩大变形、工作面失稳滑移、洞口边坡失稳、支护系统失稳等典型风险类型在施工过程中常有发生，由于不同风险因素错综复杂，软弱浅埋隧道施工风险控制必须建立在系统认识风险因素和深入分析风险原因的基础上，采用超前地质预报、控制爆破、施工工法优化、地下水控制和支护系统优化等综合控制措施，对施工各个环节进行严格控制。

(2)钟鸣一号、二号隧道作为典型的软弱浅埋隧道，隧道全长埋深在 5～30 m 之间，围岩破碎，强度较低，且伴随着偏压、地下水等条件，属于高风险隧道。在隧道施工过程中，工程各参建方深入分析和全面总结既有典型风险事故的机理、原因和控制措施，成功应用超前地质预报、工法优化、预加固、贯通技术和换拱技术等风险控制技术和施工优化方法，且提出一系列较为实用的施工工法参数和经验措施，如软弱浅埋隧道低等级围岩条件下的工法选择准则、围岩变形控制指标、支护系统优化参数等。

第 5 章　软岩隧道施工变形监测分析

隧道围岩开挖改变了其原始地应力释放，由于软岩隧道特殊的工程地质条件，其地应力释放造成其围岩和地层响应特征与其他类型的隧道具有很大的区别，往往会发生较大的收敛变形，而现行规范中对各级围岩的变形限定值不适用于软岩隧道的围岩变形特征分析。因此，在软岩隧道施工过程中，有必要对其进行严格的现场监测，深入分析软岩隧道在不同工法和支护条件下的围岩变形规律，针对不同风险控制等级情况下的围岩变形情况，得出不同工况条件下的软岩隧道围岩变形特性，以弥补当前规范中超低等级围岩变形控制标准的不足，同时也为后续制定软岩隧道围岩变形风险控制指标及相应支护、工法和施工参数提供必要的实测数据基础和准备。

5.1　监测项目

隧道监控量测的项目应根据工程特点、规模大小和设计要求综合选定。量测项目可分为必测项目和选测项目两大类。根据软岩隧道的特点，必测项目包括：洞内、外观察；二次衬砌前净空变化；拱顶下沉；地表下沉（浅埋隧道必测，$H_0 \leqslant 2B$ 时）；二次衬砌后净空变化；沉降缝两侧底板不均匀沉降；洞口段与路基过渡段不均匀沉降观测。选测项目应包括：地表下沉（$H_0 \geqslant 2B$ 时）；隧底隆起。表 5-1 为宁安城际铁路软弱浅埋隧道围岩量测方案。

表 5-1　量测项目及要求表

围岩级别	断面距离(m)	每断面测点数量	
		净空变化	拱顶下沉
Ⅴ—Ⅵ(断层破碎带)	5～10	1 条基线	1 点
Ⅴ	10～20	1 条基线	1 点
Ⅳ	20～30	1 条基线	1 点
Ⅲ	30～50	1 条基线	1 点

5.2　测点布置及量测频率

5.2.1　测点布置

净空变化、拱顶和地表下沉（浅埋地段）等必测项目应设置在同一断面，量测断面间距及测点数量应根据围岩级别、隧道埋深、开挖方法确定见表 5-2。

5.2.2　量测频率

地表下沉量测频率与拱顶下沉和净空变化相同,各项目量测频率根据位移速度和量测断面距开挖面距离,分别按表 5-3 确定。原则上采用较高的频率值,出现异常情况或不良地质时,增大监控量测频率。各量测作业均持续到变形基本稳定后 2～3 周结束。

表 5-2　必测项目量测断面间距和每断面测点数量

项目名称	方法、要求及工具	观测点布置	测试时间
地质及支护状态观察	岩性、结构面产状及支护裂缝观察和描述、地质罗盘	全长度开挖及初期支护进行中	3 个月以上
洞内周边水平收敛位移量测	采用隧道周边位移计(或全站仪非接触观测法)量测;开挖后按图安设收敛杆件并进行编号,收敛杆件埋入土体深度不小于 40 cm	隧道周边共设三条监测基线,沿纵向每 10～30 m 设一组,测点布置位置尽可能与地面观测点相一致	1～3 个月
拱顶下沉及底部上鼓、仰拱填充面高程量测	各测点设固定桩,其设置应在开挖或第一次喷射混凝土完成后迅速完成,采用水平仪、水准尺抄平测量;尽可能和地面相应位置点同时进行;填充面固定桩在填充混凝土完成后设置	拱顶和隧底各设一个测点,沿纵向每 10～30 m 设一组,测点布置位置尽可能与地面观测点相一致;填充面每 30 m 设一组	15 天～1 个月

表 5-3　量测频率表

位移速度(mm/d)	量测频率	监控量测断面距开挖面距离(m)	量测频率
≥5	2 次/d	(0～1)B	2 次/d
1～5	1 次/d	(1～2)B	1 次/d
0.5～1	1 次/2～3d	(2～5)B	1 次/2～3d
0.2～0.5	1 次/3d	>5B	1 次/7d
<0.2	1 次/d		

注:B 为开挖宽度。

5.3　监测断面布置及量测方法

5.3.1　拱顶下沉量测

拱顶下沉主要用于确认围岩的稳定性。拱顶下沉量测是在隧道开挖完成的拱顶轴线附近埋设 1 个三角钢筋钩($\phi 8$,埋入岩面 20 cm,外露 10 cm)作为测桩。埋设前先用小型钻机在待测部位成孔,然后用锚固剂安装牢固。对于稳定性较差的围岩,测桩可在锚喷支护后布置,量测时可借用钢尺式收敛计及附带挂钩挂在测点上,稳定后用高精度水准仪和铟钢挂尺量测,测点应与隧道外监控量测基准点进行联测。必测项目监控量测断面间距为 5～10 m。

5.3.2　净空变化量测

净空变化是最基本的量测项目之一,测点与拱顶下沉点布置在同一断面,其埋设方法与拱顶下沉相似。净空变化量测测线数可按表 5-4 进行布置,拱顶下沉量测和净空变化量测的测线按图 5-1 布置。

表 5-4 净空变化量测测线数量表

开挖方法＼地段	一般地段	特殊地段
全断面法	一条水平测线	—
台阶法	每台阶一条水平测线	每台阶一条水平测线，两条斜测线
分部开挖法	每分部一条水平测线	CD 或 CRD 法上部、双侧壁导坑法左右侧部，每分部一条水平测线，两条斜测线、其余分部一条水平测线

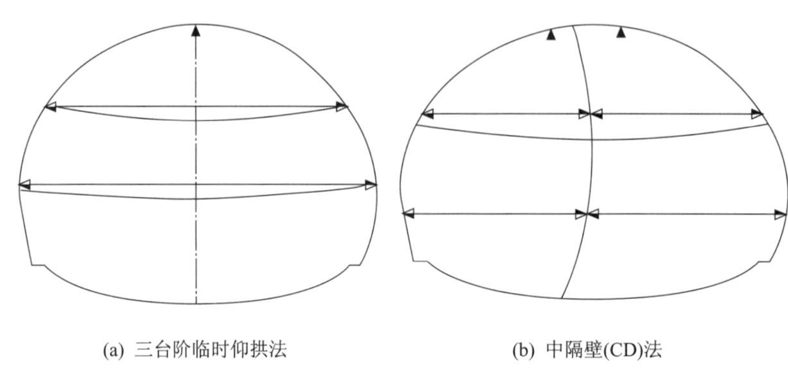

(a) 三台阶临时仰拱法　　(b) 中隔壁(CD)法

图 5-1 拱顶下沉量测和净空变化量测的测线布置示意图

5.3.3 地表沉降量测

5.3.3.1 基点布设

浅埋隧道地表沉降测点应在隧道开挖前布设，地表沉降测点和隧道内测点应布置在同一断面里程。地表沉降点纵向间距应按表 5-5 的要求布置。

表 5-5 地表沉降测点纵向间距

隧道埋深与开挖宽度	纵向测点间距(m)
$2B<H_0<2.5B$	20～50
$B<H_0\leqslant 2B$	10～20
$H_0\leqslant B$	5～10

地表沉降点埋设在隧道开挖纵横向各 3～5 倍洞径外的区域，设置在地表沉降影响范围之外，如图 5-2 所示。埋设多基点，以便相互校核，参照标准水准点埋设，所有基点应和附近水准点联测取得原始高程。

5.3.3.2 测点布设

地表下沉量测的测点应布设在由设计确定的特别重要的施工地段，包括地表有建(构)筑物地段。对地表发生塌陷并经修补过和预先探测到地中存在构筑物或空洞的施工地段，测点应尽量接近构筑物或空洞上方。在测点位置浇筑采用 ϕ5 mm 的圆头螺丝地表测点，测点四周用混凝土填实，待混凝土固结后即可测量。测点如果被破坏，应在被破坏

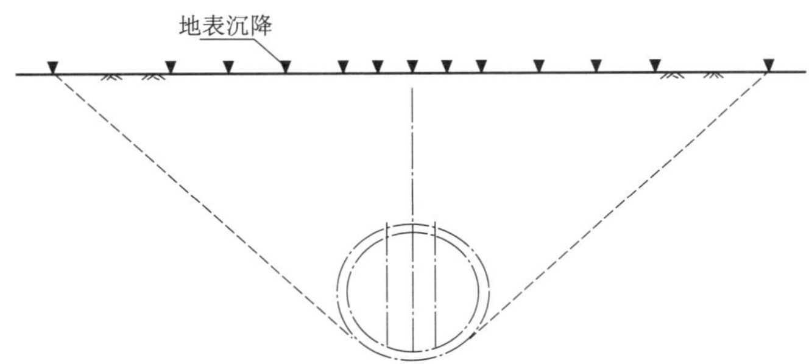

图 5-2　地表沉降监测布置图

测点附近补埋。如果测点出现松动，应及时加固，加固当天的量测数据无效，待测点加固后重新读取初读数。

5.3.3.3　测点量测

采用高精度水准仪、铟钢尺或全站仪进行观测。

(1)观测仪器应在检验合格后方可进行，且避免在测站和标尺有震动时进行。

(2)尽量选择在每一天同一时间内进行观测。

(3)观测坚持实测人员、测站位置，测量持续时间和施测顺序均固定，其误差不得超过±0.5 mm。

5.4　监测数据处理分析

为检验量测结果的可靠性，了解围岩应力状态、变形规律和稳定性程度，应对量测数据进行回归分析。位移—时间曲线能直接反映围岩和支护衬砌受力状态随时间的变化。

5.4.1　位移—时间曲线的选定

位移—时间曲线通常选用下面三种非线性函数中精度最高者进行回归分析，观测数据不宜少于 25 个。对数函数用于软弱围岩隧道开挖后初期变形进行回归分析，可取得较高的回归精度，但对数函数随时间的增加而发散，因此不能用该函数预估围岩变形的最终值。而指数函数可用来预估围岩变形的最终值，但该函数的曲线在开始部分有拐点，这与实测数据变化规律不符，当长期观测值很小时，则拐点的影响不大，可取得较好的结果。另外，双曲线函数可预计最终位移值。

5.4.2　量测数据的应用

将量测数据进行处理与回归分析后，绘出位移—时间曲线，结合地质、施工方面的信息，再与由经验和理论所建立的标准进行比较，对设计所确定的结构形式、支护衬砌设计参数、预留变形量、施工方法和工艺及各工序施作时间进行检验，若与原设计指标基本相符，则可继续施工，若差别过大，应立即修改设计(加强或减弱支护衬砌)，改变施工方法，调整作业时间，以求安全可靠，经济合理。

5.4.3 围岩稳定性的判断

5.4.3.1 位 移 量

隧道施工时,围岩和支护实测位移值若超过某一临界值,则表示围岩不稳定,需加强支护衬砌。实测最大位移值或回归预测最大位移值不应大于表 5-6 所列指标,位移控制基准应根据测点距开挖面的距离,由初期支护极限相对位移表 5-7 要求确定,并按表 5-8 变形管理等级指导施工。

表 5-6 位移控制基准

类 别	距开挖面 $1B(U_{1B})$	距开挖面 $2B(U_{2B})$	距开挖面较远
允许值	$65\%U_0$	$90\%U_0$	$100\%U_0$

注:U_0 为极限相对位移,B 为隧道开挖宽度。

表 5-7 双线隧道初期支护极限相对位移(%)

围岩	埋 深		
	<50 m	50~300 m	300~500 m
拱脚水平相对净空变化值			
Ⅴ~Ⅵ	0.20~0.50	0.40~2.00	1.80~3.00
Ⅳ	0.10~0.30	0.20~0.80	0.70~1.20
Ⅲ	0.03~0.10	0.08~0.40	0.30~0.60
Ⅱ		0.01~0.03	0.01~0.08
拱顶相对下沉			
Ⅴ	0.08~0.16	0.14~1.10	0.80~1.40
Ⅳ	0.06~0.10	0.08~0.40	0.30~0.80
Ⅲ	0.03~0.06	0.04~0.15	0.12~0.30
Ⅱ		0.03~0.06	0.05~0.12

注:①本表适用于复合衬砌初期支护,硬质围岩隧道取表中较小值,软质围岩隧道取表中较大值。表列数值可以在施工通过实测资料积累作适当的修正,硬岩取下限,软岩取上限;
②拱脚水平相对净空变化值指两测点间净空水平变化值与其距离之比;拱顶相对下沉指拱顶下沉值减去隧道下沉值后与原拱顶至隧底高度之比;
③墙腰水平相对净空变化极限值按拱脚水平相对净空变化值乘 1.1~1.2 后采用。

表 5-8 变形管理等级

管理等级	管理位移	施工状态
Ⅲ	$U<U_0/3$	可正常施工
Ⅱ	$U_0/3\leqslant U\leqslant 2U_0/3$	应加强支护
Ⅰ	$U>(2U_0/3)$	应采取特殊措施

5.4.3.2 位移速度

当拱脚水平相对净空位移速度大于 20 mm/d 时需要特殊支护,否则围岩可能失稳;当变化速度大于 10~20 mm/d 时,表示围岩处于急剧变形状态;当变化速度小于

0.2 mm/d时，认为围岩达到基本稳定。

为发挥围岩自承作用，二次衬砌一般在围岩变形基本稳定后施作，规定：①净空变化速度持续大于 1.0 mm/d 时，围岩处于急剧变形状态，应加强初期支护系统；②当净空变化速度在 0.2～1.0 mm/d 时，认为围岩处于缓慢变形阶段，表示围岩向稳定方向发展；③隧道净空变化速度小于 0.1～0.2 mm/d 时，即称围岩基本稳定，并规定只有当位移变化速率小于 0.2 mm/d 时，方可进行二次衬砌。

5.4.3.3　位移加速度

做位移时态回归曲线，根据回归后位移时态曲线的形态，当围岩位移速度不断下降时表示围岩趋于稳定状态；当位移速度保持不变时表示围岩不稳定；当位移速度不断上升时表示围岩进入危险状态。围岩变形曲线可分为三个区段：①基本稳定区：当围岩位移速率不断下降，位移加速度为负值（$d^2u/dt^2<0$），称为一次蠕变区，围岩趋于稳定，支护是安全的；②过渡区：当围岩位移速率保持不变，位移加速度为零（$d^2u/dt^2=0$），称为二次蠕变区，围岩不稳定，应调整施工程序和加强支护系统刚度与强度；③破坏区：当围岩位移速率不断上升，位移加速度为正值（$d^2u/dt^2>0$），称为三次蠕变区，曲线出现反弯点，围岩达到危险状态，必须立即停止掘进，加强支护。图 5-3 为监控量测信息反馈程序。

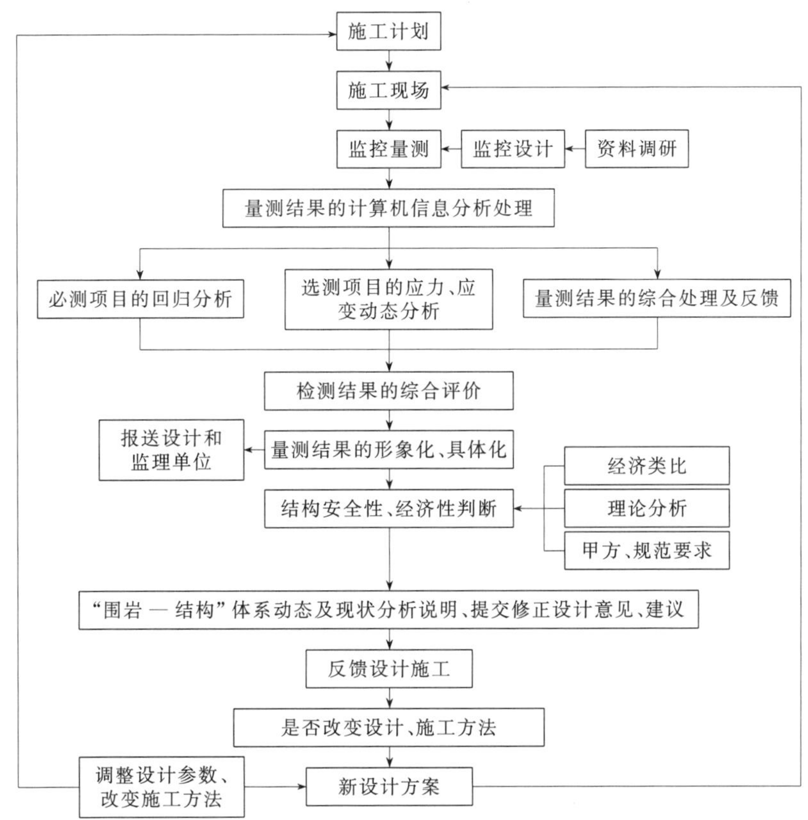

图 5-3　监控量测信息反馈程序框图

5.5 钟鸣一号、二号隧道监测数据分析

钟鸣一号、二号隧道根据工程地质条件，以控制围岩稳定性为要求，根据围岩实际监测数据，针对不同区段采用不同的施工工法，主要包括明挖法、三台阶临时仰拱法、六步CD法、CRD法，并结合具体施工工法调整临时支护参数，主要包括临时仰拱支护参数、台阶开挖高度、锁脚锚杆参数、注浆参数、竖向钢支撑参数等。表5-9钟鸣一号、二号隧道不同区段施工工法情况统计表。

表5-9 钟鸣一号、二号隧道不同区段施工工法情况统计表

隧道名称	隧道区段	施工工法	备注
钟鸣一号隧道	DK139+970～DK140+005	明挖	DK140+005为明暗交界处
	DK140+005～+025	六步CD	
	DK140+025～+269	三台阶临时仰拱法	DK140+235～+269增加中支撑立柱
	DK140+269～+285	六步CD	DK140+285为明暗交界处
	DK140+285～+320	明挖	冲沟地段，DK140+285、+320为明暗交界处
	DK140+320～+545	六步CD、CRD	DK140+335～+550上台阶增加I18钢架临时仰拱，喷混凝土10 cm，中台阶分2次开挖
	DK140+545～+598	三台阶临时仰拱	DK140+558～+598段增加中支撑立柱
	DK140+598～+638	六步CD	
	DK140+638～+716	明挖	DK140+638为明暗交界处
钟鸣二号隧道	DK140+830～+905	明挖	DK140+905为明暗交界处
	DK140+905～+980	六步CD	
	DK140+908～DK141+020	明挖	DK140+908、DK141+020为明暗交界处
	DK141+020～+510	六步CD、CRD	DK141+060～+512上台阶增加I18钢架临时仰拱，喷混凝土10 cm，中台阶分2次开挖；DK141+460～+512段增加中支撑立柱
	DK141+510～+536	三台阶临时仰拱法	
	DK141+565～+628	明挖	DK141+565为明暗交界处

注：钟鸣一号、二号隧道中采用的CRD工法是对原有六步CD工法的加强，主要表现为临时横向钢支撑、喷射混凝土厚度、锁脚锚杆参数等方面，开挖步序与常规CRD工法有区别。

5.5.1 交叉中隔壁法(CRD)施工段

图5-4为交叉中隔壁法(CRD)横断面示意图。交叉中隔壁法(CRD)利用上一循环架立的钢架施作隧道主体结构超前支护，依次分台阶开挖①②③④⑤⑥部。每开挖一部，就施作导坑周边的主体结构的初期支护和中隔壁临时支护，即初喷混凝土，架立隧道钢架和接长临时钢架，钻设径向系统锚杆后复喷混凝土至设计厚度。同时，对工作面及时喷射8 cm混凝土封闭，每级台阶底部及时架立钢架，并喷射10 cm混凝土，形成临时仰拱，封闭成环，并设锁脚锚杆；拆除开挖尾部靠近二次衬砌仰拱6～8 m范围内临时中隔壁钢

架，灌注该段内Ⅶ部仰拱；灌注该段内Ⅶ部隧底填充，接长中隔壁钢架，使得钢架底支撑于仰拱填充顶面；逐步循环，并根据监控量测结果分析，待初期支护收敛后，逐段拆除临时钢架，一次性灌注Ⅸ部二次衬砌。

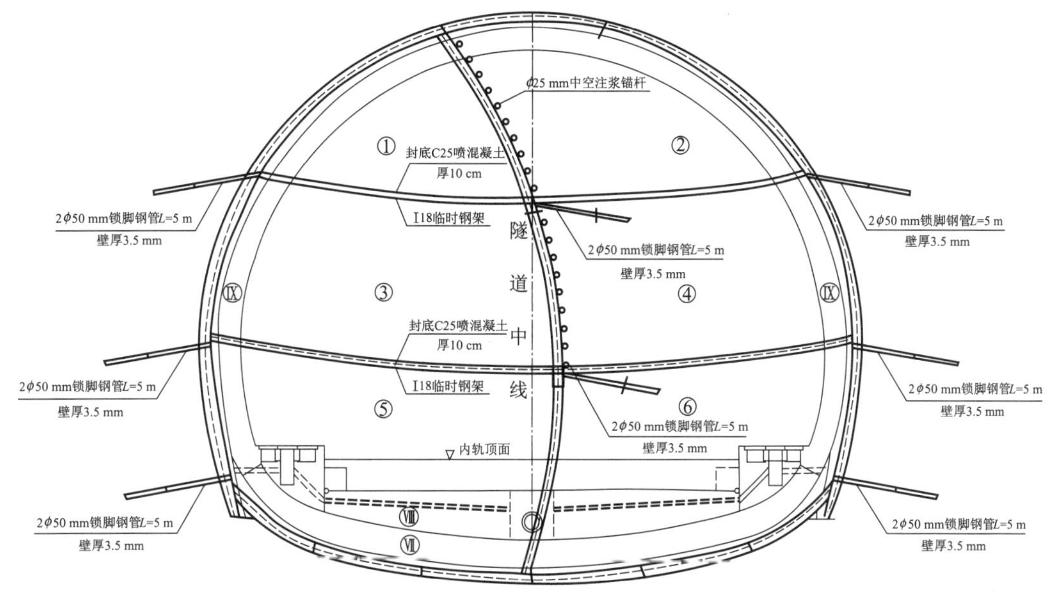

图 5-4　交叉中隔壁法(CRD)横断面示意图

结合钟鸣一号、二号隧道施工进度及现场监控量测实际情况，在 DK140＋335～＋550和 DK141＋060～＋512区段选用 CRD 工法施工，对典型监测断面的拱顶下沉和水平收敛数据进行研究分析。

图 5-5 和图 5-6 分别为 DK140＋370 左右导坑拱顶下沉和上中下台阶水平收敛变形随时间变化曲线。由图可知：DK140＋370 断面左右导坑拱顶下沉随时间变化曲线几乎平行，且呈现明显的台阶状变化特性，上台阶和中台阶开挖对拱顶下沉影响较大，左右中台阶开挖期间最大下沉速率达到 4～5 mm/d，左右导坑累计下沉分别为 100 mm 和 82 mm，下台阶开挖之前左右导坑拱顶下沉分别为 80 mm 和 61 mm，分别占累计变形的 80％和 79％，因此，下台阶开挖对拱顶下沉影响较小，特别是仰拱开挖和填充及二衬浇筑之后，拱顶下沉已基本稳定。

DK140＋370 断面上中下台阶水平累计收敛变形分别为 15 mm、11 mm 和 19 mm，最大水平收敛变形速率分别为 1 mm/d、2 mm/d 和 2 mm/d，中下台阶水平收敛变形速率相对上台阶较快，变形持续时间也相对较短。不同于拱顶下沉，上中下台阶水平收敛变形受下台阶开挖影响较明显，仰拱开挖、浇筑和回填以后水平收敛变形基本保持稳定。

5.5.2　中隔壁法(CD)施工段

中隔壁法(CD)利用上一循环架立的钢架施作隧道主体结构超前支护，分台阶开挖①②③部，同时，逐步施作导坑周边的主体结构的初期支护和中隔壁临时支护，即初喷混凝

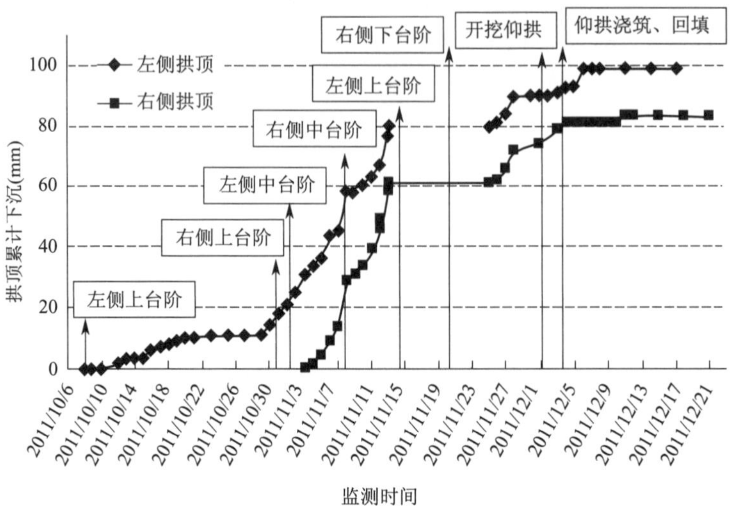

图 5-5 DK140+370 左右导坑拱顶下沉—时间变化曲线

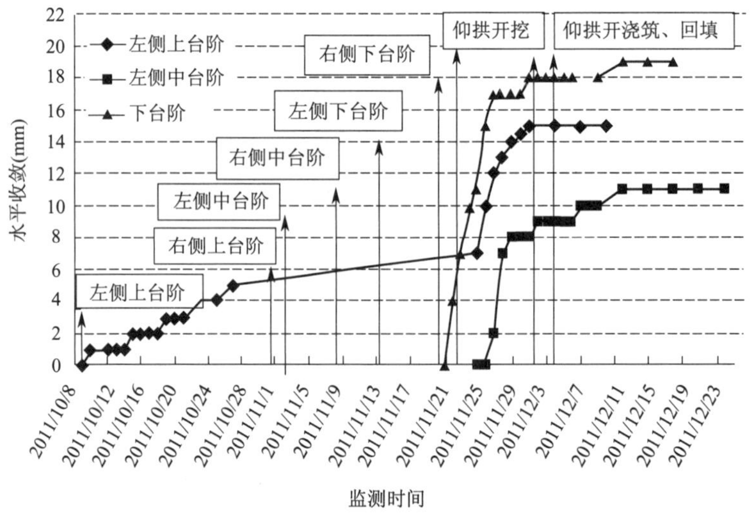

图 5-6 DK140+370 上中下台阶水平收敛—时间变化曲线

土,架立隧道钢架和接长临时钢架,钻设径向系统锚杆后复喷混凝土至设计厚度。底部架立临时钢架封闭并喷射 10 cm 混凝土封闭,并设锁脚锚杆;分步开挖④⑤⑥部,除中隔壁部分临时钢架已施工完毕外,其余步骤参见左导坑工序;拆除开挖尾部靠近二次衬砌仰拱 6~8 m 范围内临时中隔壁钢架,灌注该段内Ⅶ部仰拱;灌注该段内Ⅶ部隧底填充,接长中隔壁钢架,使得钢架底支撑于仰拱填充顶面;上述步骤逐步循环,并根据监控量测结果分析,待初期支护收敛后,逐段拆除临时钢架,利用衬砌模板台车一次性灌注Ⅸ部二次衬砌。六步 CD 法横断面示意图如图 5-7 所示。

结合钟鸣一号、二号隧道施工进度及现场监控量测实际情况,在 DK140+005~+025、DK140+269~+285、DK140+320~+335、DK140+550~+638、DK140+905~

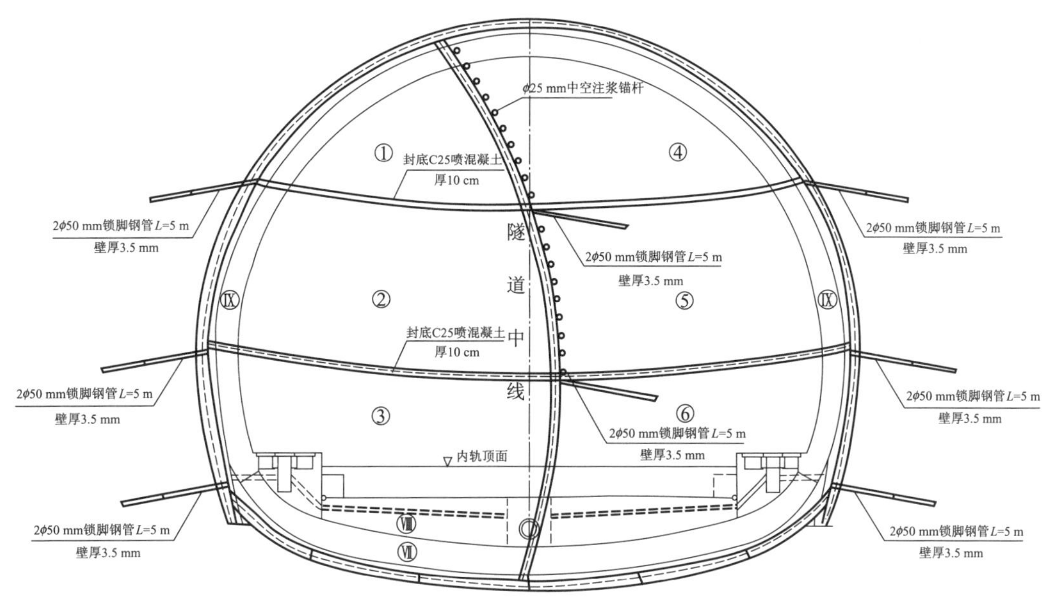

图 5-7　中隔壁法(CD)横断面示意图

＋980、DK141＋020～＋060 和 DK141＋536～＋565 区段选用 CD 工法施工，考虑到 CD 工法施工区段内隧道下穿冲沟、高速公路及隧道进出口等特殊区段，现选用 DK140＋550～＋598 和 DK141＋020～＋060 区段内典型监测断面的拱顶下沉和水平收敛数据进行研究分析。

图 5-8 和图 5-9 分别为 DK140＋580 断面和 DK141＋050 断面拱顶下沉和水平收敛—时间变化曲线。由图 5-8、图 5-9 可得：DK140＋580 断面隧道埋深 10 m 左右，洞身围岩全部为粗圆砾土，尤其在地下水作用下，开挖过程中极易向工作面涌出，拱顶累积下沉达 200 mm，最大下沉速率为 6 mm/d，特别是在下台阶开挖以后，拱顶下沉量急剧增大，后期采用增设竖向钢支撑等加固方法对拱顶下沉量进行控制，上中下台阶收敛变形控制效果较好。因此，该断面位置有冒顶风险，开挖过程中必须采用超前小导管注浆、管棚支护等方式进行加固。

DK141＋050 断面拱顶下沉和上中下台阶水平收敛变形控制效果较好，拱顶累计下沉为 59 mm，上中下台阶累计收敛变形分别为 22 mm、30 mm 和 28 mm，围岩变形主要发生在上中台阶开挖过程中，下台阶开挖对围岩变形不明显。因此，采用六步 CD 工法结合相应的临时措施，围岩变形可以得到较好地控制。

5.5.3　三台阶临时仰拱法施工段

三台阶临时仰拱法先开挖①部台阶，施作①部洞身结构的初期支护，即初喷 4 cm 厚混凝土，架立钢架，钻设系统锚杆后复喷混凝土至设计厚度，底部架立临时钢架封闭，喷 10 cm 混凝土，上台阶施工至适当距离后，开挖②部台阶，接长钢架，施作洞身结构的初期支护及封底，可参见上台阶工序进行，开挖③部台阶，及封闭初期支护，参见中台阶工序进

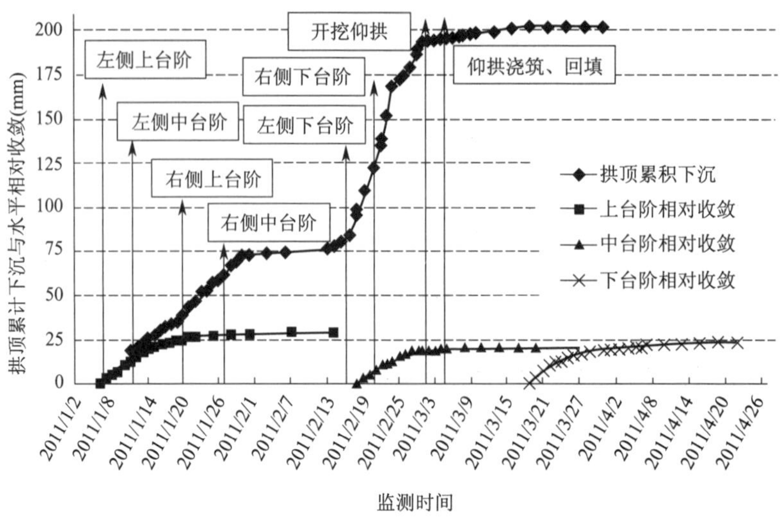

图 5-8 DK140+580 拱顶下沉和水平收敛—时间变化曲线

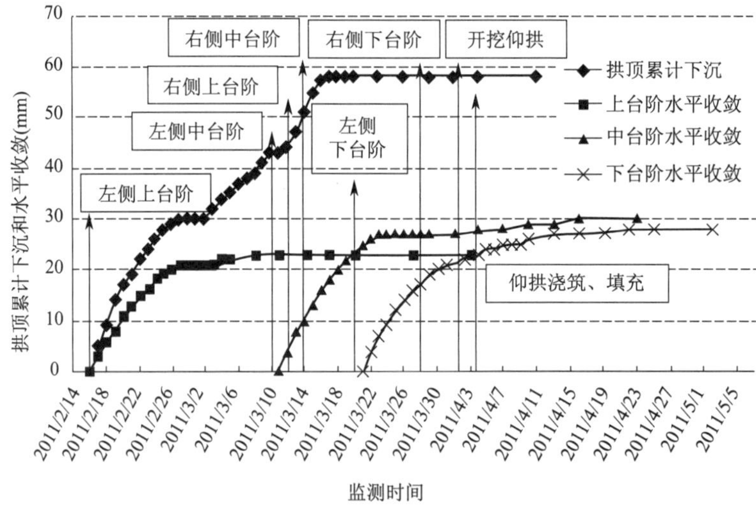

图 5-9 DK141+050 拱顶累计下沉和水平相对收敛—时间变化曲线

行，灌注该段内Ⅳ部仰拱，灌注该段内Ⅴ部隧底部填充，利用衬砌模板台车一次性灌注Ⅵ部二次衬砌，如图 5-10 所示。

结合钟鸣一号、二号隧道施工进度及现场监控量测实际情况，在 DK140+025～+269、DK140+550～+598、DK141+512～+520 区段选用三台阶临时仰拱法施工，对两区段内典型监测断面的拱顶下沉和水平收敛数据进行研究分析。

图 5-11 为 DK140+165 断面拱顶累计下沉和水平相对收敛变形—时间变化曲线，图 5-12为 DK140+027 地表下沉速率—时间变化拟合曲线。

DK140+165 断面埋深一般为 20 m，相对六步 CD 工法和 CRD 工法，开挖区段埋深较大，且洞身所处岩层主要为全风化和强风化泥质砂岩，力学性能和稳定性相对粗圆砾土

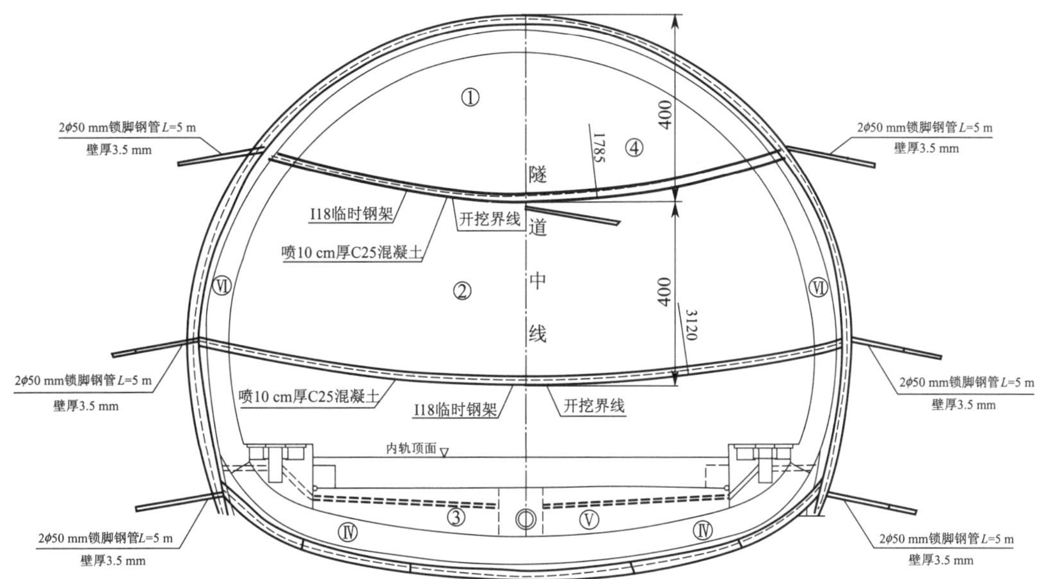

图 5-10　三台阶临时仰拱法横断面示意图(单位:cm)

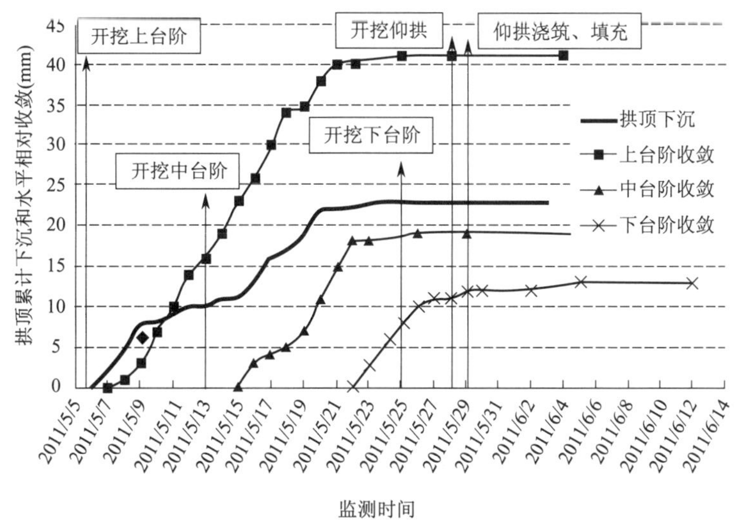

图 5-11　DK140＋165 拱顶累计下沉和水平相对收敛—时间变化曲线

较好,因而拱顶下沉和水平收敛变形控制效果较好,拱顶累计下沉为 23 mm。不同于六步 CD 工法和 CRD 工法之处在于水平收敛变形较明显,尽管变形数值较大,但个别断面甚至超过拱顶累积下沉。因此,在软弱浅埋隧道中采用三台阶临时仰拱法开挖必须强化临时支护,特别是横向钢支撑,其直接关系到围岩水平收敛变形。

由图 5-12 可得,三台阶临时仰拱法开挖区段地表沉降速率一般为 1.5～3.5 mm/d,整体变化趋势为先增大后减小,最后趋于零,变形速率与洞身围岩变形速率相近,且距离隧道中心线越远,变形速率越小,10 m 以外地表变形不明显。

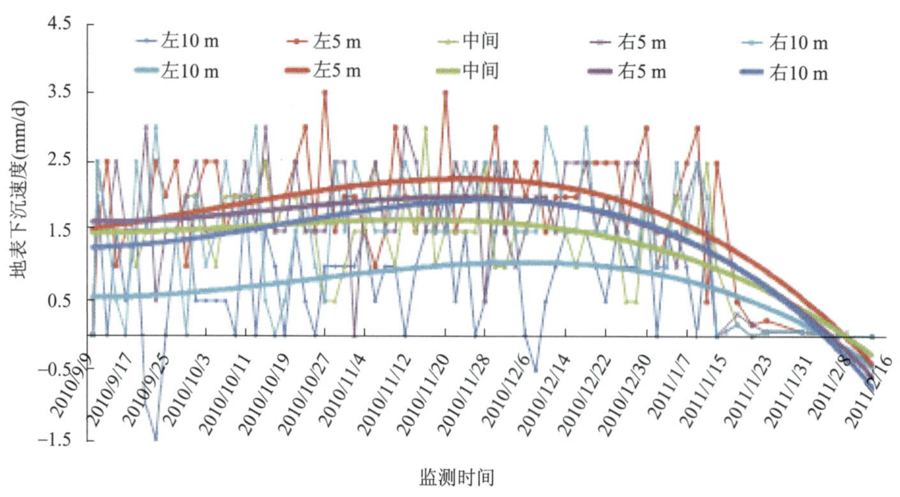

图 5-12 DK140+027 地表下沉速率—时间变化拟合曲线

5.6 小　　结

钟鸣一号、二号隧道穿越围岩较破碎且全风化，地层为含砾粉质黏土及泥质粉砂岩，进出口均为偏压地段，地质条件非常复杂，特别是在孔隙水和基岩风化层孔隙水的作用下，开挖过程中极易发生工作面坍塌、围岩变形超限等险情事故，属于典型的软弱浅埋高风险隧道。结合软弱浅埋隧道工程地质条件和施工具体情况，对隧道不同施工工法及特殊施工条件区段进行围岩变形监控分析，得出以下结论：

(1)在不同位置(里程)，围岩的收敛变形具有显著的不均匀性，收敛变形值相差数倍，特别是拱顶累计下沉量在少数区段已达到 200 mm。结合钟鸣一号、二号隧道工程地质条件和施工具体情况，软弱浅埋隧道围岩收敛变形主要受地层特性、施工工法及施工参数等因素的影响，其中地层条件对围岩变形起到决定性作用，施工工法对其影响次之。如 DK140+355～+375 区段和 DK141+440～+460 区段均采用 CRD 工法开挖，拱顶累计下分别为 120～160 mm 和 160～200 mm，而 DK140+025～+269 采用三台阶临时仰拱法开挖，拱顶累计下沉控制在 40～60 mm。对比两种工法开挖区段的地层条件，引起 CRD 工法开挖区段围岩大变形的主要原因在于粗圆砾土地层松散不稳定的工程性质。另外，围岩变形与其支护形式关系极大，但如果支护不能从根本上改善围岩的力学特性或通过支护对围岩力学特性的影响程度较弱的话，单纯提高支护结构的强度或刚度不能从根本上对软弱围岩的大变形进行有效控制。因此，对于软弱浅埋隧道，必须根据特定的地层岩性及地质条件，合理选择施工工法，并配套选用最优的施工参数和支护参数，以达到控制围岩变形的目的。

(2)对于 CD 工法和 CRD 工法，不同的临时支护措施对围岩变形控制效果有所差别，如加厚喷射混凝土厚度、增设横向钢支撑、增加锁脚锚杆数量等支护优化措施，不仅可以加强不良地质条件下围岩变形的控制效果，而且可以提升临时支护系统的整体稳定性，有效防止中隔墙钢架折断失稳、钢拱架悬空失稳等。钟鸣一号隧道、二号隧道 CRD 工法开挖区段，上中下台阶水平收敛变形一般为 40 mm 左右，而 CD 工法开挖区段，上中下台阶水平收敛变形一般为 20～30 mm，两种工法拱顶下沉变形控制效果差异性不大。可见，在相同地质特性和围岩条件下，通过调整临时支护参数和措施，CD 工法和 CRD 工法对于拱顶下沉变形控制效果不明显，对上中下台阶水平收敛变形有一定的控制效果。另外，由于先导坑围岩开挖后暴露时间较长，先导坑围岩收敛效果较后导坑明显，先导坑临时仰拱及初支闭合成环是围岩变形的关键措施。因此，软弱浅埋隧道选用 CD 工法及 CRD 工法开挖时，应根据具体的地质特性和围岩条件，强化临时支护参数和措施，重点优化施工参数和措施，如关键台阶的施工顺序、高度及进尺。

(3)三台阶临时仰拱法相对于 CD 和 CRD 工法，上中下台阶水平水平收敛效果比较明显，一般为 40～50 mm，为之前两种工法的 1.25 倍左右，主要由开挖过程中横向开挖尺寸和临时支护等因素引起，由于三台阶临时仰拱法横向开挖尺寸比较大，因而隧道围岩水平应力释放及水平变形效应相对竖向效应明显，这是扁平率大的隧道变形特征的典型体现，越接近水平最大开挖线处的围岩竖向变形越小，水平变形越大。另外，由于三台阶临时仰拱法分步小、一次性开挖面积较大、围岩暴露时间长等因素，其在不良地质条件下的适用性低于 CD 工法及 CRD 工法，特别是在支护参数和措施方面，CD 工法和 CRD 工法更加注重对工作面的支护及围岩稳定性。因此，三台阶临时仰拱法在软弱浅埋隧道中具有一定的适用性，开挖过程中必须强化临时仰拱支护、工作面喷射封闭等加固措施。

第6章　软岩隧道施工风险控制标准

软岩隧道风险控制指标是对隧道施工过程中发生突发性事故前发生警告的控制参数。风险控制指标主要是参考设计、施工规范，相关文献资料，以及工程实践现场测试数据总结得出。

判断软弱浅埋隧道风险控制指标主要包括拱顶累积下沉、拱腰和拱脚水平相对收敛、地表累积下沉以及对应的围岩变形速率等控制参数，由于围岩及结构内部应力量测目前尚不具备制定控制标准的条件，而净空位移量测值在一定程度上反映了支护结构的受力特点，围岩及结构内力（位移）状态可根据净空位移值通过数值计算等方法间接进行估算，故不对围岩及支护结构内部应力（位移）量测进行施工控制管理。因此，对软弱浅埋隧道工法比选、施工参数优化（台阶高度、进尺和步序）和支护参数（永久支护和临时支护）等方面进行数值模拟分析，并结合现场测试数据，可以为软弱浅埋隧道施工风险控制指标提供参考。

6.1　风险控制指标确定原则

6.1.1　经验公式

前苏联学者通过对大量隧道监测数据的整理，得出了用于计算隧道周边允许最大位移值的经验公式：

拱顶最大允许位移值
$$\delta_1=12\frac{b_0}{f^{1.5}} \tag{6-1}$$

边墙最大允许位移值
$$\delta_2=4.5\frac{H^{1.5}}{f^2} \tag{6-2}$$

式中，f 为普氏系数，取为 $f=R_b/(100\sim150)$，其中，R_b 为岩石饱和单轴极限抗压强度，在没有试验的条件下，取 $R_b=2\text{ctan}(45°+\varphi/2)$，对于软弱不稳定围岩，普氏系数一般取 0.3～0.6；b_0 为隧道跨度；H 为边墙自拱脚至底板的高度。

工程实践和理论分析表明，隧道开挖引起地层应力释放，而地层变形则从拱顶向上传递又会造成地表沉降。一般规律应为拱顶沉降值大于地表沉降值，但在富水含砂地层会出现地表沉降大于拱顶沉降。经对相关隧道的统计后，发现拱顶沉降与地表沉降比值多数在 0.5～1.5 之间，而对于软弱浅埋隧道，更多情况下控制隧道稳定性的主要指标是拱顶下沉值，而不是水平收敛值，在求得洞内拱顶沉降后，由数值模拟或经验获取拱顶沉降和地表沉降的关系，即可求出与拱顶最大沉降对应的地表最大沉降。

6.1.2 相关规范规定

6.1.2.1 国外的相关规定

法国、日本和美国通过工程实践总结和理论分析，分别对不同等级围岩和不同埋深隧道制定各自的位移基准值，对于软弱浅埋隧道开挖引起的围岩响应问题，各国均制定了软弱浅埋隧道围岩变形控制标准，见表6-1。

表6-1 各国软弱浅埋隧道围岩变形控制标准参照表

法国		日本		美国	
拱顶容许下沉	地表容许下沉	拱顶容许下沉	地表容许下沉	拱顶容许下沉	地表容许下沉
20～50 mm	20～50 mm	40～90 mm	40～90 mm	变形速率≥15 mm/d	

总结各国对于软弱浅埋隧道围岩变形控制标准，分析如下：

(1)影响软弱浅埋隧道围岩变形的因素包括围岩条件、埋深、跨度和断面形式等方面，但很少有标准规范能考虑所有因素，软弱浅埋隧道围岩变形控制标准研究不够全面。

(2)在相同地质条件和工程特性条件下，软弱浅埋隧道风险控制标准越高或者警戒水平越高，围岩容许变形越小，需要采取的加固要求越高。按照本书围岩变形风险控制三级标准(预警值、警戒值和极限值)，结合各国围岩变形控制具体标准，预警值为极限值的40%～60%，警戒值为极限值的60%～80%。

(3)在施工监测过程中，位移变化速率相对位移值更能表征地层应力释放条件下围岩响应变化规律，单方面凭借位移值评价和控制围岩变形程度往往造成不必要的工程投入和难以预测的风险事故。

6.1.2.2 国内的相关规定

在参照国外有关资料，并对我国一些工程的实测数据进行统计分析的基础上，我国《铁路隧道监控量测技术规程》(TB 10121—2007)、《锚杆喷射混凝土支护技术规范》(GB 50086—2001)和《公路隧道设计规范》(JTG D70—2004)提出采用允许相对位移值的方法，而在北京、上海和广州等地区，建议地铁工程采用位移变化和位移速率变化监测共同作为围岩稳定的评判标准。

对于埋深$H \leqslant 50$ m的双线Ⅴ级围岩隧道，规范规定拱顶相对下沉控制在0.08%～0.16%，拱脚水平相对净空变化控制在0.20%～0.50%，硬岩取较小值，软岩取较大值，其中拱脚水平相对净空变化为拱脚测点间水平净空变化值与其距离之比，拱顶相对下沉为拱顶下沉值减去隧道下沉值后与原拱顶至隧底高度之比。对于穿越既有构筑物以及地铁隧道，地表沉降一般控制在30～50 mm。在考虑铁路隧道上述三个参数控制的同时，还应考虑随隧道位移变化的速率变化，当净空变化速率持续大于5.0 mm/d时，表面围岩处于急剧变化状态，应加强初期支护系统；当水平收敛速度小于0.2 mm/d或者拱顶下沉速度小于0.15 mm/d时，围岩基本稳定。然而，上述围岩变形控制指标不适用于浅埋及特浅埋隧道，浅埋及特浅埋隧道应加强初支支护的强度和刚度，严格控制变形发展。

6.1.3 施工控制要求

开展隧道软弱围岩大变形机理及控制标准研究不仅可为隧道设计和施工提供直接指导，还可以深入揭示软岩变形的细观规律以及对隧道施工的影响，通过"支护—围岩"作用关系的研究可使隧道设计逐渐向定量化发展，从整体上提高隧道设计的技术水平。

基于钟鸣一号、二号隧道的地质及工程条件，对隧道开挖后软弱围岩大变形机理及极限变形管理标准进行研究，以揭示出软岩受施工扰动后的力学行为特征以及主要影响因素，形成对软岩隧道围岩变形特点和控制原理的系统认识，通过现场监控量测和信息反馈，确定控制标准，逐步完善软岩变形控制技术。为此，充分利用钟鸣一号、二号隧道各种监测和测试资料，讨论其围岩应力、围岩变形和开挖过程的时空变化规律以及围岩的变形破坏特征。

采用预警值、报警值、极限值三个等级控制。

(1)极限值：为保证结构不产生破坏的前提下，在整个施工过程中以及施工完成后的最终所能达到的最大差异沉降值，当沉降值接近或达到控制值时，应立即停止施工，报专家组进行论证分析，确定具体措施。

(2)报警值：当沉降过大或过快接近控制值时，采取必要的措施进行预防和防护的差异沉降值，按极限值的 80%取用，当竖向差异沉降值超过报警值时，应及时采取必要措施减小差异沉降，降低差异沉降速率，并采取相应防护措施。

(3)预警值：当施工顺利进行时，进入风险控制时的控制值，按极限值的 60%取用。当竖向差异沉降值超过预警值时，应及时采取必要措施减小差异沉降，降低差异沉降速率，并考虑制定必要的防护措施，当施工产生竖向差异沉降值小于预警值时，施工可顺利进行。

6.2 软弱浅埋隧道施工安全数值模拟分析

6.2.1 计算理论

6.2.1.1 计算原理

(1)FLAC 网格

FLAC 采用任意形状的网格、大应变和不同的阻尼，按照差分格式进行计算。在内部，将每一个单元分为两组覆盖(共 4 个)的常应变三角形单元，如图 6-1 所示，每个三角形单元的偏应力分量相互独立，对于每个四边形来讲，总共有十六个应力分量，作用在每个节点的外力视为在两个重叠的四边形的两个外力矢量的平均值。对称荷载的合成单元的力学响应具有对称性。如果其中的一组三角形发生了严重的扭曲变形，相对应的四边形就不适用，仅仅适用另一个四边形的节点力。如果重叠的两组三角形都发生了严重的扭曲变形，就会出现错误的信息。

(2)有限差分方程

三角形差分方程式由高斯散度定理的一般形式推导得出，其形式如下：

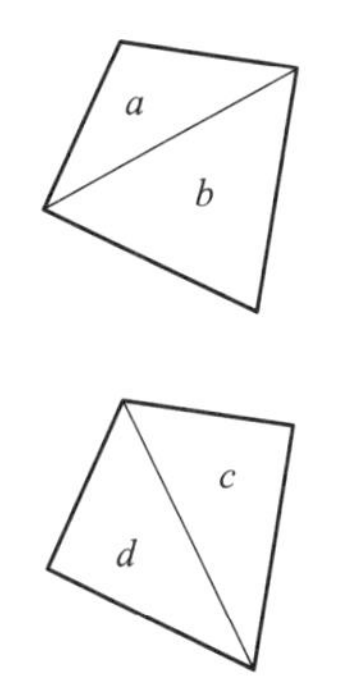

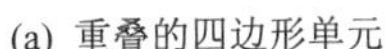
(a) 重叠的四边形单元

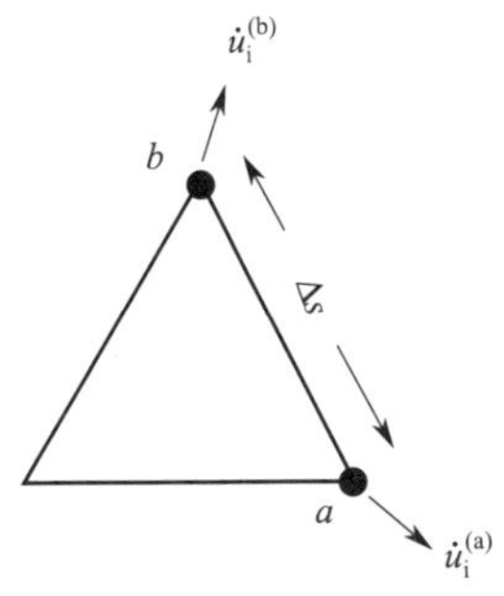

(b) 典型的有速度矢量的三角形单元

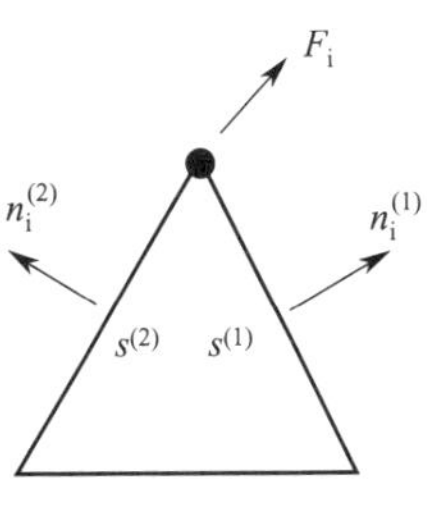

(c) 节点力矢量

图 6-1　FLAC 中的常应变三角形单元

$$\int_s n_i f \mathrm{d}s = \int_A \frac{\partial f}{\partial x_i} \mathrm{d}A \tag{6-3}$$

式中，$\int_s$ 为在封闭曲面边界周围的积分；n_i 为曲面 s 的单位法向量；f 为标量、向量或张量；$\mathrm{d}s$ 为增量弧长；$\int_A$ 为对表面积 A 积分。

(3)混合离散元

在模拟材料的屈服过程中，一个常见问题就是模拟塑性流动的不可压缩状态。它将平面应变或轴对称集合体引入到平面外的约束运动中，但是常导致过大估计了破坏荷载，被称为“网格锁定”或“刚度过大”单元。该问题的产生是因为局部网格必须满足在流动过程中不可压缩性的条件，由此产生了过分约束单元。为克服这个问题，限制整个四边形单元上的各向同性应变和应力分量为常量，而对于每个三角形子单元，分别计算它的偏量分量，即混合离散化过程。

①应力

使用面积权重法，使一组中两个三角形各项应力平衡，得到各向同性应力：

$$\sigma_o^{(a)} = \sigma_o^{(b)} = \left[\frac{\sigma_o^{(a)} A^{(a)} + \sigma_o^{(b)} A^{(b)}}{A^{(a)} + A^{(b)}}\right] \tag{6-4}$$

式中，$\sigma_o^{(a)}$ 为三角形 a 的等向应力；$A^{(a)}$ 为三角形 a 的面积。

②节点力

计算出应力，施加于每个节点的等效应力也随之确定。每个三角形子单元的应力就是作用在三角形各边的拉力，拉力与作用在相应边端部的两个力是等效的。每个三角形的角会受到两个力作用，其中之一就是相邻边的力，公式表示为

$$F_i = \frac{1}{2}\sigma_{ij}\left[n_j^{(1)} s^{(1)} + n_j^{(2)} s^{(2)}\right] \tag{6-5}$$

③运动方程

在每个节点处，周围四边形的力之和就是网格节点的力矢量，即 $\sum F_i$，这个矢量包括外荷载及自重荷载。如果四边形区域不存在(比如它是空的)，在计算 $\sum F_i$ 时，它的应力

可以忽略。如果物体处于平衡状态，或者处于稳定流动（比如塑性流动）状态，则这个节点上的合力$\sum F_i$将为零；否则根据牛顿运动第二定律的有限差分法，此节点将会存在加速度，具体公式如下：

$$u_i^{(t+\Delta t/2)}=u_i^{(t-\Delta t/2)}+\sum F_i^{(t)}\frac{\Delta t}{m} \tag{6-6}$$

6.2.1.2 本构模型选择

FLAC[3D]中内置12种岩土本构模型：空单元模型；3个弹性模型（各向同性，横观各向同性和正交各向同性弹性模型）；8个塑性模型（德鲁克—普拉格模型、摩尔—库伦模型、应变硬化/软化模型、遍布节理模型、双线性应变硬化/软化遍布节理模型、修正的剑桥模型、双屈服模型和霍克—布朗模型）。

（1）空单元模型

空单元用来描述被剥落或开挖的材料，其中应力为零，这些单元上没有质量力（重力）的作用，可以在任何阶段转化成具有不同材料特性的单元。

（2）各向同性弹性模型

弹性模型卸载时材料的变形可逆，应力—应变保持线性变化规律和加载路径无关。各向同性弹性模型对材料的力学行为提供了最简单的描述。它适用于只产生线性应力—应变关系，在卸载时没有产生滞后效应的均质材料、各向同性材料和连续介质。在平面应变条件下，模型的应力—应变增量表达式由胡克定律得：

$$\begin{cases}\Delta\sigma_{11}=\alpha_1\Delta e_{11}+\alpha_2\Delta e_{22}\\ \Delta\sigma_{22}=\alpha_2\Delta e_{11}+\alpha_1\Delta e_{22}\\ \Delta\sigma_{12}=2G\Delta e_{12}(\Delta\sigma_{12}=\Delta\sigma_{21})\\ \Delta\sigma_{33}=\alpha_2(\Delta e_{11}+\Delta e_{22})\end{cases} \tag{6-7}$$

式中，$\alpha_1=K+(4/3)G$；$\alpha_2=K-(2/3)G$；K为体积模量；G为剪切模量。

$$\Delta e_{ij}=\frac{1}{2}\left[\frac{\partial\dot{u}_i}{\partial x_j}+\frac{\partial\dot{u}_j}{\partial x_i}\right]\Delta t \tag{6-8}$$

式中，Δe_{ij}为应变张量增量；u为位移速率（m/s）；Δt为时间步长。

在平面应力下，模型的应力—应变表达式为

$$\begin{cases}\Delta\sigma_{11}=\beta_1\Delta e_{11}+\beta_2\Delta e_{22}\\ \Delta\sigma_{22}=\beta_2\Delta e_{11}+\beta_1\Delta e_{22}\\ \Delta\sigma_{12}=2G\Delta e_{12}(\Delta\sigma_{12}=\Delta\sigma_{21})\\ \Delta\sigma_{33}=0\end{cases} \tag{6-9}$$

式中，$\beta_1=\alpha_1-(\alpha_2^2/\alpha_1)$；$\beta_2=\alpha_2-(\alpha_2^2/\alpha_1)$。

对于轴对称几何体：

$$\begin{cases}\Delta\sigma_{11}=\alpha_1\Delta e_{11}+\alpha_2(\Delta e_{22}+\Delta e_{33})\\ \Delta\sigma_{22}=\alpha_1\Delta e_{22}+\beta_2(\Delta e_{11}+\Delta e_{33})\\ \Delta\sigma_{12}=2G\Delta e_{12}(\Delta\sigma_{12}=\Delta\sigma_{21})\\ \Delta\sigma_{33}=\alpha_1\Delta e_{33}+\alpha_2(\Delta e_{11}+\Delta e_{22})\end{cases}\tag{6-10}$$

(3)Mohr-Coulomb(摩尔—库伦)塑性模型

Mohr-Coulomb 模型用于描述土体和岩石的剪切破坏。破坏包络线和 Mohr-Coulomb 强度准则(剪切屈服函数)和拉破坏准则(拉屈服函数)相对应。

①增量弹性定律

在运行 Mohr-Coulomb 模型时,用到主应力 σ_1、σ_2 和 σ_3,以及平面应力 σ_{zz}。主应力和主应力方向可以通过应力张量分量得出,且排序如下(压应力为负):

$$\sigma_1\leqslant\sigma_2\leqslant\sigma_3\tag{6-11}$$

对应的主应变增量 Δe_1、Δe_2 和 Δe_3 分解如下:

$$\Delta ei=\Delta e_i^{\mathrm{e}}+\Delta e_i^{\mathrm{p}}\quad i=1,3\tag{6-12}$$

式中,上标 e 和 p 分别指弹性和塑性部分,且在弹性变形阶段,塑性应变不为零。

根据主应力和主应变,胡克定律的增量表达式如下:

$$\begin{cases}\Delta\sigma_1=\alpha_1 e_1^{\mathrm{e}}+\alpha_2(\Delta e_2^{\mathrm{e}}+\Delta e_3^{\mathrm{e}})\\ \Delta\sigma_2=\alpha_1 e_2^{\mathrm{e}}+\alpha_2(\Delta e_1^{\mathrm{e}}+\Delta e_3^{\mathrm{e}})\\ \Delta\sigma_3=\alpha_1 e_3^{\mathrm{e}}+\alpha_2(\Delta e_1^{\mathrm{e}}+\Delta e_2^{\mathrm{e}})\end{cases}\tag{6-13}$$

式中,$\alpha_1=K+4G/3$;$\alpha_2=K-2G/3$。

②屈服公式

破坏准则在平面(σ_1、σ_2)中进行了描述,如图 6-2 所示。

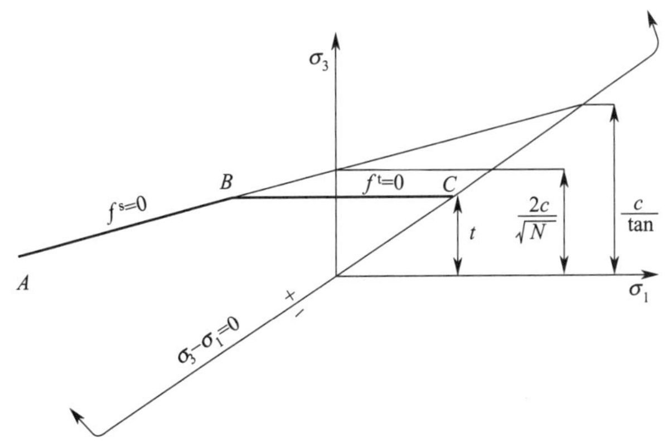

图 6-2　屈服面示意图

由 Mohr-Coulomb 屈服函数可以得到点 A 到 B 的破坏包络线为

$$f^{s}=\sigma_{1}-\sigma_{3}N_{\varphi}-2c\sqrt{N_{\varphi}} \tag{6-14}$$

B 点到 C 点的拉破坏函数如下：

$$f^{t}=\sigma^{t}-\sigma_{3} \tag{6-15}$$

式中，φ 为内摩擦角，c 为黏聚力；σ^{t} 为抗拉强度。

$$N_{\varphi}=\frac{1+\sin\varphi}{1-\sin\varphi} \tag{6-16}$$

在剪切屈服函数中只有最大主应力和最小主应力起作用，中间主应力不起作用。对于内摩擦角 $\varphi\neq0$ 的材料，它的抗拉强度不能超过 σ^{t}_{max}，公式如下：

$$\sigma^{t}_{max}=\frac{c}{\tan\varphi} \tag{6-17}$$

6.2.2 计算模型

综合钟鸣一号、二号隧道工程地质特性和施工情况，选取典型地层作为数值分析原型，从上至下依次为①$_1$ 粉质黏土、①$_2$ 含砾粉质黏土、②$_1$ 粗圆砾土、③$_1$ 全风化粉砂岩、③$_2$ 强风化粉砂岩和③$_3$ 弱风化粉砂岩，各土层物理力学性质依据钟鸣一号、二号隧道设计施工资料确定，模型计算范围分别为上取至地表和左右以及向下取 2～3 倍洞径，其中竖向取50 m，水平方向取 80 m，纵向长度根据不同计算条件选取，其中三台阶临时仰拱法模型取 18 m，中隔壁法和交叉中隔壁法模型取 21 m，左右边界水平约束，地表面取自由表面，底部设竖直约束，分别约束左右边界的水平位移，约束下边界的竖向位移，上边界为自由边界，不考虑地下水渗流作用。

隧道围岩和二次衬砌采用摩尔—库仑模型进行模拟，隧道初期支护、临时中隔壁钢架支护和临时仰拱均采用壳单元，钢拱架和钢筋网通过提高喷射混凝土的弹性模量来模拟，锚杆通过锚索单元进行模拟，超前小导管注浆用壳单元来模拟。

开挖采用对待开挖区域赋予 null 属性实现。根据现场实际工况，取初期支护厚度 0.28 m，二次衬砌厚度拱墙处 0.5 m，仰拱处为 0.6 m。在模型计算，通过一定的时步模拟各工序施加后在时间上的滞后效应，这样可以通过初步应力释放以模拟现实中的实际工况。

三台阶临时仰拱法模型的网格划分如图 6-3 所示，模型总共有 39480 个单元，44083 个节点。隧道的计算过程，分别为建立初始模型并赋予合适的变量、进行初始地应力平衡、开挖上台阶、施作上台阶初喷混凝土衬砌支护和上台阶临时仰拱、开挖中台阶、施作中台阶初喷混凝土衬砌支护和中台阶临时仰拱、开挖下台阶、施作下台阶初喷混凝土支护。再次进行应力释放，拆除临时仰拱，进行二次衬砌支护。

中隔壁法模型网格划分如图 6-4 所示，模型总共有 47054 个单元，51885 个节点。隧道的计算过程，分别为建立初始模型并赋予合适的变量、进行初始地应力平衡、开挖隧道左上台阶、施作左上台阶初喷混凝土衬砌支护、开挖隧道左中台阶、施作左中台阶初喷混

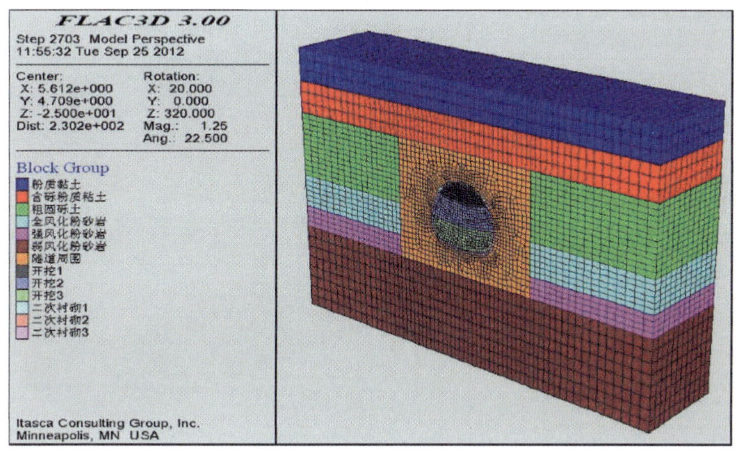

图 6-3　三台阶临时仰拱法模型网格划分图

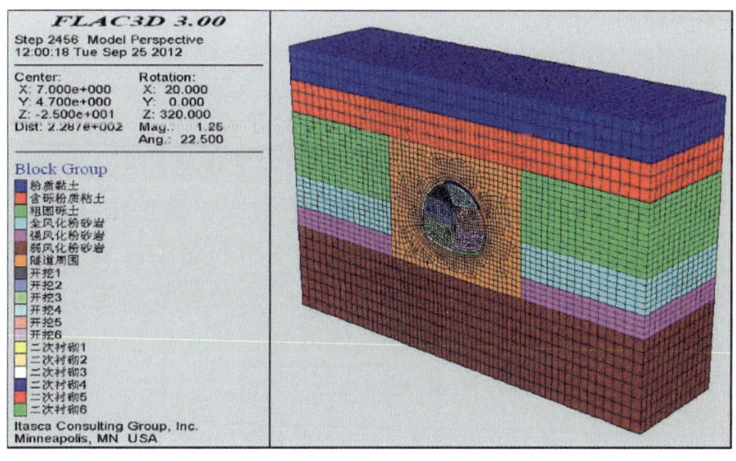

图 6-4　中隔壁法(6 步 CD)模型网格划分图

凝土衬砌支护、开挖隧道左下台阶、施作左下台阶初喷混凝土衬砌支护、开挖隧道右上台阶、施作右上台阶初喷混凝土衬砌支护、开挖隧道右中台阶、施作右中台阶初喷混凝土衬砌支护、开挖隧道右下台阶、施作右下台阶初喷混凝土衬砌支护。再次进行应力释放后，拆除中隔墙、对模型进行二次衬砌支护。

交叉中隔壁法模型网格划分如图 6-5 所示，模型总共有 47054 个单元，51885 个节点。隧道的计算过程，分别为建立初始模型并赋予合适的变量、进行初始地应力平衡、开挖左上台阶、施作左上台阶初喷混凝土衬砌，开挖左中台阶、施作左中台阶初喷混凝土衬砌支护成环、开挖左下台阶、施作左下台阶初喷混凝土衬砌支护成环、开挖右上台阶、施作右上台阶初喷混凝土衬砌支护成环、开挖右中台阶、施作右中台阶初喷混凝土衬砌支护成环、开挖右下台阶、施作右下台阶初喷混凝土衬砌支护成环。再次进行应力释放后，拆除中隔墙和临时仰拱、对模型进行二次衬砌支护。

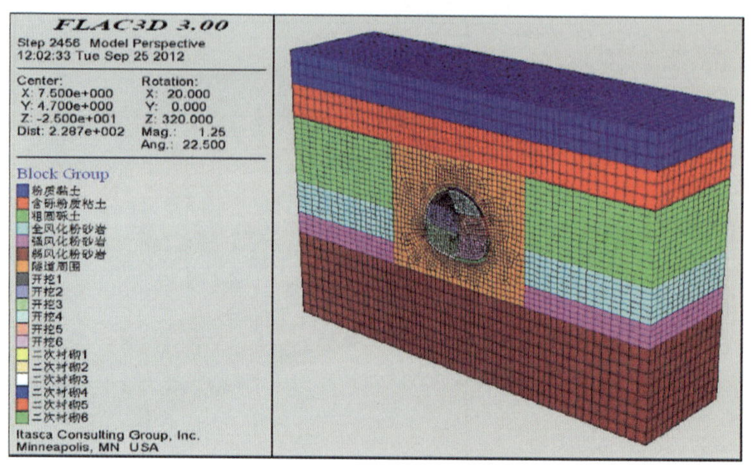

图 6-5 交叉中隔壁法(CRD)模型网格划分图

6.2.3 计算工况与参数

6.2.3.1 计算工况

根据软弱浅埋隧道风险控制指标研究需要,结合宁安城际铁路钟鸣一号、二号隧道工程实际,对软弱浅埋隧道施工过程中工法比选、支护参数优化和施工参数优化等方面进行数值分析研究。其中,工法比选包括三台阶临时仰拱法、中隔壁法(CD)和交叉中隔壁法(CRD)三种施工工法,支护参数和施工参数以设计资料和施工过程中实际采用的参数为主,并对其进一步分析和优化,以验证不同施工工法、支护参数和施工参数在软弱浅埋隧道中的适用性及对风险的控制程度,可为软弱浅埋隧道施工过程中围岩变形控制指标提供参考依据。具体研究工况及参数见表 6-2。

表 6-2 软弱浅埋隧道数值分析工况表

工法 工况	三台阶临时仰拱法	中隔壁法(CD)	交叉中隔壁法(CRD)
工况一	H=12 m,上中台阶高各 4 m,开挖进尺 1.2 m,其他支护参数和施工参数采用设计参数	H=12 m,上中台阶高各 4 m,开挖进尺 1.2 m,其他支护参数和施工参数采用设计参数	H=12 m,上中台阶高各 4 m,开挖进尺 1.2 m,其他支护参数和施工参数采用设计参数
工况二	H=17 m,其他参数同一	H=17 m,其他参数同一	H=17 m,其他参数同一
工况三	H=22 m,其他参数同一	H=22 m,其他参数同一	H=22 m,其他参数同一
工况四	H=17 m,超前小导管注浆,其他参数同工况二	H=17 m,超前小导管注浆,其他参数同工况二	H=17 m,超前小导管注浆,其他参数同工况二
工况五	H=17 m,喷射混凝土加厚,其他参数同工况二	H=17 m,喷射混凝土加厚,其他参数同工况二	H=17 m,喷射混凝土加厚,其他参数同工况二
工况六	H=17 m,超前小导管注浆+喷射混凝土加厚,其他参数同工况二	H=17 m,超前小导管注浆+喷射混凝土加厚,其他参数同工况二	H=17 m,超前小导管注浆+喷射混凝土加厚,其他参数同工况二
工况七	H=17 m,上中台阶各高 3.5 m,其他参数同工况二	H=17 m,上中台阶各高 3.5 m,其他参数同工况二	H=17 m,上中台阶各高 3.5 m,其他参数同工况二
工况八	H=17 m,开挖进尺 1.8 m,其他参数同工况七	H=17 m,开挖进尺 1.8 m,其他参数同工况七	H=17 m,开挖进尺 1.8 m,其他参数同工况七

6.2.3.2　计算参数

(1)地层物理力学参数

根据钟鸣一号、二号隧道地质勘察资料以及同类地区地层特性,选取合适的地层参数,二次衬砌选用 C35 混凝土材料参数,钟鸣一号、二号隧道围岩物理力学参数见表 6-3。

表 6-3　钟鸣一号、二号隧道围岩物理力学参数

层号	名　称	埋深 H(m)	天然密度 ρ(g/cm^3)	弹性模量 E(MPa)	泊松比 μ	内摩擦角 φ(°)	凝聚力 c(kPa)
①$_1$	粉质黏土	6.0	1.95	20	0.42	12	16
①$_2$	含砾粉质黏土	12.0	1.98	32	0.39	15	20
②$_1$	粗圆砾土	24.0	1.95	50	0.37	18	18
③$_1$	全风化粉砂岩	30.0	1.98	120	0.35	20	40
③$_2$	强风化粉砂岩	34.0	1.99	200	0.33	22	80
③$_3$	弱风化粉砂岩	50.0	2.0	500	0.30	30	220
二衬	C35 钢筋混凝土	—	2.5	3.15×10^4	0.2	30	1 000

(2)永久支护结构参数

永久支护结构参数见表 6-4。

表 6-4　永久支护结构参数

初期支护									二次衬砌	
C25 混凝土	锚杆				钢筋网		钢架			
厚度(cm)	拱部		边墙		拱墙		拱墙、仰拱		厚度(cm)	
	型号	间距(m)	型号	间距(m)	型号	间距(mm)	型号	间距(m)	拱墙	仰拱
28	ϕ22 砂浆锚杆	1.5×1.5	ϕ22 中空锚杆	1.2×1.0	ϕ6	20×20	HW175 型钢	0.6	50	60

(3)临时支护结构各物理力学参数

根据宁安城际铁路钟鸣一号、二号隧道设计施工图纸及数值计算研究工况,临时支护结构物理力学参数见表 6-5。

表 6-5　临时支护结构物理力学参数

工法＼参数	临时仰拱		喷射混凝土	锁脚钢管			锚杆		超前小导管	
	型号	间距(m)	厚度(mm)	型号	长度(m)	数量(根)	型号	间距(m)	型号	间距(m)
CRD 法	I18	0.6	180	ϕ50	5	2	ϕ22	0.4	φ50	0.3×3
CD 法	—	—	100	ϕ50	5	2	ϕ22	0.4	φ50	0.3×3
三台阶法	I18	0.6	150	ϕ50	5	2	—	0.4	φ50	0.3×3

6.2.4 CRD 工法计算结果及分析

6.2.4.1 工法比选计算结果及分析

(1)围岩及地表变形

图 6-6～图 6-9 分别为 CRD 工法不同埋深(12 m、17 m 和 22 m)条件下,拱顶累计下沉和地表累积下沉随隧道纵向里程变化曲线,以及地表累计下沉和地表水平变形随隧道横断面位置变化曲线。其中,拱顶累计下沉和地表累积下沉观测点设置在隧道中心线 Y=0 断面位置,CD 工法和三台阶临时仰拱法观测点位置与 CRD 工法相同,表 6-6 为不同工况条件下上中下台阶水平变形结果。

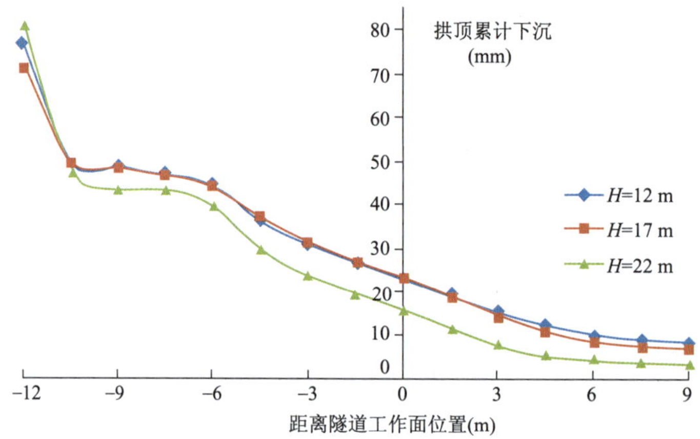

图 6-6 不同埋深条件下拱顶累计下沉—隧道纵向里程变化曲线

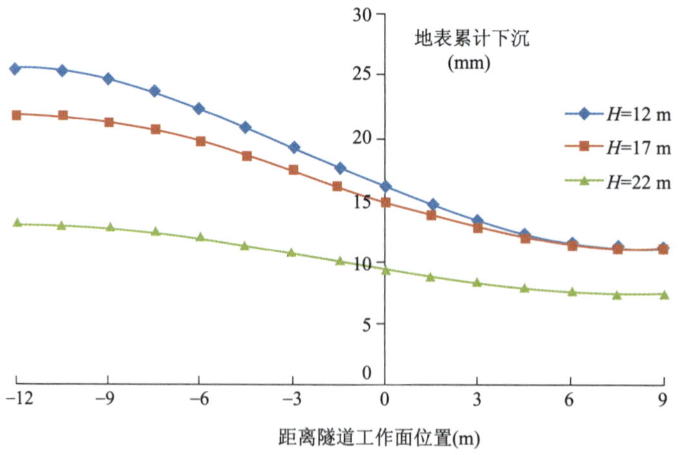

图 6-7 不同埋深条件下地表累计下沉—隧道纵向里程变化曲线

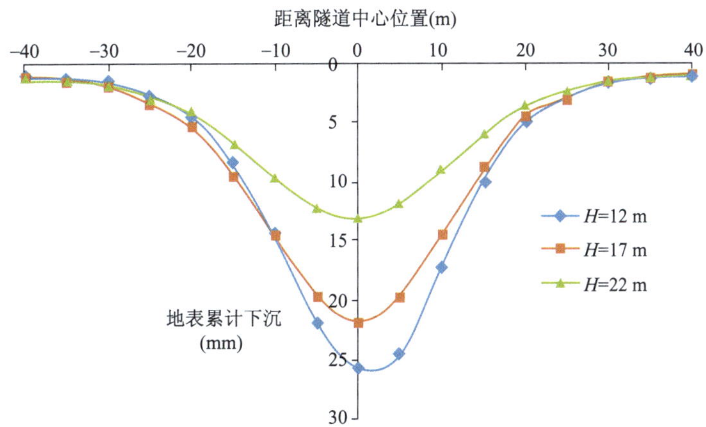

图 6-8　不同埋深条件下地表累计下沉—隧道横断面位置变化曲线

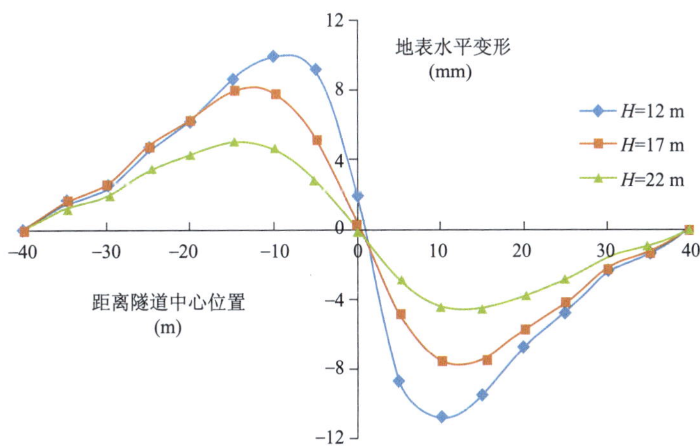

图 6-9　不同埋深条件下地表水平变形—隧道横断面位置变化曲线

表 6-6　不同工况条件下上中下台阶水平变形结果汇总表(mm)

台阶位置＼工况	工况一	工况二	工况三	工况四	工况五	工况六	工况七	工况八
上台阶	−32.0	−55.0	−34.9	−5.5	−52.1	−4.3	−48.2	−50.2
中台阶	−47.0	−62.0	−11.5	−62.8	−62.3	−61.0	−61.2	−62.3
下台阶	−54.0	−12.1	−3.4	−9.2	−11.1	−10.2	−11.1	−13.1

根据图 6-6～图 6-9 及表 6-6 的计算结果，分析如下：

①12 m、17 m 和 22 m 三种埋深条件下，CRD 工法开挖导致的拱顶累计下沉相差不大，分别为 75 mm、70 mm 和 80 mm，而地表累计下沉相对拱顶累计下沉相差较大，分别为 25 mm、22 mm 和 12 mm，因而在特定地层条件开挖过程中，埋深条件对拱顶累计下沉影响不明显，CRD 工法在软弱浅埋隧道中具有较为广泛的适用性。同时，在隧道开挖面尚未达到目标断面之前，拱顶及地表已发生明显的预收敛变形，三种埋深条件下，拱顶和地表预收敛变形分别为 22 mm、22 mm、16 mm 和 17 mm、16 mm、9 mm，分别占到累计

沉降变形的 29.3%、31.4%、20.0%和 56.0%、68.2%、75.0%，因而地表预收敛变形率明显大于拱顶，且软弱浅埋隧道预收敛变形率在地表向拱顶渐进的过程中逐渐减小，而累计变形逐渐增大。除此之外，CRD 工法在软弱浅埋地层开挖过程中，不同开挖步对地表和拱顶下沉影响程度差别较大，在开挖面达到目标断面以前，地表和拱顶下沉速率逐渐增大，待开挖面达到目标断面时，变形速率达到最大值，最大变形速率一般为 5～6 mm/d，并随着上中台阶岩土体的开挖，拱顶和地表下沉速率依然保持较大值，直到下台阶以及仰拱开挖以后，变形速率才降低到较小值，然而在仰拱开挖与二次衬砌浇筑闭合的过程中，拱顶下沉仍有较大的变形量。因此，二衬闭合时机及强度对 CRD 工法软弱浅埋隧道围岩变形控制效果极其重要。

②地表横断面沉降变形及水平变形与地表竖向变形存在明显的一致性，埋深对地表竖向和横向变形影响较明显，埋深越浅，变形越显著。其中，地表水平变形最大位置一般发生在隧道中心线左右各 10 m 处，即隧道洞径 1/2 处，且地表横断面沉降和水平变形横向影响范围为隧道中心线左右各 40 m 位置，即 4 倍隧道洞径，而纵向影响范围普遍在隧道工作面前方 15～20 m，即 1.5 倍洞径，加上隧道已开挖范围内围岩收敛变形未稳定区域影响范围，一般为 20～25 m，即 1.5～2 倍洞径，因而岩土体开挖引起的隧道纵向影响范围为 3～3.5 倍洞径。同时，由表 6-6 可知，工况一、工况二和工况三上中台阶水平收敛效应均较为显著，特别是上台阶水平收敛变形均特别显著，分别为 32.0 mm、55.0 mm 和 34.9 mm，而下台阶水平收敛变形分别为 54.0 mm、12.1 mm 和 3.4 mm，12 m 埋深条件下台阶水平收敛效应相对其他两种埋深条件较为明显，考虑隧道埋深条件，工况一上中下台阶均为粗圆砾土，稳定性较差，围岩开挖后极易造成工作面失稳，而工况二下台阶及工况三中下台阶基本上为强风化泥质砂岩层，围岩稳定性较粗圆砾土较好，因而各台阶水平收敛变形不显著。

(2)支护系统受力变形

图 6-10～图 6-12 分别为不同埋深(12 m、17 m 和 22 m)条件下临时支护(喷射混凝土、临时仰拱和中隔墙)弯曲应力 M_y 和二次衬砌最大应力 σ_{max}。

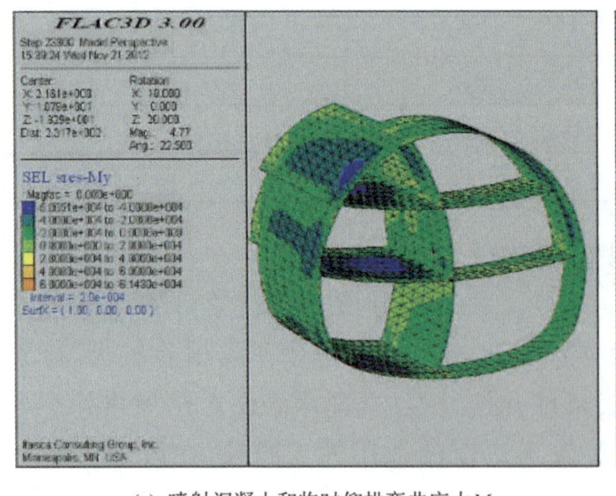

(a) 喷射混凝土和临时仰拱弯曲应力M_y

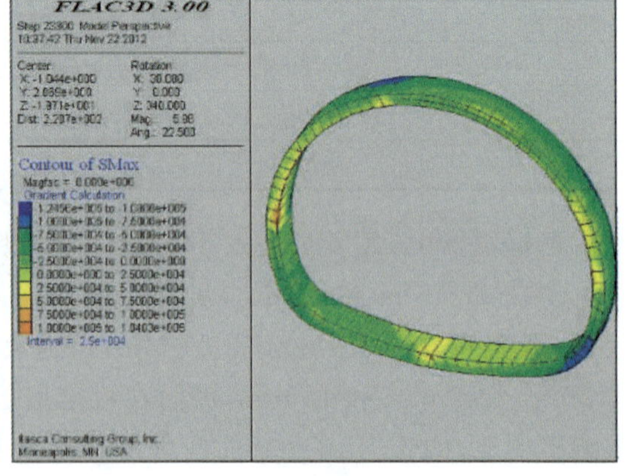

(b) 二次衬砌最大应力σ_{max}

图 6-10 12 m 埋深条件下(工况一)临时支护和永久支护系统受力情况

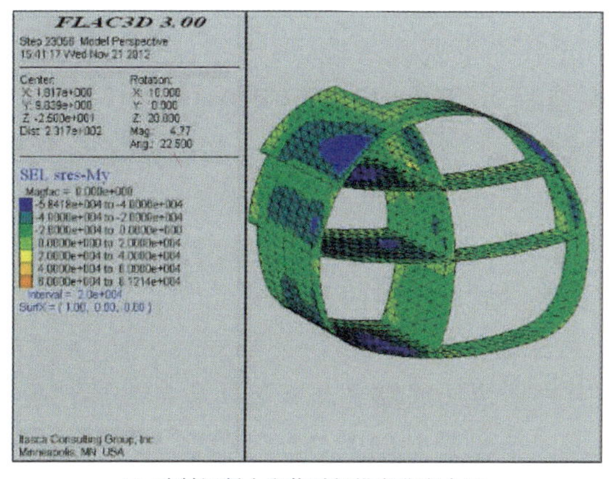

(a) 喷射混凝土和临时仰拱弯曲应力M_y

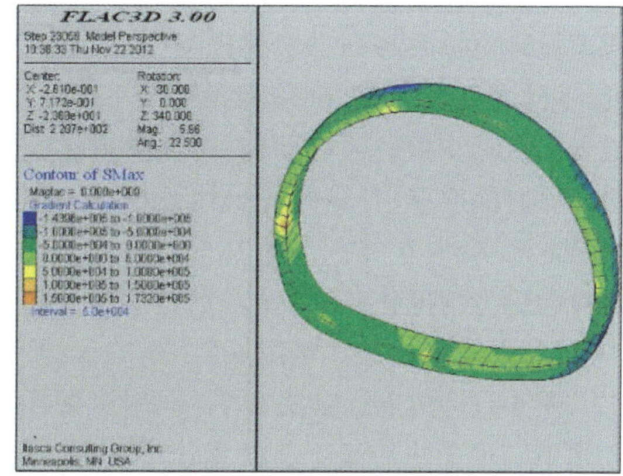

(b) 二次衬砌最大应力σ_{max}

图 6-11　17 m 埋深条件下(工况二)临时支护和永久支护系统受力情况

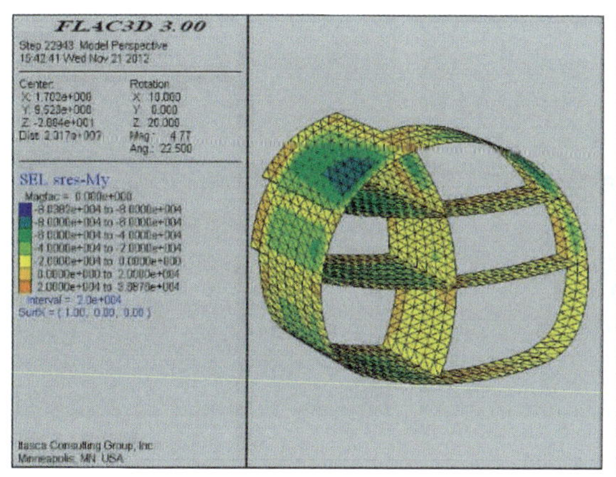

(a) 喷射混凝土和临时仰拱弯曲应力M_y

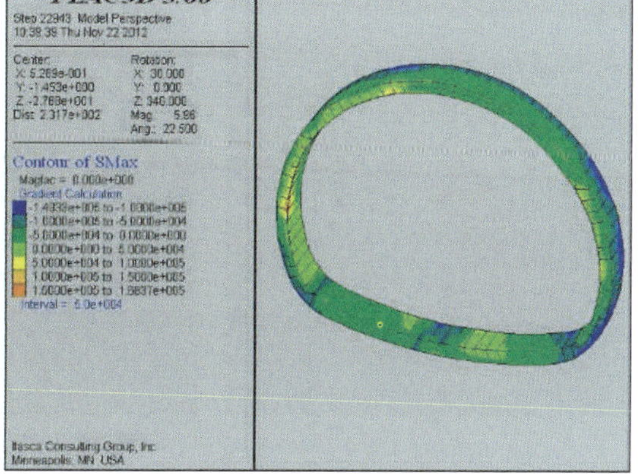

(b) 二次衬砌最大应力σ_{max}

图 6-12　22 m 埋深条件下(工况三)临时支护和永久支护系统受力情况

根据图 6-10～图 6-12 的计算结果分析可得,CRD 工法支护系统中,临时支护由中隔墙、临时仰拱和喷射混凝土构成,永久支护包括初期支护(喷射混凝土和锚杆)、钢拱架及二次衬砌。结合软弱浅埋隧道地质条件及施工实际情况,钢拱架、临时仰拱及中隔墙组成的封闭结构体系能够有效控制围岩在各施工步中的收敛变形,而喷射混凝土可以对开挖面起到及时的封闭作用,有效防止由于围岩地层条件较差情况下的小范围塌方失稳,从结构受力方面考虑,支护体系宜受压不宜受拉。CRD 工法在三种不同埋深条件下喷射混凝土、临时仰拱和中隔墙最大弯曲应力 M_y 及二次衬砌最大应力 σ_{max} 分别为 5.06×10^4 Pa、5.84×10^4 Pa、7.51×10^4 Pa 和 1.25×10^5 Pa、1.44×10^5 Pa、1.50×10^5 Pa。其中,12 m 埋深条件下临时支护系统在左右导坑上中台阶拱腰和临时仰拱处承受较大压应力,且上台阶拱腰处弯曲应力及分布范围明显大于中台阶,而上台阶临时仰拱弯曲应力略小于中台阶,中隔墙和下台阶喷射混凝土及临时仰拱较上中台阶不明显,二次衬砌在拱顶及拱脚处受力情况较明显，拱腰小范围内承受较小的拉应力，但整体受力情况较好。17 m 埋深条件下临时支护系统和二次衬砌受力较埋深 12 m 条件下要大一些，两者整体受力特征相近，不同之处在于 17 m 埋深条件下下台阶拱腰及临时仰拱也承受较大的压应力，上台阶拱脚及临时支护较明显，而临时支护整体受力较均匀。22 m 埋深条件下初期支护受力较前两种埋深明显，且临时支护体系存在一定的受拉区，这对隧道开挖过程中支护体系的整体稳定性不利，存在一定的安全隐患。另外，由于埋深条件及地层条件的改变，二次混凝土衬砌受力情况比较明显，特别是拱顶及仰拱受力明显大于前两种工况。

(3)围岩塑性破坏情况

图 6-13 为 CRD 工法在 17 m 埋深条件下围岩塑性屈服随各步开挖变化的发展情况，考虑到三种工法后续工况设置均建立在 17 m 埋深条件的基础上，12 m 和 22 m 埋深条件下各分步开挖围岩塑性屈服区发展情况均不再分析，只对 17 m 埋深条件下各分步开挖围岩塑性屈服区发展情况进行重点分析。

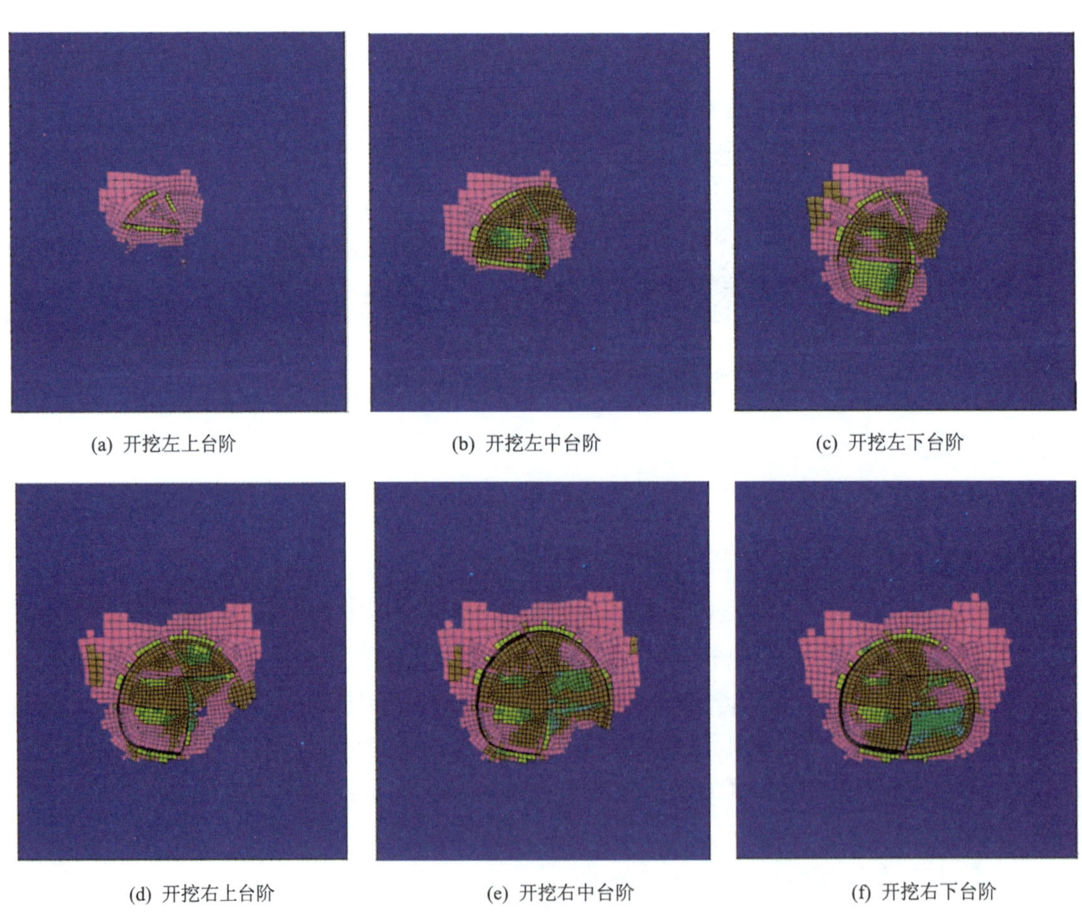

(a) 开挖左上台阶　(b) 开挖左中台阶　(c) 开挖左下台阶

(d) 开挖右上台阶　(e) 开挖右中台阶　(f) 开挖右下台阶

图 6-13　17 m 埋深条件下(工况二)围岩塑性破坏区随各部分开挖发展情况

根据图 6-13 各分步开挖围岩塑性屈服发展情况分析可得，17 m 埋深条件下，中上台阶均为粗圆砾土层，下台阶为粉质黏土层，左上台阶开挖以后，粗圆砾土层塑性屈服区迅速发展至左侧台阶高度及拱顶 0.5 倍台阶高度范围，左侧中台阶开挖以后，围岩塑性屈服区有一定延伸和发展，至左侧下台阶开挖完毕后，上中台阶粗圆砾土层塑性屈服区已基本稳定，而下台阶粉质黏土层塑性屈服区相对较小，水平延伸范围仅为前者的 1/3 左右，而在右导坑开挖过程中，左侧导坑上中台阶粗圆砾土层塑性屈服区仍有一定程度内的发展，且表现为以中台阶拱脚为起点，按 45°角向左上方向延伸趋势，在右导坑中台阶开挖完毕后，左右两侧中上台阶塑性屈服区，主要分布在拱顶 3 m 左右侧各 5 m 的范围内，塑性屈服类型主要为剪切破坏，特别是上中台阶工作面在开挖后极易引起剪切失稳滑移，下台阶开挖过程中工作面稳定性较好，下台阶粉质黏土塑性屈服范围也较小，仅限于下台阶及仰拱周边 0.5 m 范围内。

6.2.4.2　支护参数计算计算结果及分析

(1)围岩及地表变形

图 6-14～图 6-17 分别为 CRD 工法工况二、工况四、工况五和工况六条件下，拱顶累计下沉和地表累积下沉随隧道纵向里程变化曲线，以及地表累计下沉和地表水平变形随隧道横断面位置变化曲线。

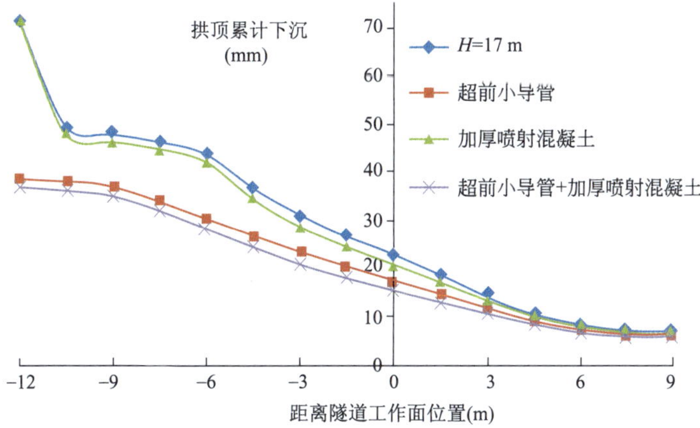

图 6-14　不同预加固情况下拱顶累计下沉—隧道纵向里程变化曲线

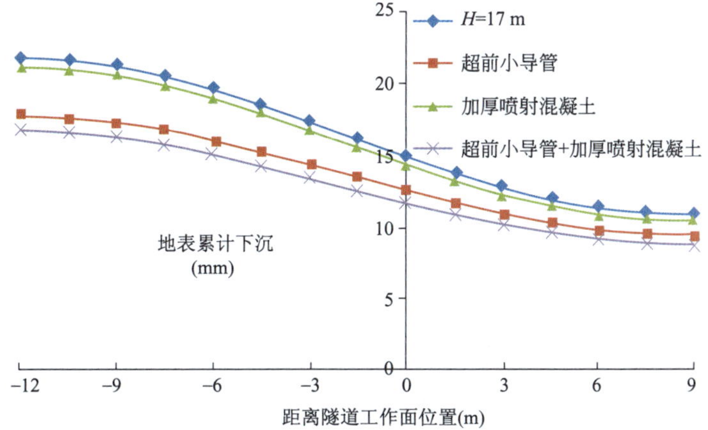

图 6-15　不同预加固情况下地表累计下沉—隧道纵向里程变化曲线

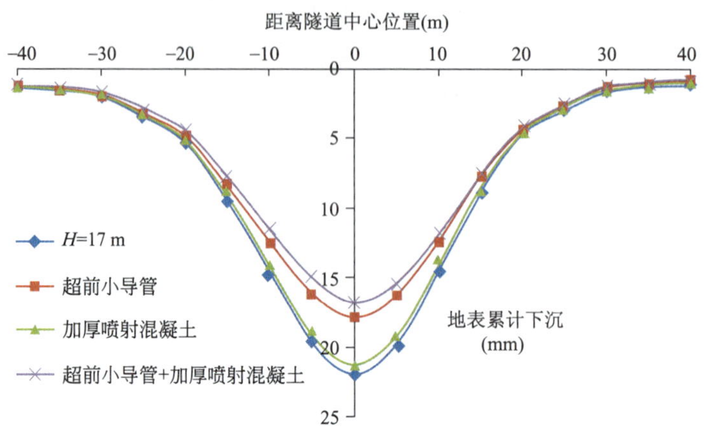

图 6-16　不同预加固情况下地表累计下沉—隧道横断面位置变化曲线

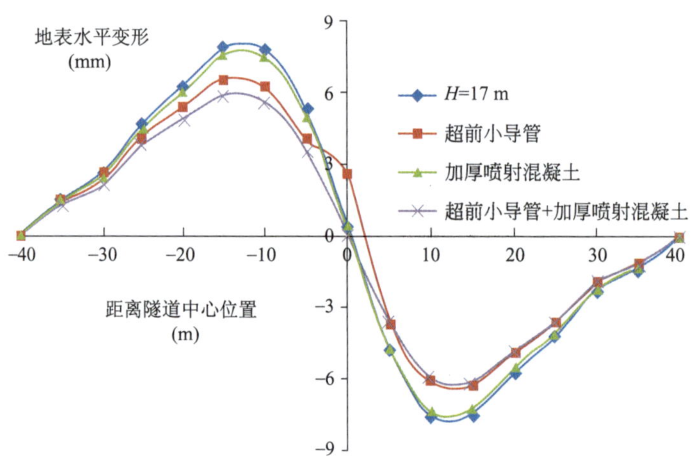

图 6-17　不同预加固情况下地表水平变形—隧道横断面位置变化曲线

根据图 6-14～图 6-17 计算结果可得，综合分析工况四、工况五和工况六条件下纵断面拱顶沉降、纵断面地表沉降、横断面地表沉降和横断面地表水平变形特征，可得超前小导管注浆加固对软弱浅埋隧道围岩及地层收敛变形能起到较好的控制效果，拱顶和地表累计下沉量分别为 35 mm 和 17 mm，相对工况二条件下拱顶和地表累计下沉量分别减少 49.8％和 37.5％，横断面地表下沉及水平变形特征与地表沉降及拱顶下沉保持一致，而加厚开挖工作面及临时仰拱喷射混凝土厚度尽管可以提高工作面稳定性，一定程度上防止不良地层由于开挖导致的工作面失稳滑移，但不能有效控制地层及围岩的由于地层应力释放导致的收敛变形，因而工况六采用超前小导管注浆和加厚喷射混凝土相结合的方法加固围岩和地层，地表沉降、拱顶下沉及地层水平变形相对工况四减少不到 10％。同时，在各种围岩预加固条件下，由于岩土体开挖导致的隧道纵向和横向影响区域与加固前基本一致，横断面影响范围为 4 倍隧道洞径左右，已开挖隧道纵向影响长度为 1.5 倍洞径左右，未开挖隧道纵向影响长度为 1.5～2 倍洞径左右。

（2）支护系统受力变形

图 6-18 和图 6-19 分别为 CRD 工法工况四和工况六条件下临时支护弯曲应力 M_y 和二次衬砌最大应力 $\sigma_{\max}$。

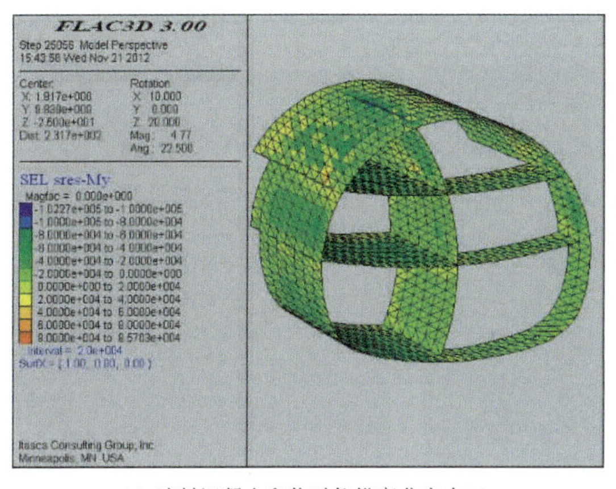

(a) 喷射混凝土和临时仰拱弯曲应力 M_y

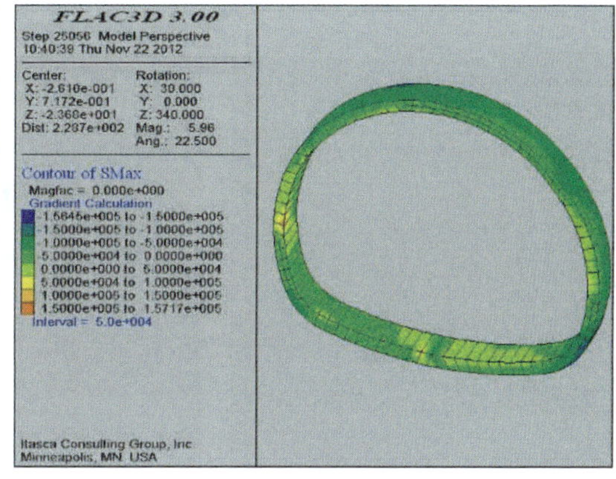

(b) 二次衬砌最大应力 $\sigma_{\max}$

图 6-18　超前小导管加固条件下（工况四）临时支护和永久支护系统受力情况

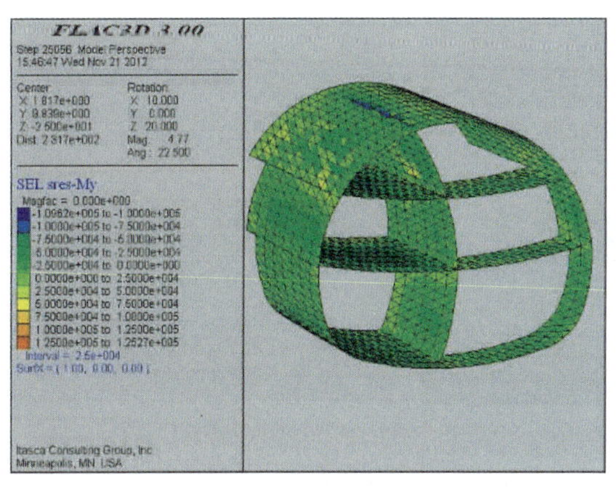

(a) 喷射混凝土和临时仰拱弯曲应力 M_y

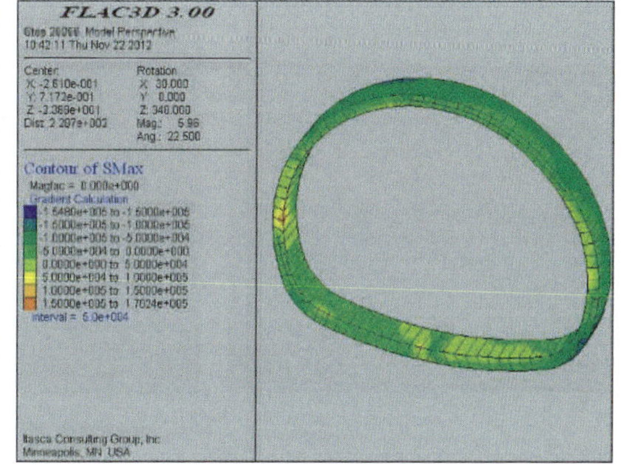

(b) 二次衬砌最大应力 $\sigma_{\max}$

图 6-19　超导及加厚喷射混凝土（工况六）临时支护和永久支护系统受力情况

根据图 6-18 和图 6-19 的计算结果分析可得，CRD 工法在 17 m 埋深条件下采用加厚工作面喷射混凝土提高围岩稳定性和控制围岩基底层开挖变形的效果不明显，而采用超前小导管对未开挖段注浆加固条件下喷射混凝土、临时仰拱和中隔墙最大接触应力 M_y 及二次衬砌最大应力 $\sigma_{\max}$ 分别为 3.01×10^4 Pa 和 9.10×10^4 Pa，相对工况二条件下喷射混凝土、临时仰拱和中隔墙最大接触应力 M_y 及二次衬砌最大应力分别减小 48.5% 和 36.8%，可以明显优化临时支护系统和二次衬砌的受力情况，而采用加厚喷射混凝土和超前小导管注浆加固条件下，喷射混凝土、临时仰拱和中隔墙最大接触应力 M_y 及二次衬砌最大应力为 2.85×10^4 Pa 和 8.2×10^4 Pa，相对工况四条件下，临时支护和二次衬砌受力减小量不到 10%，因此，超前小导管注浆加固不仅可以较好地控制软弱浅埋隧道围岩及地层变形效应，还可以明显优化临时支护系统和永久支护系统的受力变形情况，而加厚喷射混凝土可用于加固开挖工作面，防止工作面发生滑移失稳。

(3)围岩塑性破坏情况

图 6-20 为 CRD 工法在工况六条件下围岩塑性屈服随各步开挖的变化情况。

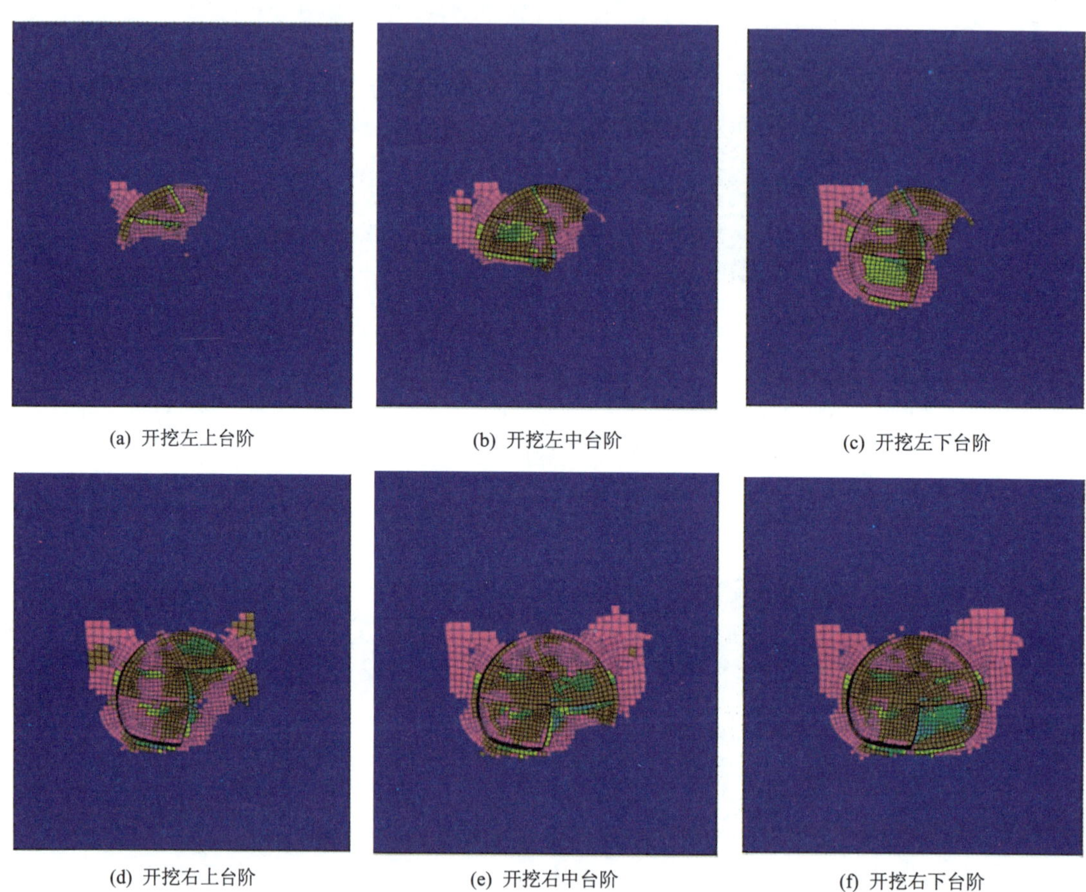

(a) 开挖左上台阶 (b) 开挖左中台阶 (c) 开挖左下台阶

(d) 开挖右上台阶 (e) 开挖右中台阶 (f) 开挖右下台阶

图 6-20 超导及加厚喷射混凝土(工况六)围岩塑性破坏区随各部分开挖发展情况

根据图 6-20 分析可得，由于采用超前小导管和加厚喷射混凝土两种围岩预加固方式，围岩塑性屈服随各步开挖的变化发展情况相比工况二有明显的改善，特别是拱顶围岩塑性屈服范围以及上中台阶开挖工作面的破坏发展情况，围岩塑性发展范围可以缩小45%左右，而围岩水平屈服范围基本上没有改变，各施工步条件下，围岩塑性屈服发展区以中台阶为起点，分别沿左上方和右上方各 45°角延伸，且发展态势很明显，相比上台阶和下台阶开挖效应，左侧中台阶和右侧中台阶开挖引起围岩塑性屈服范围较大。因此，超前小导管注浆和加厚开挖面喷射混凝土分别可以明显提高隧道拱部和开挖面围岩稳定性，而围岩水平稳定性及塑性屈服区发展建议采用围岩径向注浆方式加以改善。

6.2.4.3 施工参数分析

(1)围岩及地表变形

图 6-21～图 6-24 分别为 CRD 工法工况二、工况七和工况八条件下，拱顶累计下沉和

地表累积下沉随隧道纵向里程变化曲线，以及地表累计下沉和地表水平变形随隧道横断面位置变化曲线。

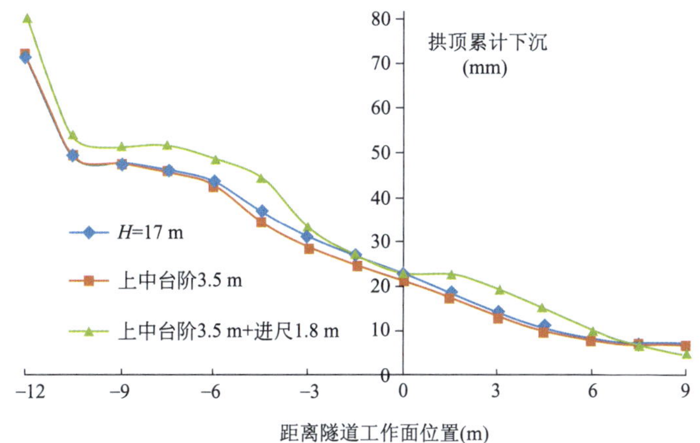

图 6-21　不同施工参数条件下拱顶累计下沉—隧道纵向里程变化曲线

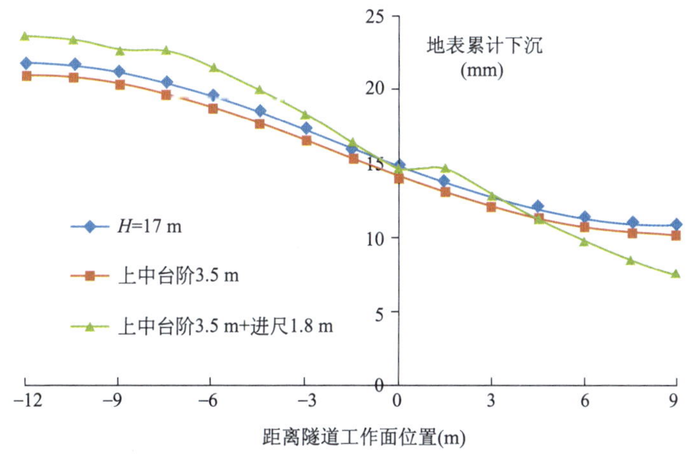

图 6-22　不同施工参数条件下地表累计下沉—隧道纵向里程变化曲线

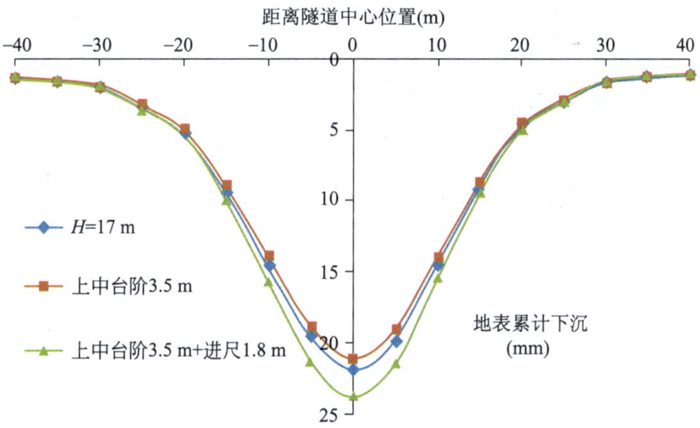

图 6-23　不同施工参数条件下地表累计下沉—隧道横断面位置变化曲线

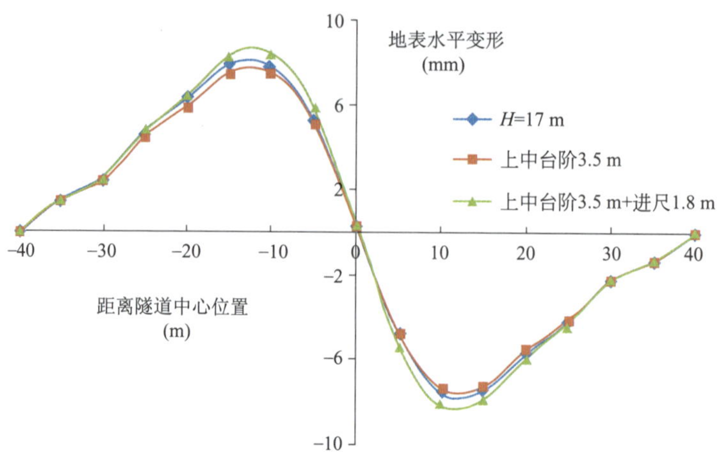

图 6-24　不同施工参数条件下地表水平变形—隧道横断面位置变化曲线

分析可得，17 m 埋深条件下，隧道开挖面上中台阶均为粗圆砾土，开挖后工作面稳定性极差，工况七采用上中台阶各 3.5 m 和下台阶 5 m 的施工参数进行优化，拱顶和地表累计变形分别为 70 mm 和 21 mm，与工况二条件下围岩变形大致相同，而增大开挖进尺以后拱顶和地表累计变形分别为 80 mm 和 25 mm，因而在软弱隧道施工中，每次开挖进尺必须严格控制，台阶进尺相比台阶高度来讲，对隧道施工扰动的影响更大。结合钟鸣一号、二号隧道施工现场实际情况，建议施工进尺选取 1.2 m，即两榀钢拱架，上中台阶均采用3.5 m～4.0 m，采用超前小导管注浆和加厚喷射混凝土等加固方式时，可以选用进尺 1.8 m，以加快掘进速度，以缩短工期。

(2)支护系统受力变形

图 6-25 和图 6-26 分别为 CRD 工法工况七和工况八条件下临时支护弯曲应力 M_y 和二次衬砌最大应力 σ_{max}。

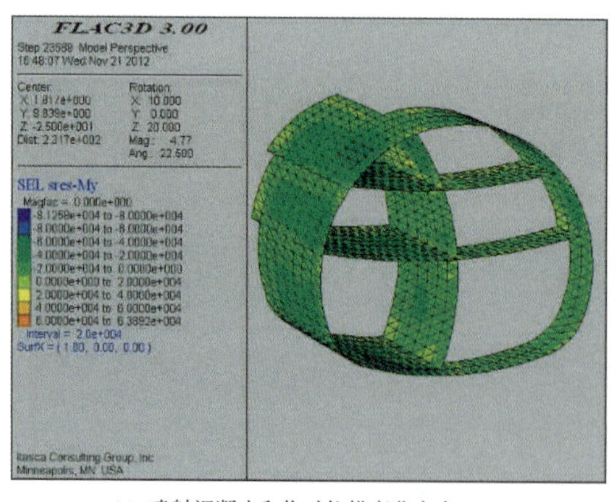

(a) 喷射混凝土和临时仰拱弯曲应力M_y

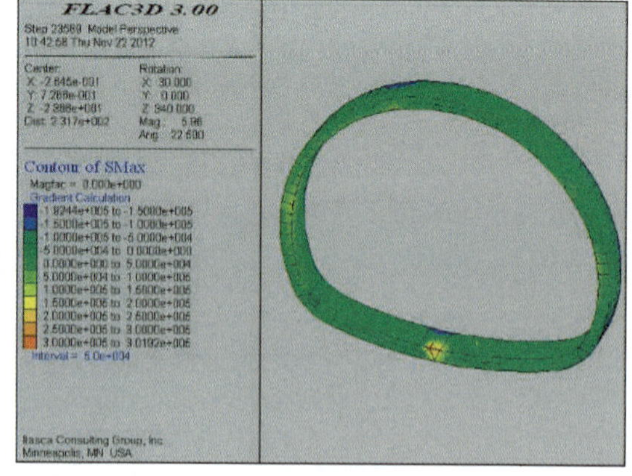

(b) 二次衬砌最大应力σ_{max}

图 6-25　上中台阶 3.5 m 条件下(工况七)临时支护和永久支护系统受力情况

分析可得，工况七中上台阶高度均选用 3.5 m，喷射混凝土、临时仰拱和中隔墙最大弯

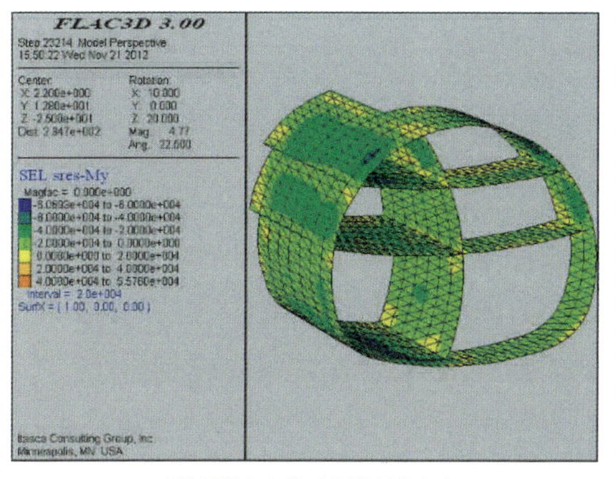

(a) 喷射混凝土和临时仰拱弯曲应力M_y

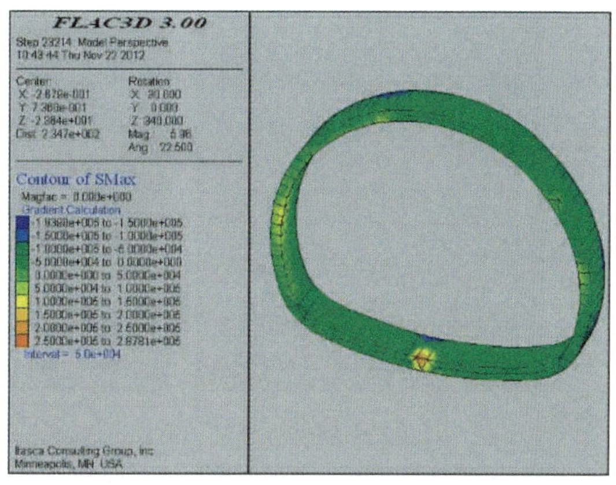

(b) 二次衬砌最大应力σ_{max}

图 6-26　上中台阶 3.5 m 及进尺 1.8 m(工况八)临时支护和永久支护系统受力情况

曲应力 M_y 及二次衬砌最大应力 σ_{max} 分别为 4.89×10^4 Pa 和 1.02×10^5 Pa,因而减小粗圆砾土层施工台阶高度对支护系统和二次衬砌受力变形可以一定程度上优化临时支护结构和二次衬砌的受力变形,而工况八在工况二施工参数的基础上,选用 1.8 m 的台阶进尺深度,喷射混凝土、临时仰拱和中隔墙最大弯曲应力 M_y 及二次衬砌最大应力 σ_{max} 分别为 5.2×10^4 Pa 和 1.31×10^5 Pa,且临时支护系统和二次衬砌受力均匀,局部承受较小的拉应力。因此,减小不良地层区段台阶的施工开挖高度可以对优化临时支护系统和二次衬砌受力起到一定的优化作用,并且保证围岩变形满足要求,而适当增大施工进尺深度可以有效地提高施工进度,但期间必须对开挖面及时支护,特别是临时支护系统有足够的强度和稳定性。

(3)围岩塑性破坏情况

图 6-27 为 CRD 工法在工况八条件下围岩塑性屈服随各步开挖的发展情况。

分析可得,减小上中台阶高度和增大开挖进尺条件下围岩塑性屈服发展情况与工况二条件下基本一致。下台阶开挖完毕后,上中台阶粗圆砾土层塑性屈服区已基本稳定,下台阶粉质黏土层塑性屈服区相对较小,水平延伸范围仅为前者的 1/3 左右,围岩塑性屈服发展表现为以中台阶拱脚为起点,按 45°角向左上方向延伸,在右导坑中台阶开挖完毕后,左右两侧中上台阶塑性屈服区主要分布在拱顶 3 m、左右侧各 5 m 的范围内,塑性屈服类型主要为剪切破坏,特别是上中台阶工作面在开挖后极易引起剪切失稳滑移,下台阶开挖过程中工作面稳定性较好,下台阶粉质粘土塑性屈服范围也较小,仅为下台阶及仰拱周边 0.5 m 范围内。

6.2.5　CD 工法计算结果及分析

6.2.5.1　工法比选计算结果及分析

(1)围岩及地表变形

图 6-28～图 6-31 分别为 CD 工法不同埋深(12 m、17 m 和 22 m)条件下,拱顶累计下沉和地表累积下沉随隧道纵向里程变化曲线,以及地表累计下沉和地表水平变形随隧道横断面位置变化曲线,表 6-7 表示不同工况条件下上中下台阶水平变形结果。

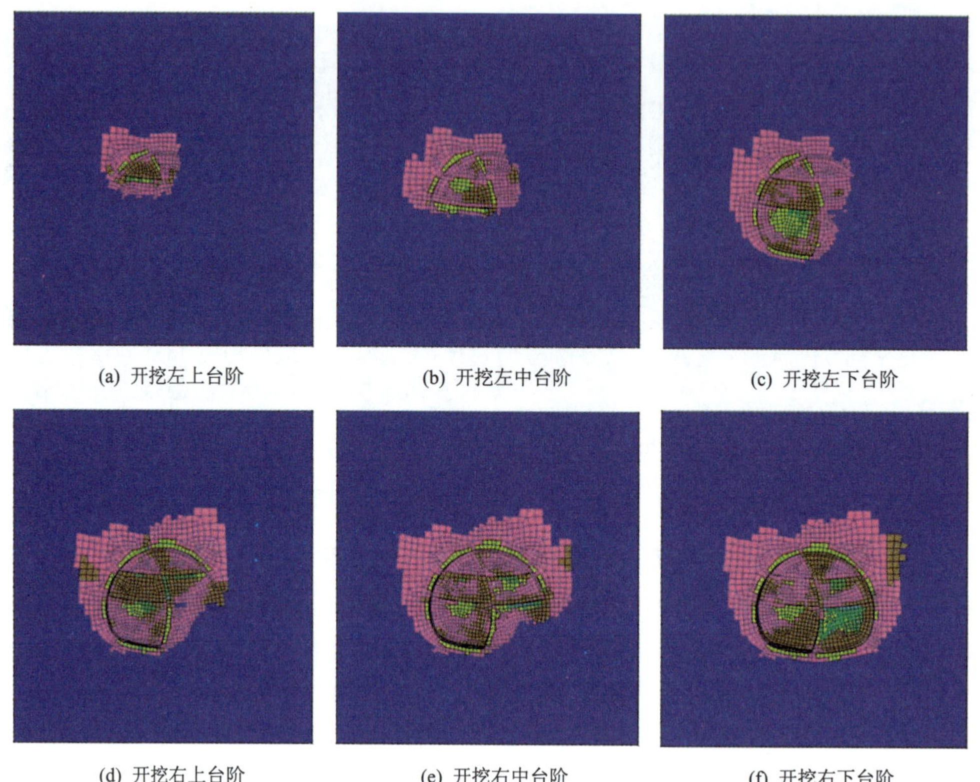
(a) 开挖左上台阶　(b) 开挖左中台阶　(c) 开挖左下台阶

(d) 开挖右上台阶　(e) 开挖右中台阶　(f) 开挖右下台阶

图 6-27　上中台阶 3.5 m 及进尺 1.8 m(工况八)围岩塑性破坏区随各部分开挖发展情况

表 6-7　不同工况条件下上中下台阶水平变形结果汇总表(mm)

台阶位置＼工况	工况一	工况二	工况三	工况四	工况五	工况六	工况七	工况八
上台阶	−39.1	−59.1	−40.8	−10.1	−54.2	−5.5	−50.2	−53.2
中台阶	−52.8	−64.1	−14.1	−61.2	−62.1	−63.2	−60.8	−62.9
下台阶	−57.2	−11.3	−3.9	−8.9	−11.5	−10.5	−12.1	−12.9

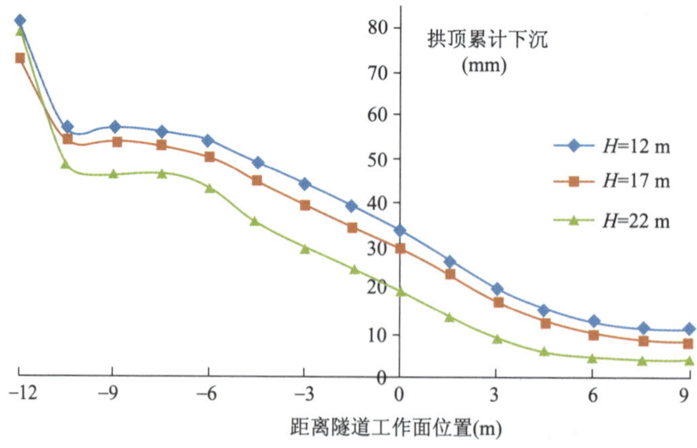

图 6-28　不同埋深条件下拱顶累计下沉—隧道纵向里程变化曲线

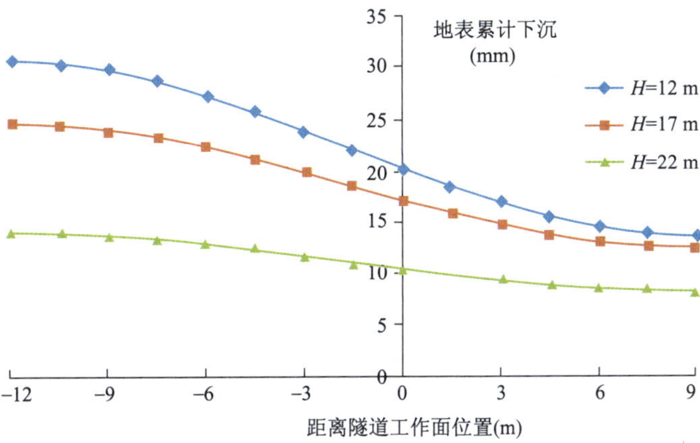

图 6-29　不同埋深条件下地表累计下沉—隧道纵向里程变化曲线

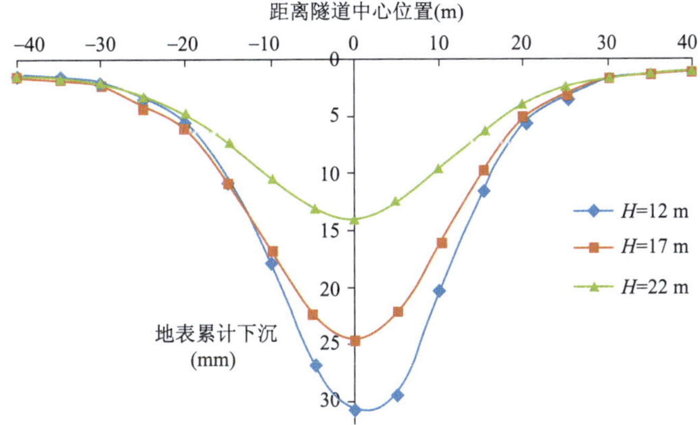

图 6-30　不同埋深条件下地表累计下沉—隧道横断面位置变化曲线

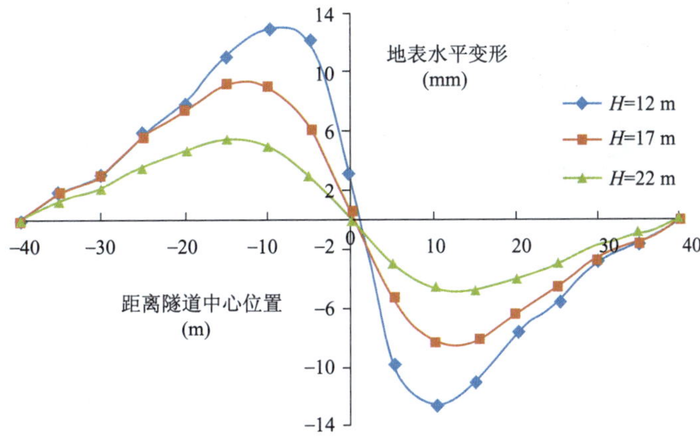

图 6-31　不同埋深条件下地表水平变形—隧道横断面位置变化曲线

分析可得：12 m、17 m 和 22 m 三种埋深条件下，CD 工法开挖导致的拱顶累计下沉相差不大，分别为 81 mm、73 mm 和 78 mm，但地表累计下沉相对拱顶累计下沉相差较大，分别为 30 mm、24 mm 和 14 mm，因此在特定地层条件开挖过程中，埋深位置对拱顶累计下沉影响不明显。同时，在隧道开挖面尚未达到目标断面之前，拱顶及地表已发生明显的预收敛变形，三种埋深条件下，拱顶和地表预收敛变形分别为 34 mm、30 mm、20 mm 和 20 mm、17 mm、10 mm，分别占到累计沉降变形的 42.0%、41.1%、25.6%和 66.6%、70.8%、71.4%，地表预收敛变形率明显大于拱顶，且软弱浅埋隧道预收敛变形率在地表向拱顶渐进的过程中逐渐减小，而累计变形逐渐增大。

埋深对地表竖向和横向变形影响较明显，埋深越浅，变形越显著。其中，地表水平变形最大位置一般发生在隧道中心线左右各约 10 m 处，即 1/2 隧道洞径处，且地表横断面沉降和水平变形横向影响范围为隧道中心线左右各 40 m 位置，即 4 倍隧道洞径，而岩土体开挖引起的隧道纵向影响范围为 2～2.5 倍洞径。

由表 6-7 中工况一、工况二和工况三可知，埋深越小，隧道水平收敛变形范围越大。其中，工况一上中下台阶水平收敛变形都很大，工况三只有上台阶水平收敛变形较大，主要是因为工况一上中下台阶均处在粗圆砾土层，稳定性较差，围岩开挖后极易造成工作面失稳，而工况二下台阶及工况三中下台阶基本上处在强风化泥质砂岩层中，围岩稳定性较粗圆砾土较好，故各台阶水平收敛变形不显著。

(2)支护系统受力变形

图 6-32～图 6-34 分别为不同埋深(12 m、17 m 和 22 m)条件下临时支护(喷射混凝土、临时仰拱和中隔墙)弯曲应力 M_y 和二次衬砌最大应力 σ_{max}。

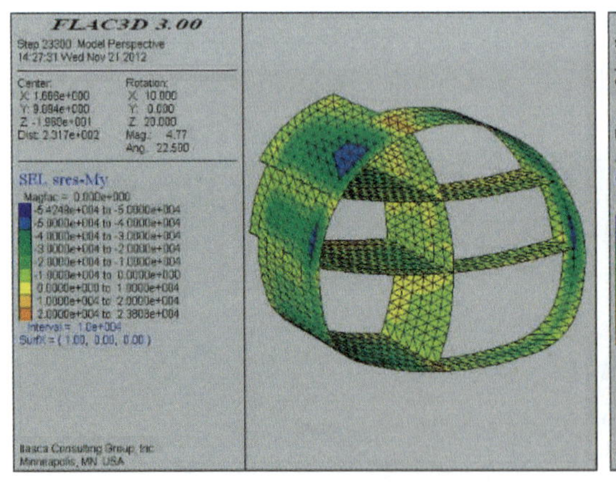

(a) 喷射混凝土和临时仰拱弯曲应力M_y

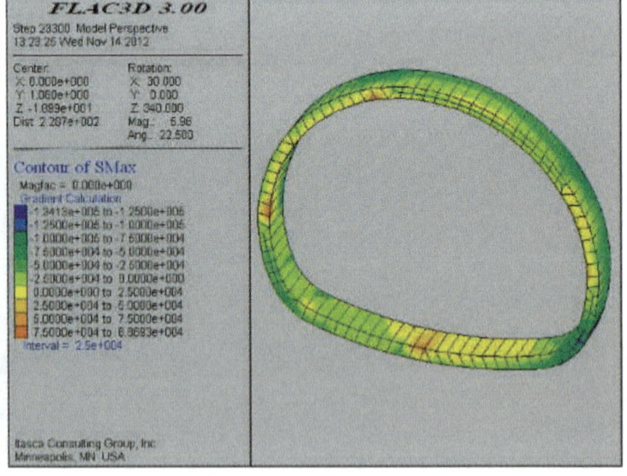

(b) 二次衬砌最大应力σ_{max}

图 6-32　12 m 埋深条件下(工况一)临时支护和永久支护系统受力情况

根据图 6-32～图 6-34 的计算结果分析可得，CD 工法在三种不同埋深条件下喷射混凝土和中隔墙最大弯曲应力 M_y 及二次衬砌最大应力 σ_{max} 分别为 5.42×10^4 Pa、

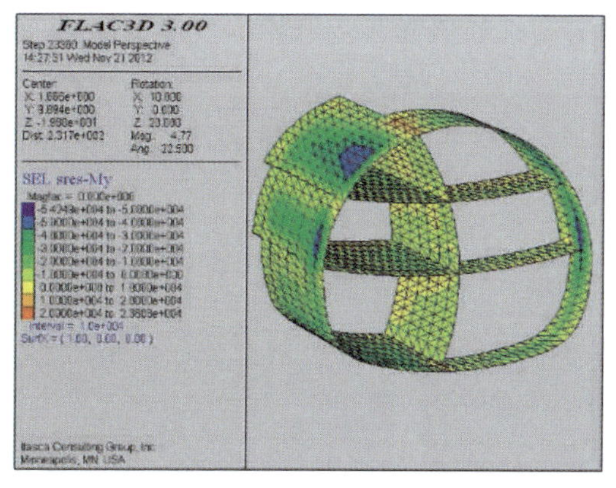

(a) 喷射混凝土和临时仰拱弯曲应力M_y

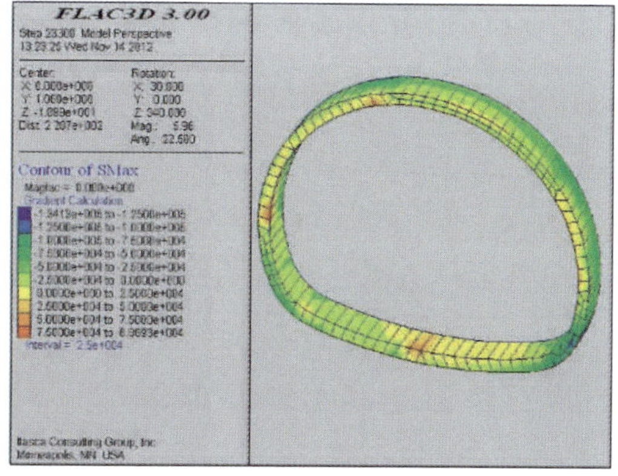

(b) 二次衬砌最大应力σ_{max}

图 6-33　17 m 埋深条件下(工况二)临时支护和永久支护系统受力情况

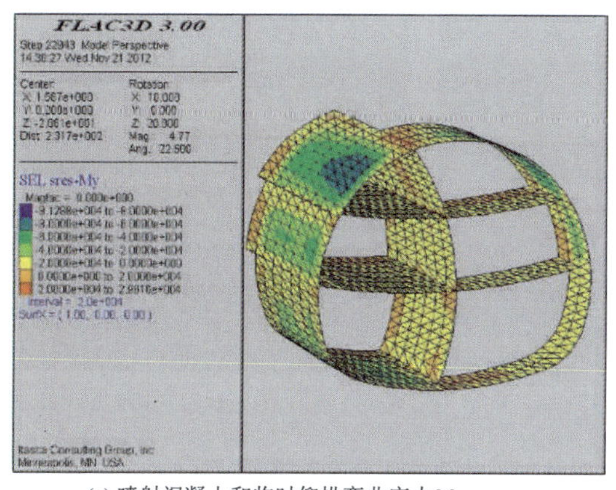

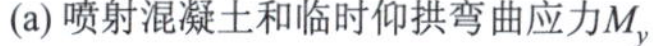
(a) 喷射混凝土和临时仰拱弯曲应力M_y

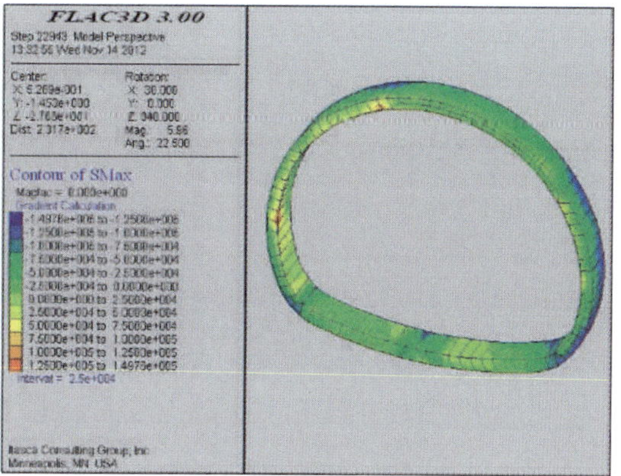

(b) 二次衬砌最大应力σ_{max}

图 6-34　22 m 埋深条件下(工况三)临时支护和永久支护系统受力情况

5.80×10^4 Pa、8.13×10^4 Pa 和 1.34×10^5 Pa、1.45×10^5 Pa、1.49×10^5 Pa。其中，12 m 埋深条件下临时支护系统在左右导坑上中台阶拱腰处承受较大压应力，且上台阶拱腰处弯曲应力及分布范围明显大于中台阶，中隔墙和下台阶喷射混凝土及临时仰拱弯曲应力较小，二次衬砌在拱顶及拱脚处受力情况较明显，拱腰和拱顶小范围内承受较小的拉应力，但整体受力情况较好。17 m 埋深条件下临时支护系统和二次衬砌受力情况较埋深 12 m 条件下稍大一些，两者整体受力特征相近，不同之处在于，17 m 埋深条件下下台阶拱腰及临时仰拱也承受较大的压应力，上台阶拱脚较明显，而临时支护整体受力较均匀；22 m 埋深条件下上台阶初期支护受力较前两种埋深明显，临时支护体系存在小范围受拉区，但拉应力较小，对隧道开挖过程整体稳定性影响不大，二次衬砌受力与前两种埋深相比稍大一些。

(3)围岩塑性破坏情况

图 6-35 为 CD 工法在 17 m 埋深条件下围岩塑性屈服随各步开挖的发展情况。

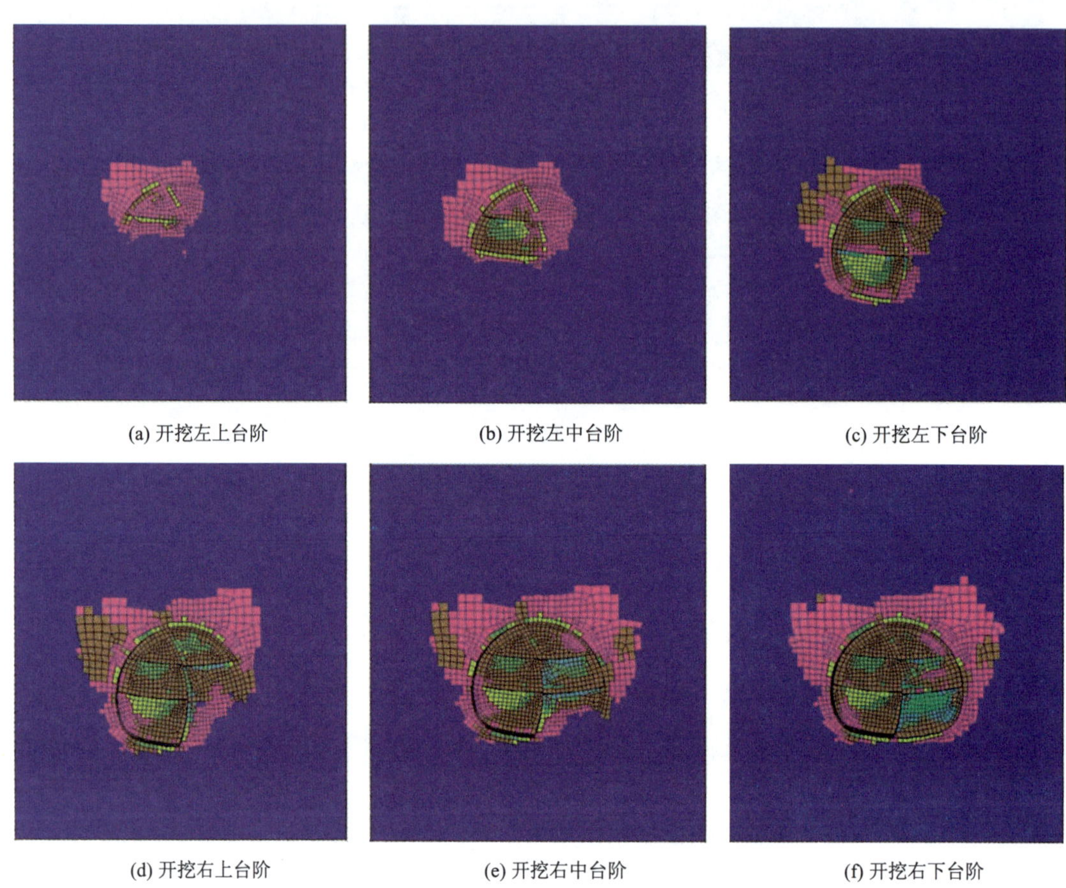

(a) 开挖左上台阶　(b) 开挖左中台阶　(c) 开挖左下台阶

(d) 开挖右上台阶　(e) 开挖右中台阶　(f) 开挖右下台阶

图 6-35　17 m 埋深条件下(工况二)围岩塑性破坏区随各部分开挖发展情况

分析可得:17 m 埋深条件下,中上台阶均为粗圆砾土层,下台阶为粉质黏土层,左上台阶开挖以后,粗圆砾土层塑性屈服区迅速发展,左侧中台阶开挖以后,围岩塑性屈服区有一定延伸和发展,至左侧下台阶开挖完毕后,上中台阶粗圆砾土层塑性屈服区已基本稳定,而下台阶粉质黏土层塑性屈服区相对较小,而在右导坑开挖过程中,左侧导坑上中台阶粗圆砾土层塑性屈服区仍在一定水平范围内发展,在右导坑中台阶开挖完毕后,左右两侧上中台阶塑性屈服区,主要分布在拱顶 3 m、左右两侧各 5 m 的范围内,塑性屈服类型主要为剪切破坏,特别是上中台阶工作面在开挖后极易引起剪切失稳滑移,下台阶开挖过程中工作面稳定性较好,下台阶粉质黏土塑性屈服范围也较小。

6.2.5.2 支护参数分析

(1)围岩及地表变形

图 6-36~图 6-39 分别为 CRD 工法工况二、工况四、工况五和工况六条件下,拱顶累计下沉和地表累积下沉随隧道纵向里程变化曲线,以及地表累计下沉和地表水平变形随隧道横断面位置变化曲线。

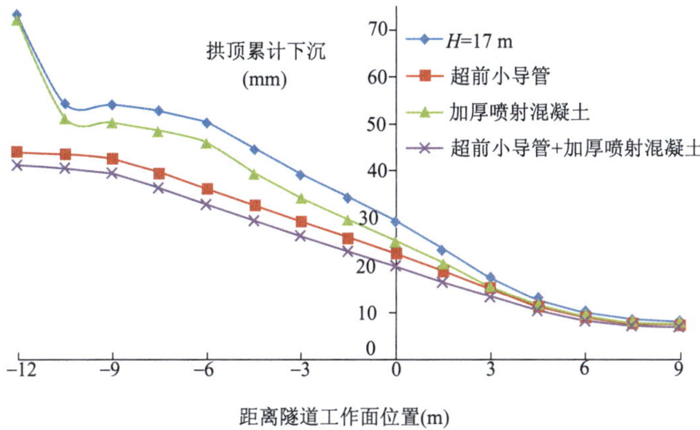

图 6-36　不同预加固情况下拱顶累计下沉—隧道纵向里程变化曲线

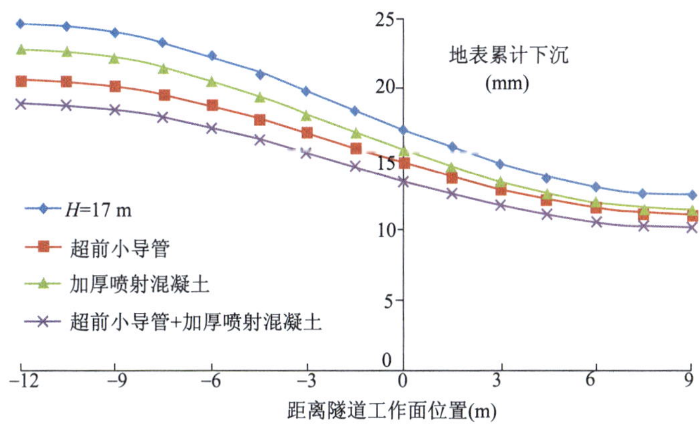

图 6-37　不同预加固情况下地表累计下沉—隧道纵向里程变化曲线

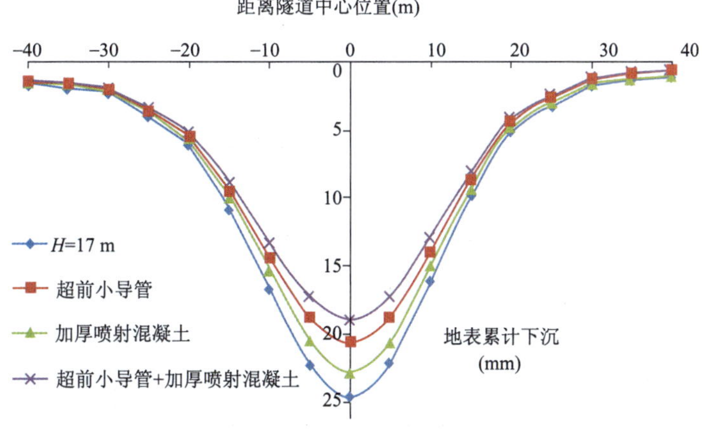

图 6-38　不同预加固情况下地表累计下沉—隧道横断面位置变化曲线

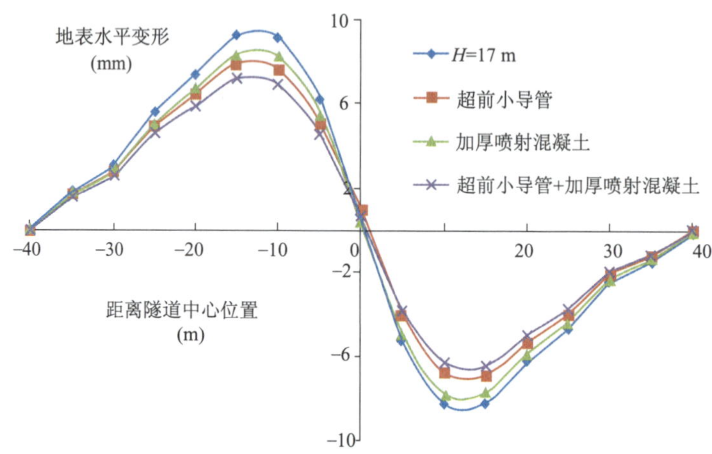

图 6-39　不同预加固情况下地表水平变形—隧道横断面位置变化曲线

分析可得:超前小导管注浆加固对软弱浅埋隧道围岩及地层收敛变形能起到较好的控制效果,拱顶和地表累计下沉量分别为 42 mm 和 20 mm,相对工况二条件下拱顶和地表累计下沉量分别减少 42.47%和 16.7%,横断面地表下沉及水平变形特征与地表沉降及拱顶下沉保持一致,而加厚开挖工作面及临时仰拱喷射混凝土厚度尽管可以提高工作面稳定性,防止不良地层由于开挖导致的工作面失稳滑移,但不能有效控制地层及围岩由于地层应力释放导致的收敛变形,因而工况六采用超前小导管注浆和加厚喷射混凝土相结合的方法加固围岩和地层,地表沉降、拱顶下沉及地层水平变形相对工况四减少不到 10%。同时,在各种围岩预加固条件下,由于岩土体开挖导致的隧道纵向和横向影响区域与加固前基本一致,横断面影响范围为 4 倍隧道洞径左右,已开挖隧道纵向影响长度为 1.5 倍洞径左右,未开挖隧道纵向影响长度为 1.5～2 倍洞径左右。因此,在软弱浅埋隧道开挖中应采取超前支护措施。

(2)支护系统受力变形

图 6-40 和图 6-41 分别为 CD 工法工况四和工况六条件下临时支护弯曲应力 M_y 和

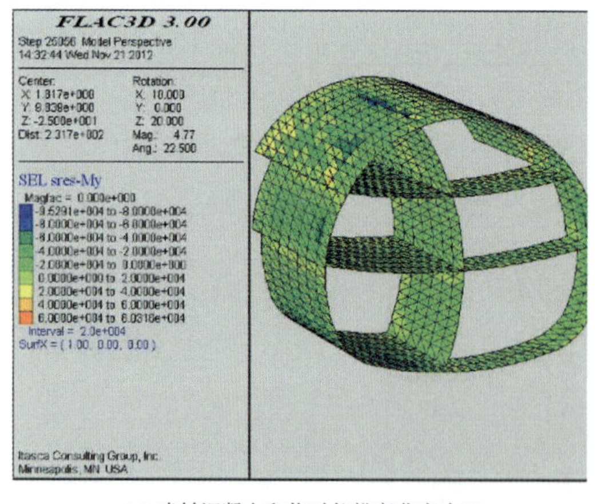

(a) 喷射混凝土和临时仰拱弯曲应力M_y

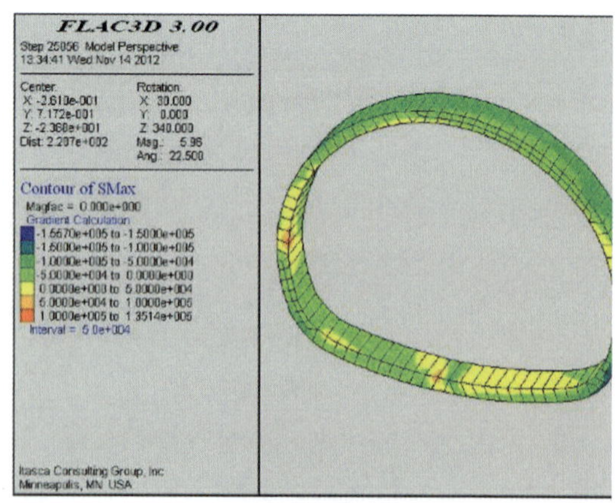

(b) 二次衬砌最大应力σ_{max}

图 6-40　超前小导管加固条件下(工况四)临时支护和永久支护系统受力情况

二次衬砌最大应力σ_{max}。

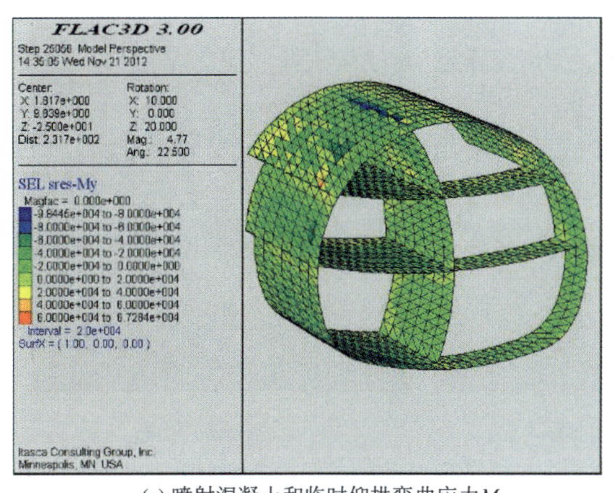

(a) 喷射混凝土和临时仰拱弯曲应力M_y

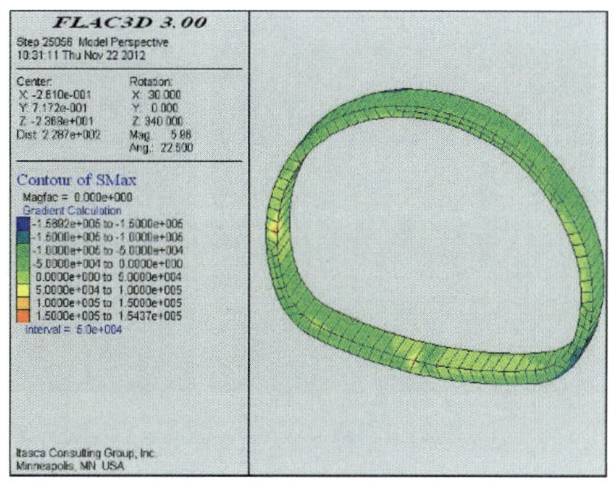

(b) 二次衬砌最大应力σ_{max}

图 6-41　超导及加厚喷射混凝土(工况六)临时支护和永久支护系统受力情况

分析可得:CD 工法在 17 m 埋深条件下采用加厚工作面喷射混凝土提高围岩稳定性和控制围岩基底层开挖变形的效果不明显,而采用超前小导管对未开挖段注浆加固条件下喷射混凝土和中隔墙最大弯曲应力 M_y 及二次衬砌最大应力 σ_{max} 分布均匀,最大值一般为 3.2×10^4 Pa 和 1.0×10^5 Pa,相对工况二条件下喷射混凝土、临时仰拱和中隔墙最大接触应力 M_y 及二次衬砌最大应力分别减小 45.2%和 31.3%,可以明显优化临时支护系统和二次衬砌的受力情况,而采用加厚喷射混凝土和超前小导管注浆加固条件下,喷射混凝土、临时仰拱和中隔墙最大弯曲应力 M_y 及二次衬砌最大应力为 3.1×10^4 Pa 和 9.6×10^4 Pa,相对工况四条件下,临时支护和二次衬砌受力减小量不到 10%,因此,超前小导管注浆加固不仅可以较好地控制软弱浅埋隧道围岩及地层变形,还可以明显优化临时支护系统和永久支护系统的受力状况,而加厚喷射混凝土建议用于加固开挖工作面的临时稳定,防止工作面发生滑移失稳。

(3)围岩塑性破坏情况

图 6-42 为 CD 工法在工况六条件下围岩塑性屈服随各步开挖的发展情况。

分析可得:由于采用超前小导管和加厚喷射混凝土两种围岩加固方式,围岩塑性屈服随各步开挖的变化发展情况相比工况二有明显地改善,特别是拱顶围岩塑性屈服范围以及上中台阶开挖工作面的破坏发展情况,而围岩水平屈服范围基本上没有改变,各施工步条件下,围岩塑性屈服发展区以中台阶为起点,分别沿左上方和右上方各 45°延伸,且发展态势很明显,相比上、下台阶开挖效应,左侧中台阶和右侧中台阶开挖引起围岩塑性屈服范围较大。因此,超前小导管注浆和加厚开挖面喷射混凝土分别可以明显提高隧道拱部和开挖面围岩稳定性,而围岩水平稳定性及塑性屈服区发展建议采用围岩径向注浆方式加以改善。

6.2.5.3　施工参数计算结果及分析

(1)围岩及地表变形

图 6-43～图 6-46 分别为工况二、工况七和工况八条件下,拱顶、地表累计下沉随纵向

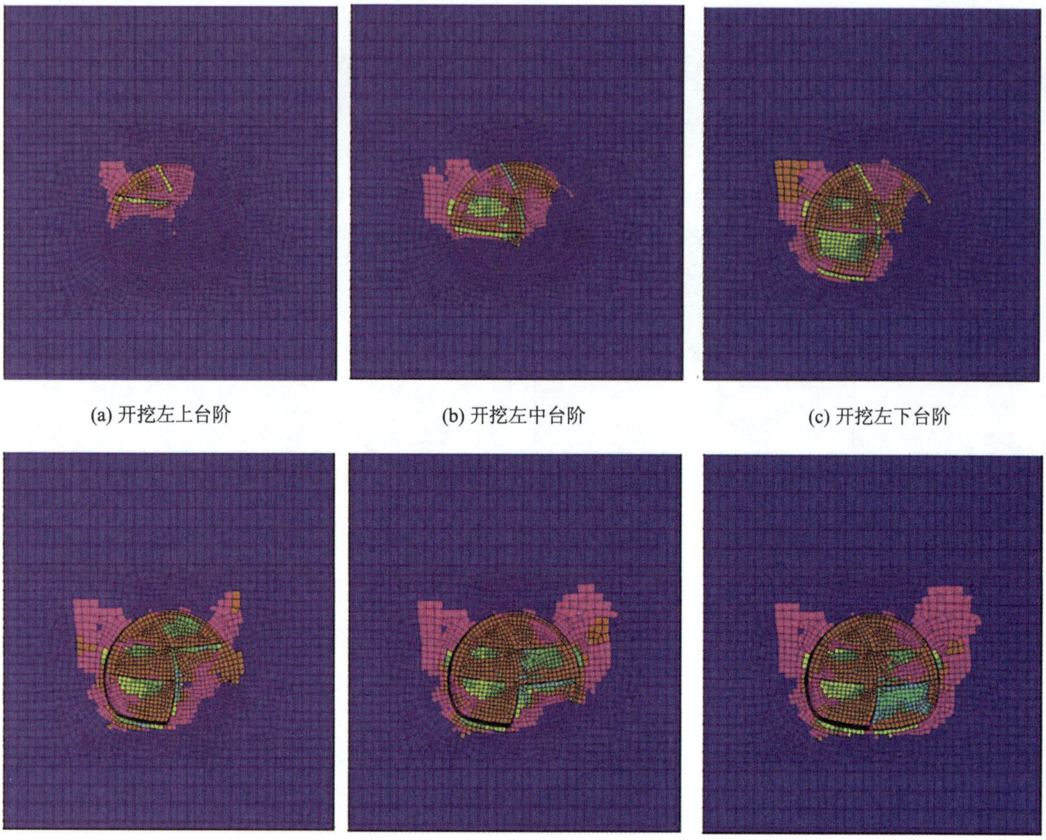

(a) 开挖左上台阶　　(b) 开挖左中台阶　　(c) 开挖左下台阶

(d) 开挖右上台阶　　(e) 开挖右中台阶　　(f) 开挖右下台阶

图 6-42　超导及加厚喷射混凝土(工况六)围岩塑性破坏区随各部分开挖发展情况

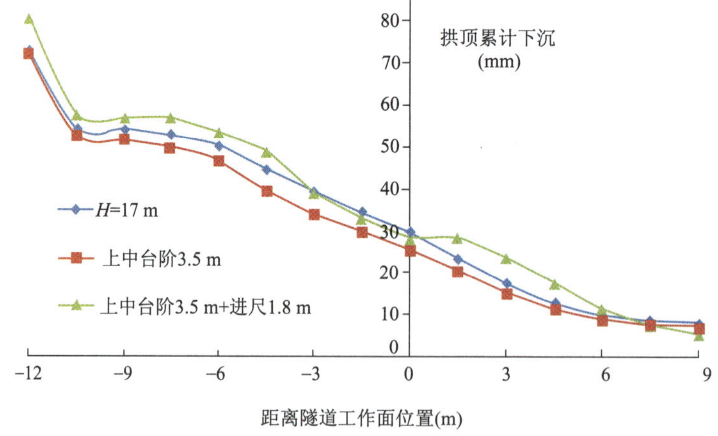

图 6-43　不同施工参数条件下拱顶累计下沉—隧道纵向里程变化曲线

里程变化曲线，以及地表累计下沉、水平变形随横断面位置变化曲线。

分析可得：17 m 埋深条件下，隧道开挖面上中台阶均为粗圆砾土，开挖后工作面稳定

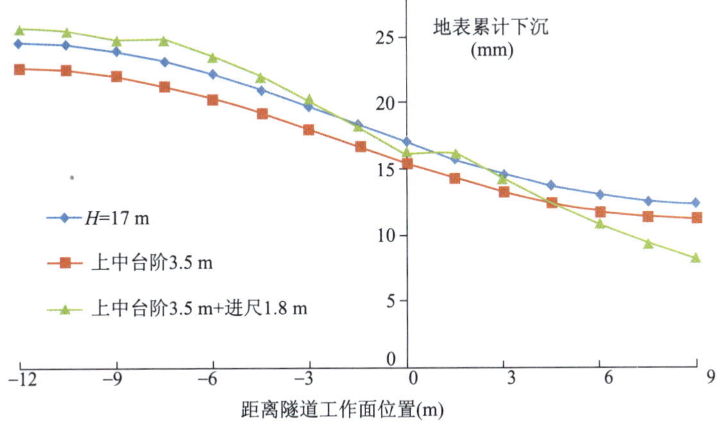

图 6-44　不同施工参数条件下地表累计下沉—隧道纵向里程变化曲线

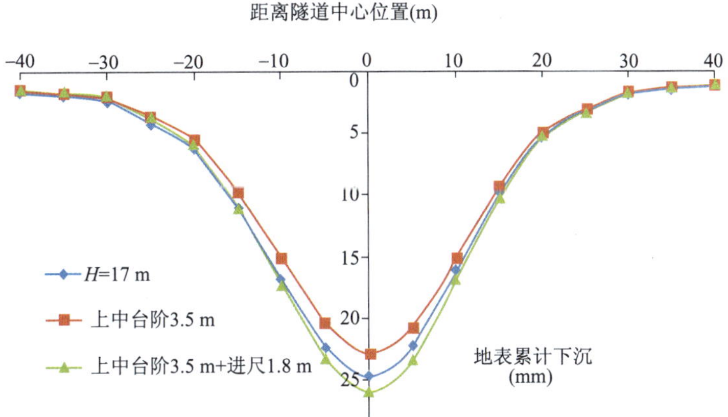

图 6-45　不同施工参数条件下地表累计下沉—隧道横断面位置变化曲线

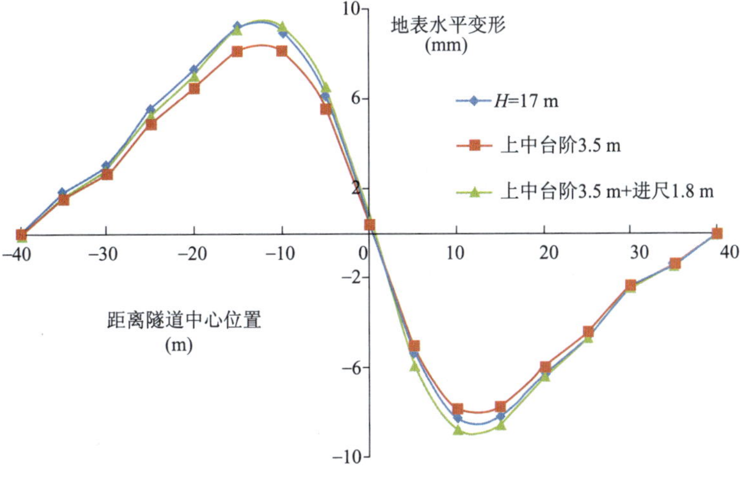

图 6-46　不同施工参数条件下地表水平变形—隧道横断面位置变化曲线

性极差，工况七采用上中台阶各 3.5 m 和下台阶 5 m 的施工参数进行优化，拱顶和地表累计变形分别为 72 mm 和 22 mm，与工况二(上中台阶 4 m)条件下围岩变形大致相同，而增大开挖进尺以后拱顶和地表累计变形分别为 80 mm 和 26 mm，因而在软弱隧道施工掘进中，每次开挖进尺必须严格控制，台阶进尺与台阶高度根据施工开挖情况确定。结合钟鸣一号、二号隧道施工现场实际情况，建议施工进尺选取 1.2 m，即两榀钢拱架，上中台阶均采用 3.5 m～4.0 m，采用超前小导管注浆和加厚喷射混凝土等加固方式时，可以选用进尺 1.8 m，以加快施工掘进速度，以缩短工期。

(2)支护系统受力变形

图 6-47 和图 6-48 分别为 CD 工法工况七和工况八条件下临时支护弯曲应力 M_y 和二次衬砌最大应力 σ_{max}。

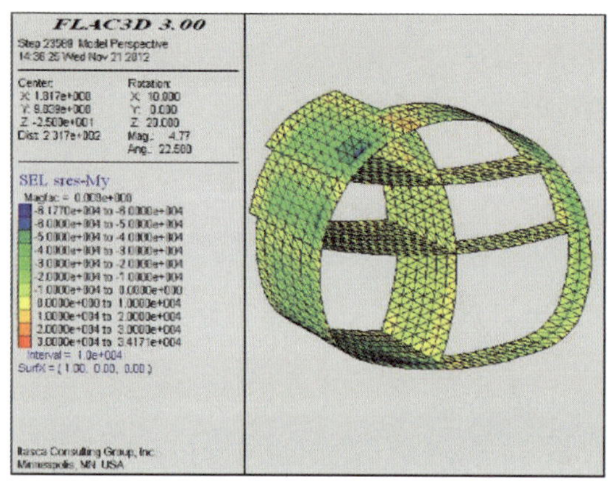

(a) 喷射混凝土和临时仰拱弯曲应力 M_y

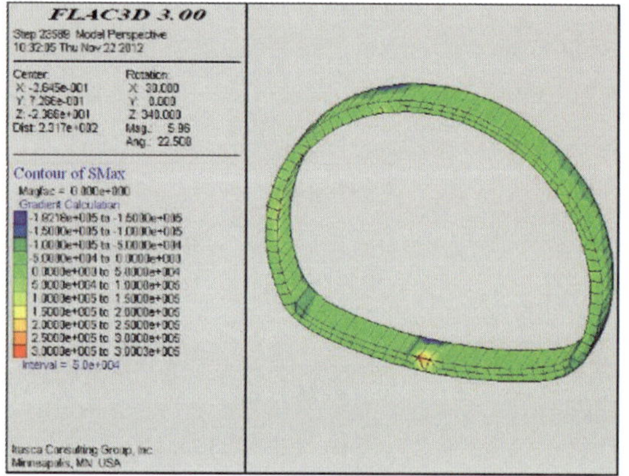

(b) 二次衬砌最大应力 σ_{max}

图 6-47 上中台阶 3.5 m 条件下(工况七)临时支护和永久支护系统受力情况

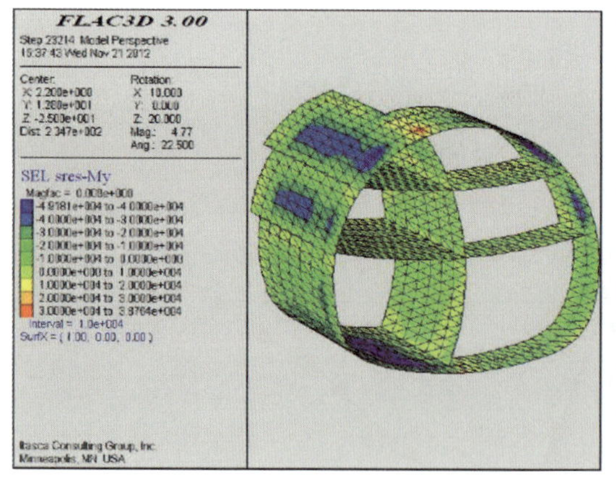

(a) 喷射混凝土和临时仰拱弯曲应力 M_y

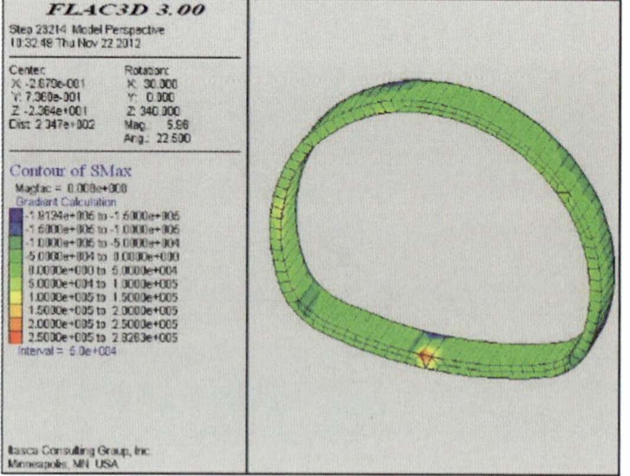

(b) 二次衬砌最大应力 σ_{max}

图 6-48 上中台阶 3.5 m 及进尺 1.8 m(工况八)临时支护和永久支护系统受力情况

分析可得：工况七中上台阶高度均选用 3.5 m，喷射混凝土、临时仰拱和中隔墙最

大弯曲应力 M_y 及二次衬砌最大应力 σ_{max} 分别为 4.77×10^4 Pa 和 1.03×10^5 Pa，因而减小粗圆砾土层施工台阶高度对支护系统和二次衬砌受力变形可一定程度上优化临时支护结构和二次衬砌的受力状况，而工况八在工况二施工参数的基础上，选用 1.8 m 的台阶进尺深度，喷射混凝土、临时仰拱和中隔墙最大弯曲应力 M_y 及二次衬砌最大应力 σ_{max} 分别为 4.91×10^4 Pa 和 1.22×10^5 Pa，且临时支护系统和二次衬砌受力较均匀，局部承受较小的拉应力。因此，减小不良地层区段台阶的施工开挖高度可以对临时支护系统和二次衬砌受力起到一定的优化作用，并且保证围岩变形满足要求，而适当增大施工进尺深度可以有效地提高施工进度，但期间必须对开挖面及时支护，特别是临时支护系统强度和稳定性。

(3)围岩塑性破坏情况

图 6-49 为 CD 工法在工况八条件下围岩塑性屈服随各步开挖的发展情况。

分析可得：减小上中台阶高度和增大开挖进尺条件下围岩塑性屈服发展情况与工况二条件下基本一致。下台阶开挖完毕后，上中台阶粗圆砾土层塑性屈服区已基本稳定，塑性屈服类型主要为剪切破坏，特别是上中台阶工作面在开挖后极易引起剪切失稳滑移，下台阶开挖过程中工作面稳定性较好。

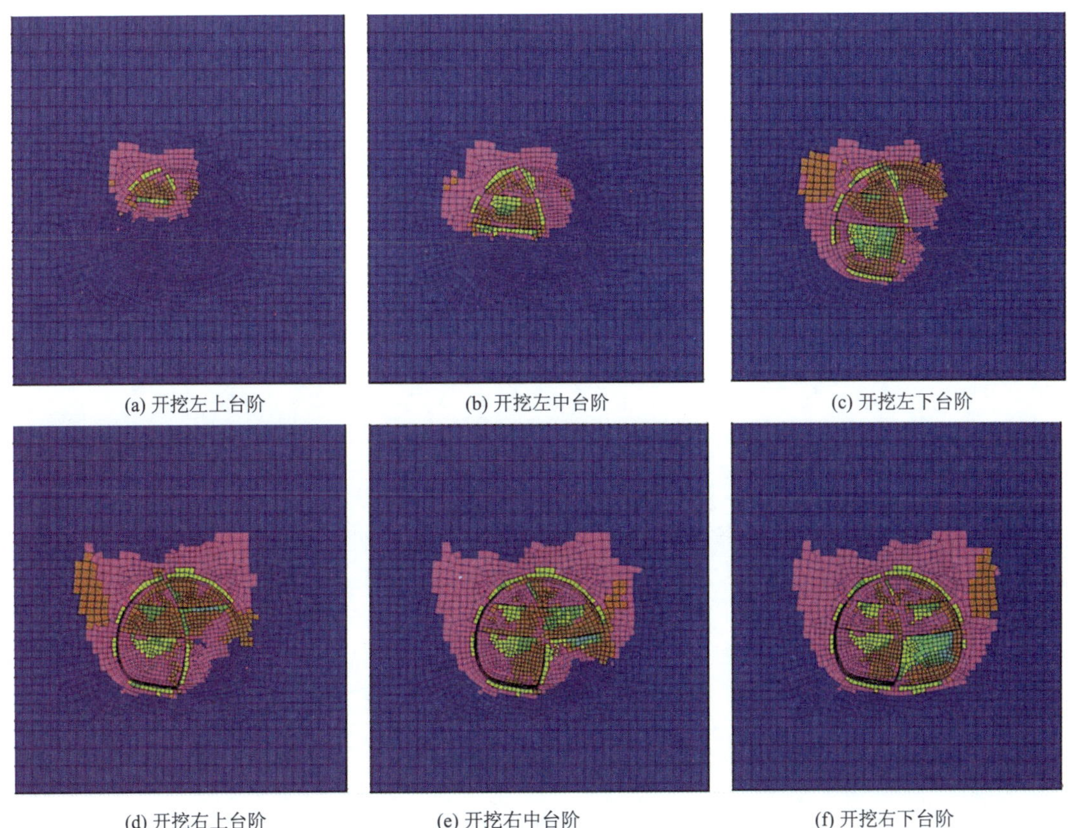

(a) 开挖左上台阶　(b) 开挖左中台阶　(c) 开挖左下台阶

(d) 开挖右上台阶　(e) 开挖右中台阶　(f) 开挖右下台阶

图 6-49　上中台阶 3.5 m 及进尺 1.8 m(工况八)围岩塑性破坏区随各部分开挖发展情况

6.2.6 三台阶临时仰拱法计算结果及分析

6.2.6.1 工法比选计算结果及分析

(1)围岩及地表变形

表 6-8 表示不同工况条件下上中下台阶水平变形结果，图 6-50～图 6-53 分别为三台阶临时仰拱法不同埋深(12 m、17 m 和 22 m)条件下，拱顶累计下沉和地表累计下沉随隧道纵向里程变化曲线，以及地表累计下沉和地表水平变形随隧道横断面位置变化曲线。

表 6-8 不同工况条件下上中下台阶水平变形结果汇总表(mm)

台阶位置＼工况	工况一	工况二	工况三	工况四	工况五	工况六	工况七	工况八
上台阶	−10.9	−14.5	−43.2	−13.5	−14.7	−12.1	−18.5	−23.1
中台阶	−51.1	−34.8	−10.5	−34.1	−32.3	−33.1	−52.9	−63.9
下台阶	−58.0	−9.1	−5.5	−10.1	−8.5	−7.2	−9.9	−10.1

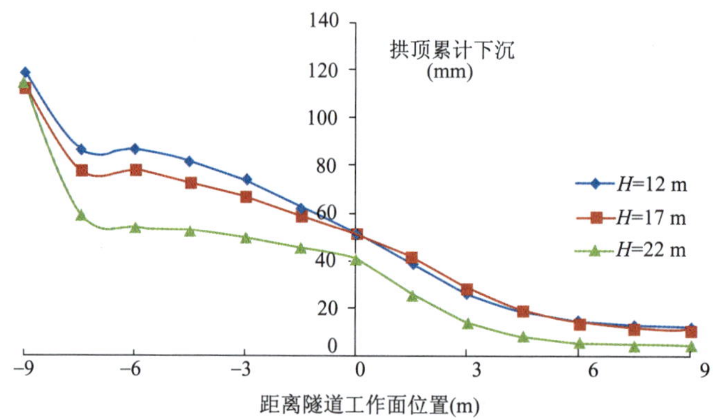

图 6-50 不同埋深条件下拱顶累计下沉—隧道纵向里程变化曲线

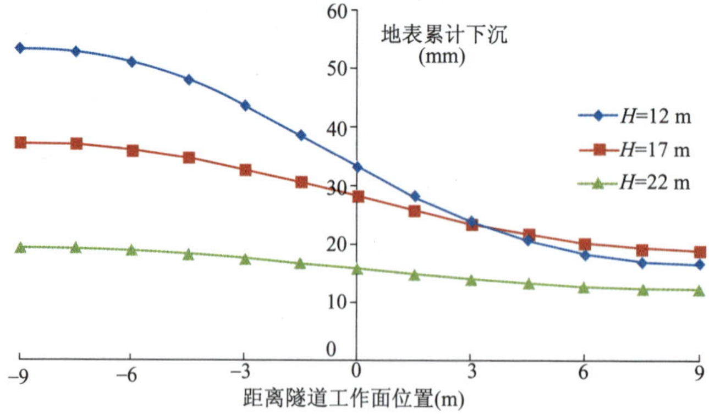

图 6-51 不同埋深条件下地表累计下沉—隧道纵向里程变化曲线

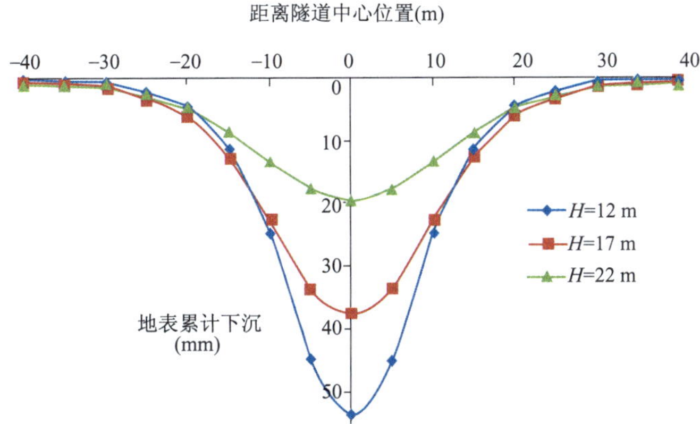

图 6-52　不同埋深条件下地表累计下沉—隧道横断面位置变化曲线

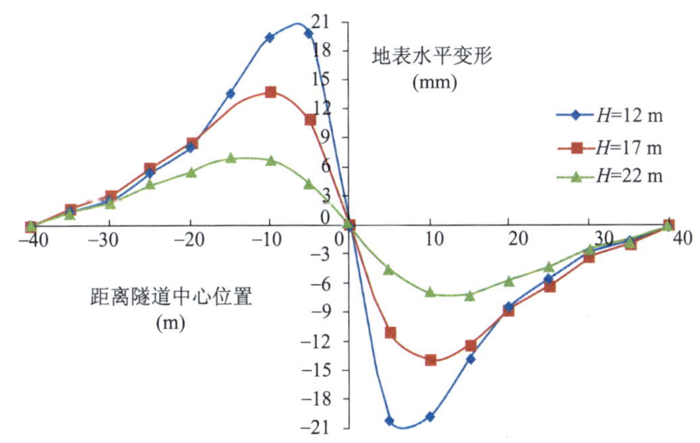

图 6-53　不同埋深条件下地表水平变形——隧道横断面位置变化曲线

分析可得:12 m、17 m 和 22 m 三种埋深条件下,三台阶临时仰拱法开挖导致的拱顶累计下沉相差不大,分别为 119 mm、112 mm 和 114 mm,但地表累计下沉相对拱顶累计下沉相差较大,分别为 53 mm、37 mm 和 20 mm,因此在特定地层条件开挖过程中,埋深位置对拱顶累计下沉影响不明显,但对地表沉降的影响很大。同时,在隧道开挖面尚未达到目标断面之前,拱顶及地表已发生明显的预收敛变形,三种埋深条件下,拱顶和地表预收敛变形分别为 52 mm、52 mm、41 mm 和 33 mm、28 mm、16 mm,分别占到累计沉降变形的 43.7%、46.4%、36.0%和 62.3%、75.7%、80%,地表预收敛变形率明显大于拱顶,且软弱浅埋隧道预收敛变形率在地表向拱顶渐进的过程中逐渐减小,而累计变形逐渐增大。

埋深对地表竖向和横向变形影响较明显,埋深越浅,变形越显著。其中地表水平变形最大位置一般发生在隧道中心线左右各约 10 m 处,即 1/2 隧道洞径处,且地表横断面沉降和水平变形横向影响范围为隧道中心线左右各 40 m 位置,即 4 倍隧道洞径,而岩土体开挖引起的隧道纵向影响范围为 2～2.5 倍洞径。

由表 6-7 中工况一、工况二和工况三可知,埋深越小,隧道水平收敛变形范围越大。

其中，工况一中，中下台阶水平收敛变形都很大，工况三只有上台阶水平收敛变形较大，主要是因为工况一上中下台阶均处在粗圆砾土层中，稳定性较差，围岩开挖后极易造成工作面失稳，而工况二下台阶及工况三中下台阶基本上处在强风化泥质砂岩层，围岩稳定性较粗圆砾土较好，因而各台阶水平收敛变形不显著。在支护参数和施工参数相同的条件下，三台阶临时仰拱法相比于 CRD 工法和 CD 工法，隧道开挖时上台阶水平收敛变形较小，主要是因为开挖时因应力释放引起的围岩变形主要为拱顶沉降。

(2)支护系统受力变形

图 6-54～图 6-56 分别为不同埋深(12 m、17 m 和 22 m)条件下临时支护(喷射混凝土、临时仰拱和中隔墙)弯曲应力 M_y 和二次衬砌最大应力 σ_{max}。

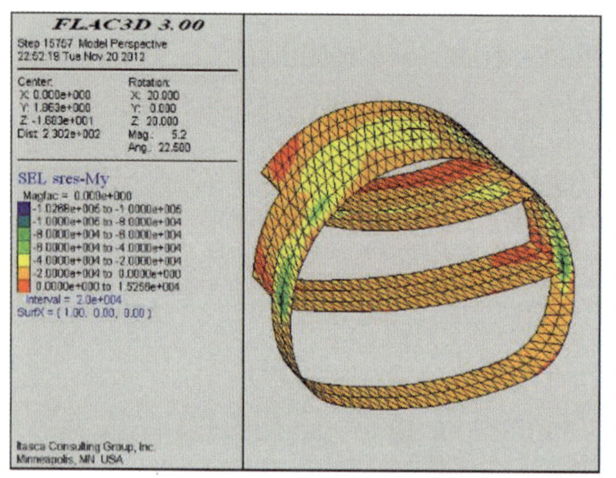

(a) 喷射混凝土和临时仰拱弯曲应力M_y

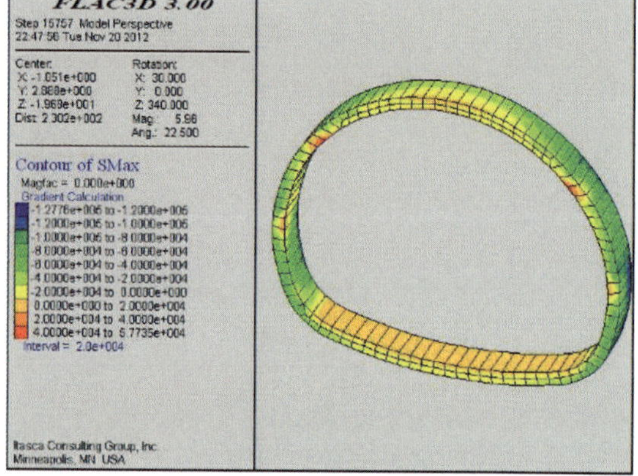

(b) 二次衬砌最大应力σ_{max}

图 6-54　12 m 埋深条件下(工况一)临时支护和永久支护系统受力情况

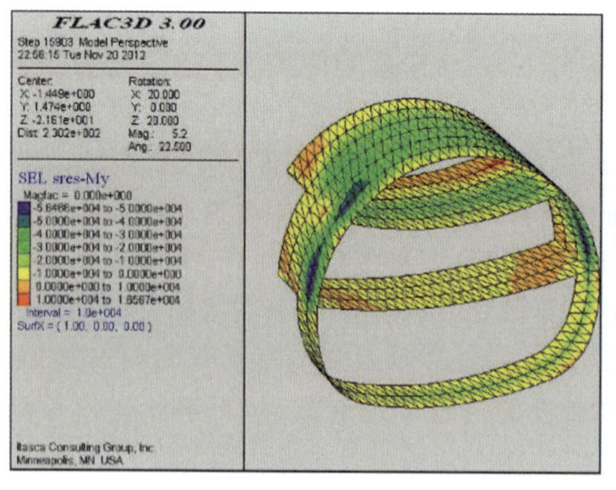

(a) 喷射混凝土和临时仰拱弯曲应力M_y

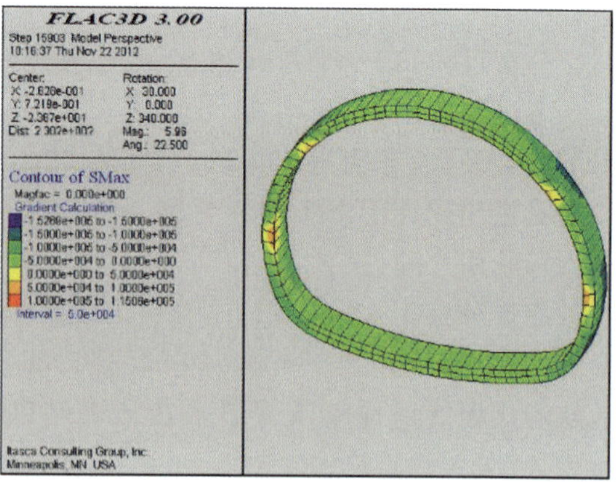

(b) 二次衬砌最大应力σ_{max}

图 6-55　17 m 埋深条件下(工况二)临时支护和永久支护系统受力情况

根据图 6-54～图 6-56 的计算结果分析可得，三台阶临时仰拱法在三种不同埋深条件下喷射混凝土和中隔墙最大弯曲应力 M_y 及二次衬砌最大应力 σ_{max} 分别为 5.55×10^4 Pa、

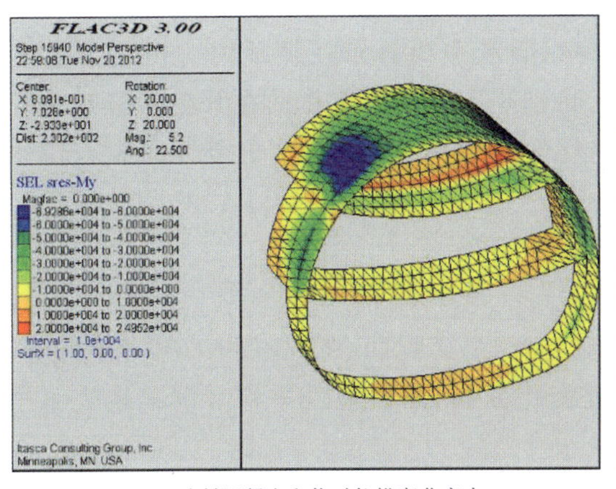

(a) 喷射混凝土和临时仰拱弯曲应力M_y

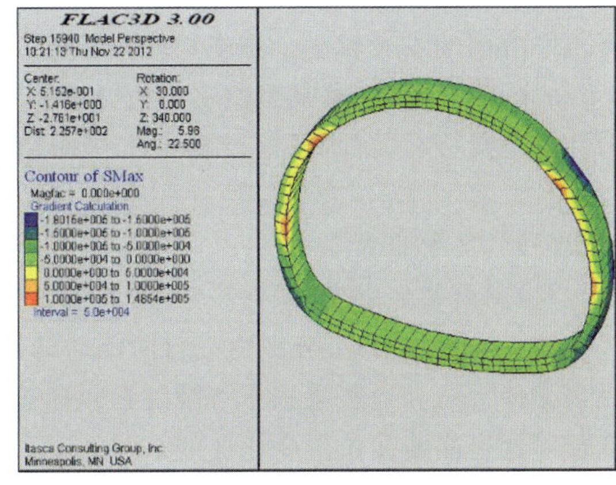

(b) 二次衬砌最大应力σ_{max}

图 6-56　22 m 埋深条件下(工况三)临时支护和永久支护系统受力情况

5.65×10⁴ Pa、6.93×10⁴ Pa 和 1.28×10⁵ Pa、1.53×10⁵ Pa、1.80×10⁵ Pa。其中,12 m 埋深条件下临时支护系统在上中台阶拱腰处局部承受较大压应力,二次衬砌及拱脚处受力情况较明显,拱腰小范围内承受较小的拉应力,但整体受力情况较好;17 m 埋深条件下临时支护系统和二次衬砌受力情况较埋深 12 m 条件下稍大一些,两者整体受力特征相近;22 m 埋深条件下上台阶初期支护受力较前两种埋深明显,临时支护体系存在小范围受拉区,但拉应力较小,对隧道开挖过程整体稳定性影响不大,二次衬砌受力特征与前两种埋深相似,数值稍大些。

(3)围岩塑性破坏情况

图 6-57 为三台阶临时仰拱法在 17 m 埋深条件下围岩塑性屈服发展情况。

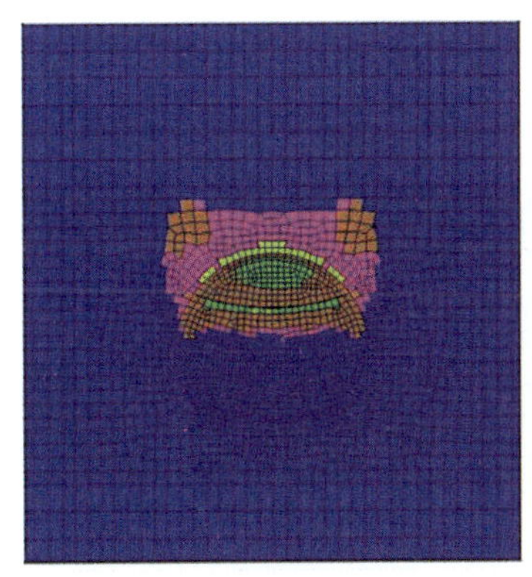

(a) 开挖上台阶

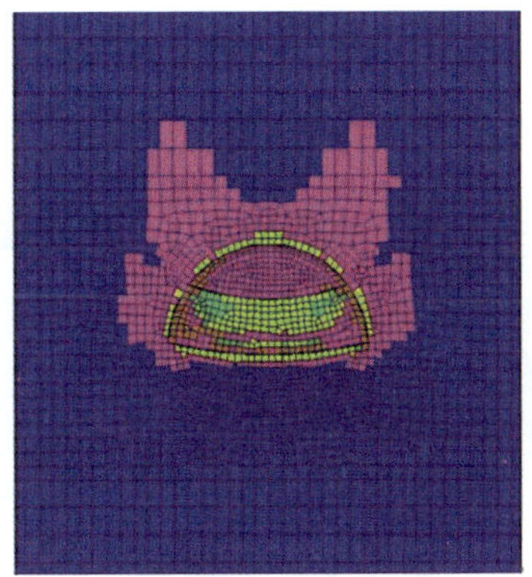

(b) 开挖中台阶

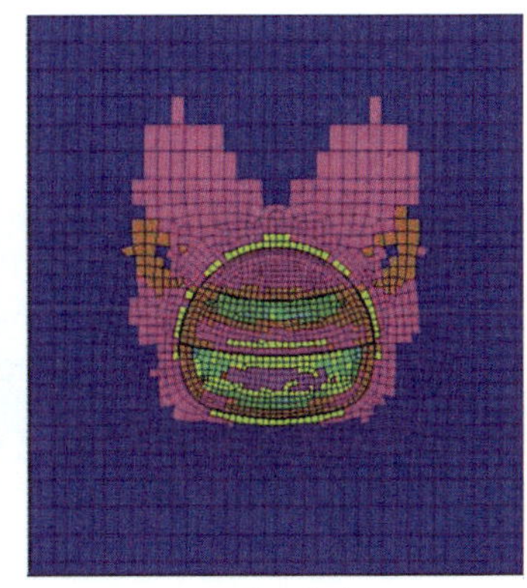

(c) 开挖下台阶

图 6-57　17 m 埋深条件下(工况二)围岩塑性破坏区随各部分开挖发展情况

根据图 6-57 各分步开挖围岩塑性屈服发展情况分析可得,17 m 埋深条件下,中上台阶均为粗圆砾土层,下台阶为粉质黏土层,上台阶开挖以后,粗圆砾土层塑性屈服区迅速发展,中台阶开挖以后,围岩塑性屈服区以上台阶拱脚上方约 1 m 处为起点,沿 45°角对称向斜上方延伸，至下台阶开挖完毕后，围岩塑性屈服区基本稳定，在此过程中，塑性屈服区水平方向的发展较小。基本稳定后围岩塑性屈服区主要分布在拱顶约 6 m 左右侧各 3 m 的范围内，塑性屈服类型主要为剪切破坏，特别是上中台阶工作面在开挖后极易引起剪切失稳滑移，下台阶开挖过程中工作面稳定性较好，下台阶粉质黏土塑性屈服范围也较小。

6.2.6.2 支护参数分析

(1)围岩及地表变形

图 6-58～图 6-61 分别为三台阶临时仰拱法工况二、工况四、工况五和工况六条件下，拱顶累计下沉和地表累积下沉随隧道纵向里程变化曲线，以及地表累计下沉和地表水平变形随隧道横断面位置变化曲线。

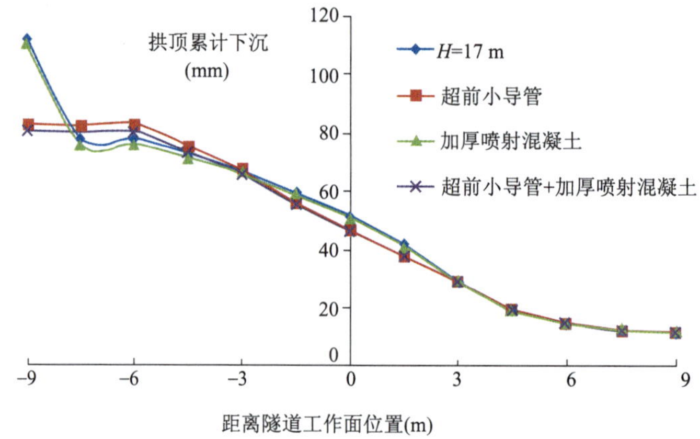

图 6-58 不同预加固情况下拱顶累计下沉—隧道纵向里程变化曲线

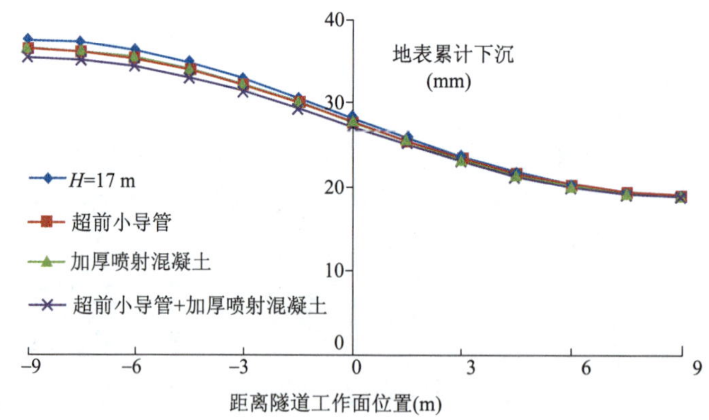

图 6-59 不同预加固情况下地表累计下沉—隧道纵向里程变化曲线

分析可得：超前小导管注浆加固对软弱浅埋隧道围岩及地层收敛变形能起到较好的控制效果，拱顶和地表累计下沉量分别为 83 mm 和 36 mm，相对工况二条件下拱顶和地表累计下沉量分别减少 25.89%和 2.7%，横断面地表下沉及水平变形特征与地表沉降及拱顶下沉保持一致，而加厚开挖工作面及临时仰拱喷射混凝土厚度尽管可以提高工作面

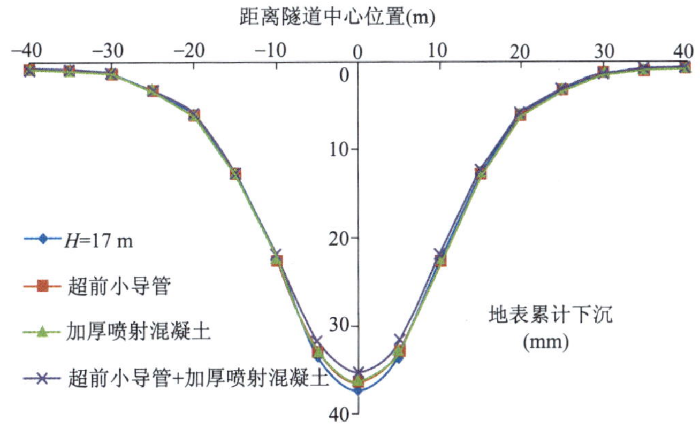

图 6-60　不同预加固情况下地表累计下沉—隧道横断面位置变化曲线

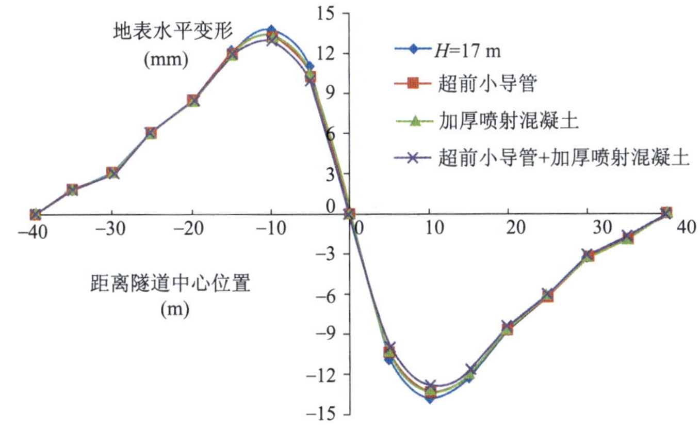

图 6-61　不同预加固情况下地表水平变形—隧道横断面位置变化曲线

稳定性，一定程度上防止不良地层由于开挖导致的工作面失稳滑移，但不能有效地控制地层及围岩由于地层应力释放导致的收敛变形，因而工况六采用超前小导管注浆和加厚喷射混凝土相结合的方法加固围岩和地层，地表沉降、拱顶下沉及地层水平变形相对工况四减少不到 10%。同时，在各种围岩预加固条件下，由于岩土体开挖导致的隧道纵向和横向洞室影响区域与加固前基本一致，横断面影响范围为 4 倍隧道洞径左右，已开挖洞室纵向影响长度为 1.5 倍洞径左右，未开挖洞室纵向影响长度为 1.5～2 倍洞径左右。因此，在软弱浅埋隧道开挖中应采取超前支护措施。

(2)支护系统受力变形

图 6-62 和图 6-63 分别为三台阶临时仰拱法工况四和工况六条件下临时支护弯曲应力 M_y 和二次衬砌最大应力 σ_{max}。

根据图 6-62 和图 6-63 的计算结果分析可得，三台阶临时仰拱法在 17 m 埋深条件下采用加厚工作面喷射混凝土提高围岩稳定性和控制围岩基底层开挖变形的效果不明显，而采用超前小导管对未开挖段注浆加固，采用加厚喷射混凝土和超前小导管注浆加固条件下喷射混凝土和中隔墙最大弯曲应力 M_y 及二次衬砌最大应力 σ_{max} 在中台阶拱腰

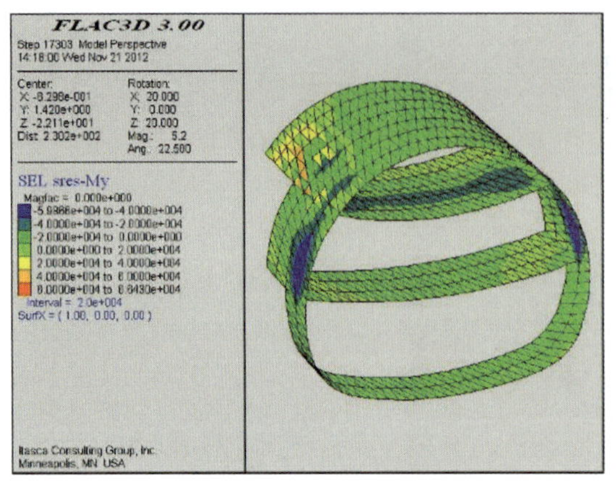

(a) 喷射混凝土和临时仰拱弯曲应力M_y

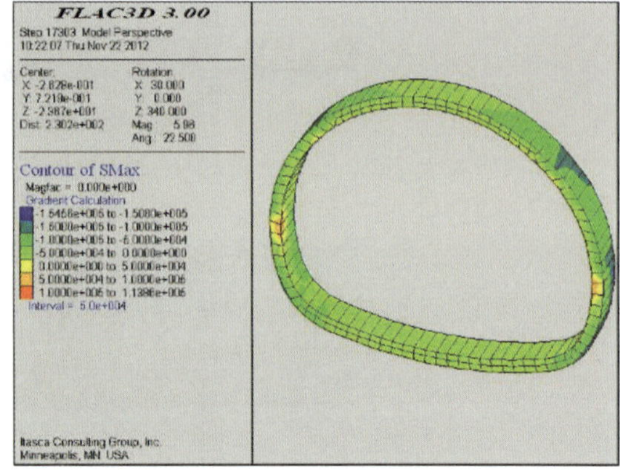

(b) 二次衬砌最大应力σ_{max}

图 6-62 超前小导管加固条件下(工况四)临时支护和永久支护系统受力情况

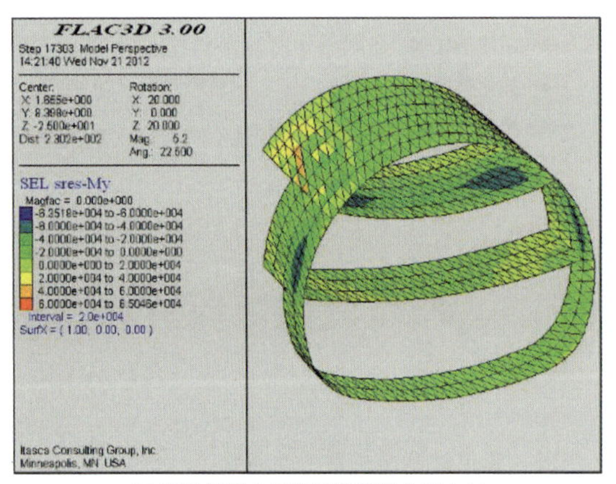

(a) 喷射混凝土和临时仰拱弯曲应力M_y

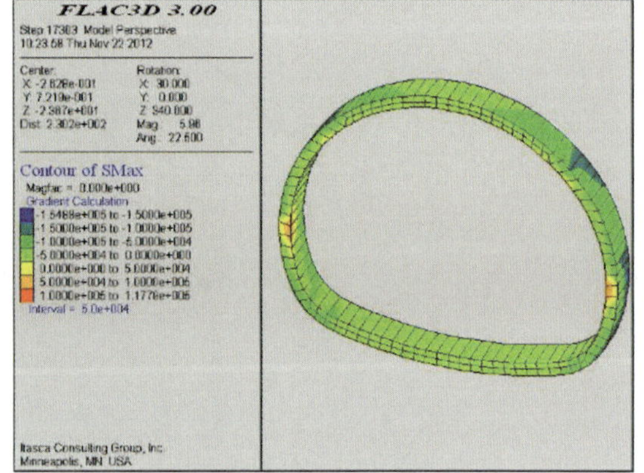

(b) 二次衬砌最大应力σ_{max}

图 6-63 超导及加厚喷射混凝土(工况六)临时支护和永久支护系统受力情况

和上台阶临时仰拱处较大,最大值分别为 5.99×10^4 Pa、6.35×10^4 Pa 和 1.55×10^5 Pa、1.55×10^5 Pa,相对工况四条件下,临时支护和二次衬砌受力相差不大,只是工况六中结构受力较大的范围相对较小。

(3)围岩塑性破坏情况

图 6-64 为三台阶临时仰拱法在工况六条件下围岩塑性屈服发展情况。

分析可得:17 m 埋深条件下,中上台阶均为粗圆砾土层,下台阶为粉质黏土层。上台阶开挖以后,因超前支护的作用,粗圆砾土层塑性屈服区沿上台阶拱脚处竖直向上迅速延伸,中台阶开挖以后,围岩塑性屈服区在竖直方向和水平方向延伸,至下台阶开挖完毕后,围岩塑性屈服区基本稳定。在此过程中,塑性屈服区水平方向的发展较小。基本稳定后围岩塑性屈服区主要分布在拱顶约 5 m 左右侧各 3 m 的范围内,相较于工况二,塑性屈服区范围减小,塑性屈服类型主要为剪切破坏,特别是上中台阶工作面在开挖后极易引起剪切失稳滑移,下台阶开挖过程中工作面稳定性较好,下台阶粉质黏土塑性屈服范围也较小。

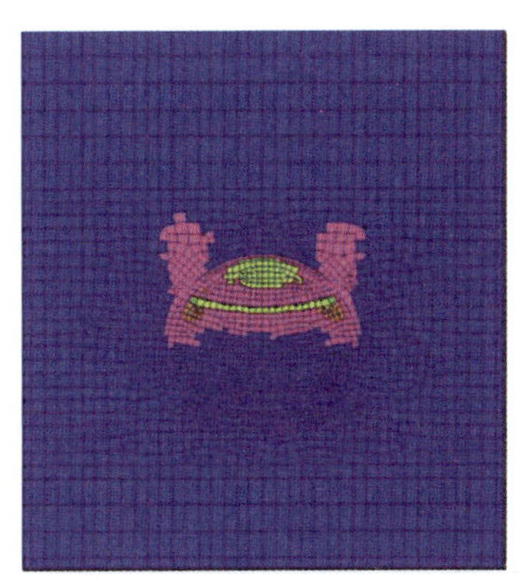
(a) 开挖上台阶

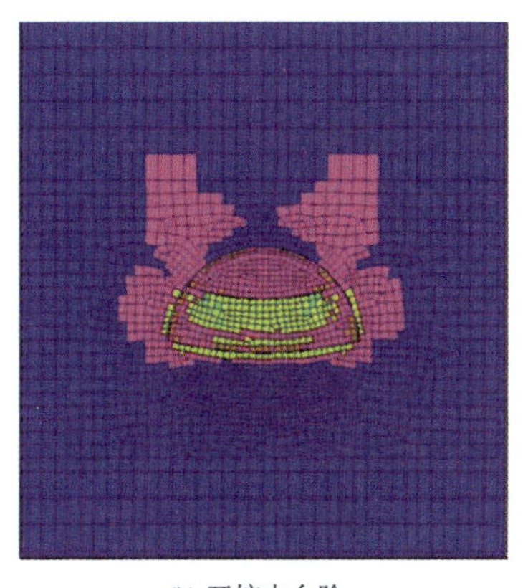
(b) 开挖中台阶

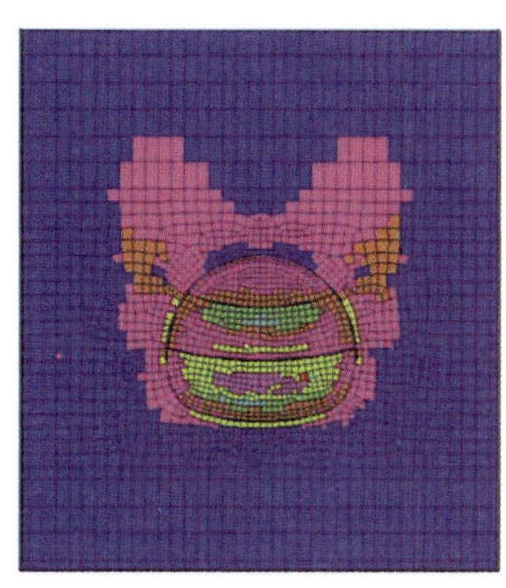
(c) 开挖下台阶

图 6-64　超导及加厚喷射混凝土(工况六)围岩塑性破坏区随各部分开挖发展情况

6.2.6.3　施工参数分析

(1)围岩及地表变形

图 6-65～图 6-68 分别为三台阶临时仰拱工况二、工况七和工况八条件下,拱顶累计下沉和地表累计下沉随隧道纵向里程变化曲线,以及地表累计下沉和地表水平变形随隧道横断面位置变化曲线。

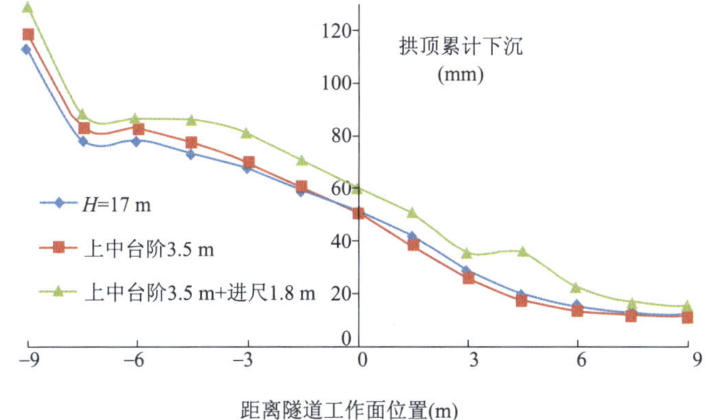

图 6-65　不同施工参数条件下拱顶累计下沉—隧道纵向里程变化曲线

分析可得:17 m 埋深条件下,隧道开挖面上中台阶均为粗圆砾土,开挖后工作面稳定性极差,工况七采用上中台阶各 3.5 m 和下台阶 5 m 的施工参数进行优化,拱顶和地表累计变形分别为 116 mm 和 37 mm,与工况二(上中台阶 4 m)条件下围岩变形大致相同,而增大开挖进尺以后拱顶和地表累计变形分别为 128 mm 和 44 mm,因而在软弱隧道施工掘进中,每次开挖进尺必须严格控制,台阶进尺与台阶高度根据施工开挖情况确定。结合钟鸣一号、二号隧道施工现场实际情况,建议施工进尺选取 1.2 m,即两榀钢拱架,上中台阶均采用 3.5 m～4.0 m,采用超前小导管注浆和加厚喷射混凝土等加固方式时,可以选用进尺 1.5 m,以加快施工掘进速度,以缩短工期。

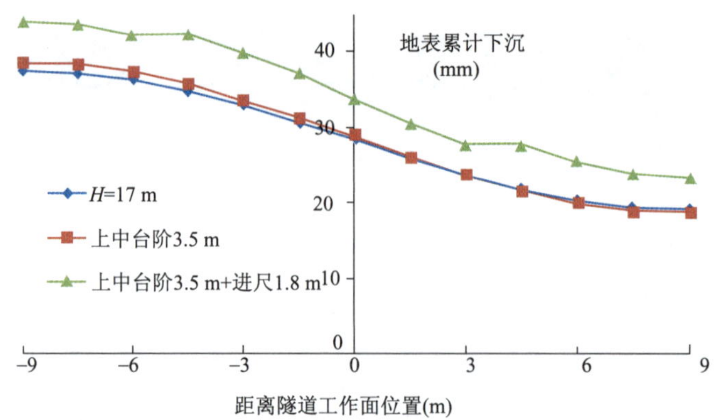

图 6-66 不同施工参数条件下地表累计下沉—隧道纵向里程变化曲线

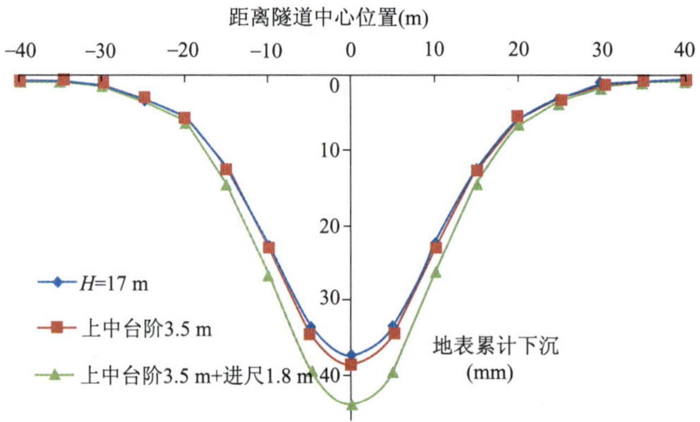

图 6-67 不同施工参数条件下地表累计下沉—隧道横断面位置变化曲线

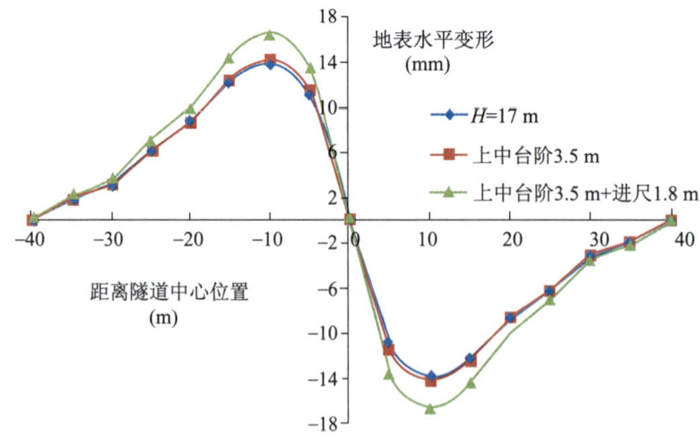

图 6-68 不同施工参数条件下地表水平变形—隧道横断面位置变化曲线

(2)支护系统受力变形

图 6-69 和图 6-70 分别为三台阶临时仰拱法工况七和工况八条件下临时支护弯曲应力 M_y 和二次衬砌最大应力 σ_{max}。

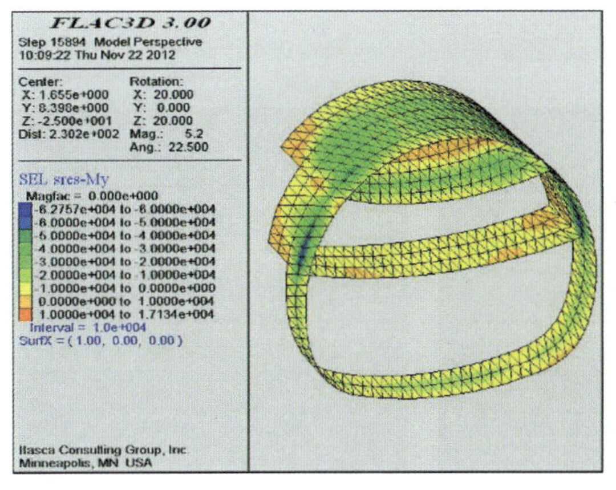

(a) 喷射混凝土和临时仰拱弯曲应力M_y

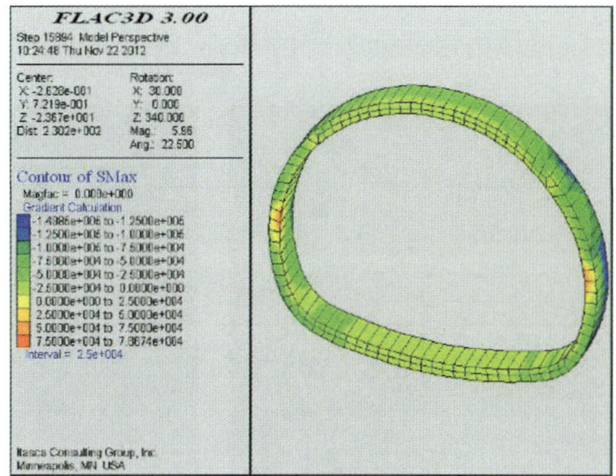

(b) 二次衬砌最大应力σ_{max}

图 6-69　上中台阶 3.5 m 条件下(工况七)临时支护和永久支护系统受力情况

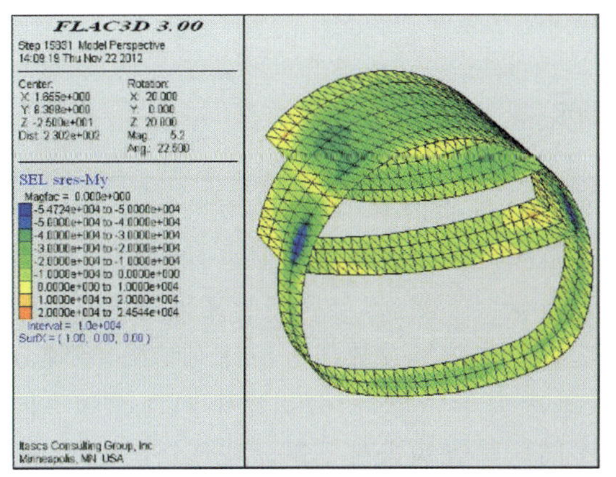

(a) 喷射混凝土和临时仰拱弯曲应力M_y

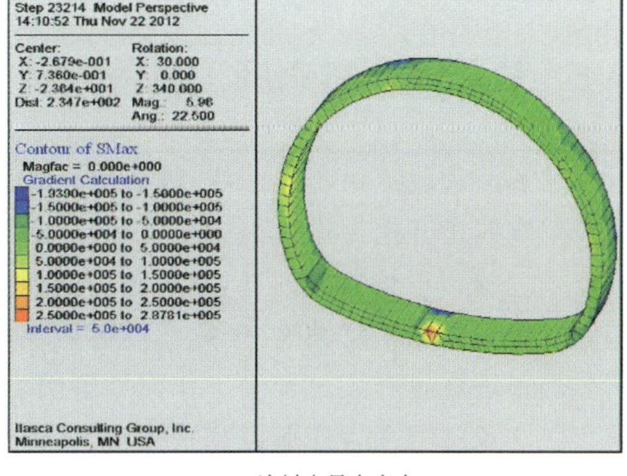

(b) 二次衬砌最大应力σ_{max}

图 6-70　上中台阶 3.5 m 及进尺 1.8 m(工况八)临时支护和永久支护系统受力情况

分析可得:工况七上中台阶高度均选用 3.5 m,喷射混凝土、临时仰拱和中隔墙最大弯曲应力 M_y 及二次衬砌最大应力 σ_{max} 分别为 6.28×10^4 Pa 和 1.50×10^5 Pa,因下台阶开挖高度增加,使得支护系统受力稍大于工况二,二衬受力与工况二相差不大,而工况八在工况二施工参数的基础上,选用 1.8 m 的台阶进尺深度,喷射混凝土、临时仰拱和中隔墙最大弯曲应力 M_y 及二次衬砌最大应力 σ_{max} 分别为 5.47×10^4 Pa 和 1.93×10^5 Pa,二次衬砌在仰拱处有局部较大的压应力和较小的拉应力。因此,在需要通过增大施工进尺深度提高施工进度时,必须对开挖面及时支护,特别是临时支护系统的强度和稳定性。

(3)围岩塑性破坏情况

图 6-71 为三台阶临时仰拱法在工况八条件下围岩塑性屈服的发展情况。

分析可得:减小上中台阶高度和增大开挖进尺时,上中台阶开挖时围岩塑性屈服发展情况与工况二条件下基本一致,下台阶开挖后,上中台阶粗圆砾土层塑性屈服区已基本稳定，地表处有局部塑性屈服区，塑性屈服类型主要为剪切破坏，特别是各台阶工作面在开挖后极易引起剪切失稳滑移，应加强支护，保证其稳定性。

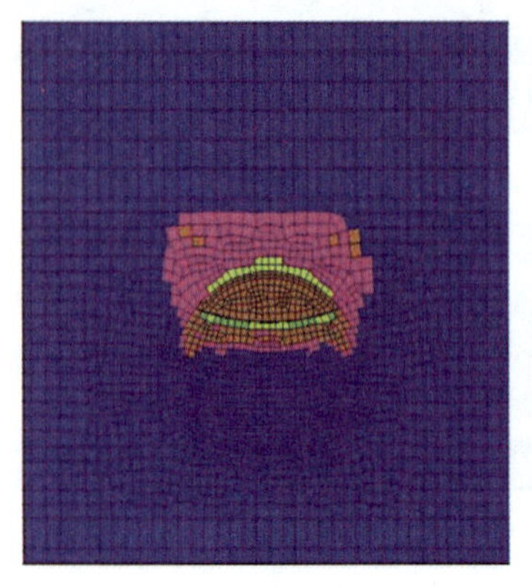

(a) 开挖上台阶

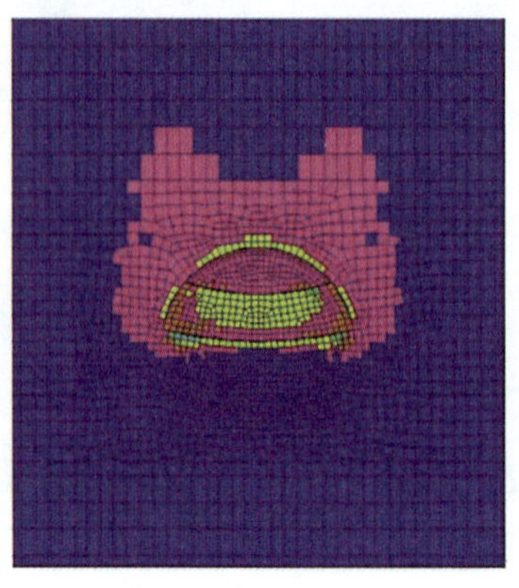

(b) 开挖中台阶

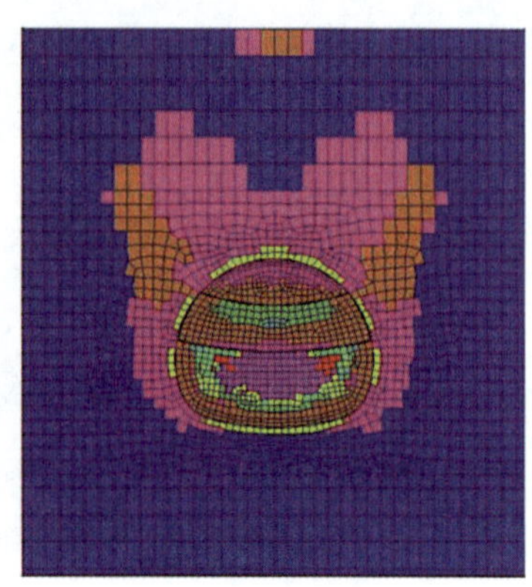

(c) 开挖下台阶

图 6-71 上中台阶 3.5 m 及进尺 1.8 m(工况八)围岩塑性破坏区随各步开挖发展情况

6.3 软弱浅埋隧道施工风险控制指标

软弱浅埋隧道由于埋深浅、围岩稳定性差等特殊地质因素，围岩累计变形大、持续时间长等在隧道开挖掘进过程中较为明显，甚至小范围内的塌方冒顶现象也时常发生，使得软弱浅埋隧道很难快速掘进，也给软弱浅埋隧道质量留下隐患，是典型的高风险隧道。本节基于宁安城际铁路钟鸣一号、二号隧道现场监控量测数据及数值分析计算结果，系统分析软弱浅埋隧道施工过程中工作面周围围岩及地表变形特征，研究提出不同埋深和不同施工工法条件下围岩变形控制指标，定量评价不同风险等级条件下围岩变形情况，为同类软弱浅埋隧道及地铁隧道施工变形控制提供技术参考。

6.3.1 施工工法选取指标

根据钟鸣一号、二号隧道不同区段施工工法情况(表 5-9)，结合软弱浅埋隧道在不同埋深条件下的施工安全数值模拟分析结果，选取钟鸣一号隧道 DK140＋370 断面、DK140＋045 断面、DK140＋080 断面、DK140＋490、DK140＋550 断面、DK140＋580 断面和钟鸣二号隧道 DK141＋050 断面、DK140＋165 断面作为三台阶临时仰拱法、CD 工法和 CRD 工法条件下软弱浅埋隧道围岩变形典型断面，深入分析典型断面在不同埋深条件下随分步骤开挖的变形特征，并利用数值计算结果进行对比分析。

不同埋深条件下，CRD 工法和 CD 工法相对三台阶临时仰拱法围岩变形控制效果好，拱顶累计下沉可以减少 20%～30%，围岩变形速率相对平缓，围岩变形不存在明显的台阶效应，典型断面现场围岩变形监测数据与计算模拟结果一致性较好，对上中台阶工作面等关键部位支护比较到位，而三台阶临时仰拱法施工掘进速度可提高 30%左右，施工机械使用效率较高。由于 CRD 工法对各台阶水平方向强化了临时支护措施，故各台阶水平净空变形得到了一定控制，特别是在超浅埋条件下的施工环境中，CRD 工法相对 CD 工法和三台阶临时仰拱法的围岩控制效果较好。三台阶临时仰拱法在超浅埋地段的适用性不佳，如 DK140＋580 断面曾发生塌方，拱顶累积下沉严重超限，故三台阶不适用于 15 m 以下埋深条件的地段，且在三台阶开挖地段，建议结合具体施工地质条件，加厚喷射混凝土厚度以及调整上中下台阶高度，以更好地控制工作面的临时稳定性。

6.3.2　支护参数选取指标

三台阶临时仰拱法施工区段各台阶开挖对围岩变形影响较大，存在明显的台阶效应，受地层条件影响，上台阶开挖对围岩变形最为明显，占到围岩累计变形的 45%左右。

三台阶在软弱浅埋隧道中有一定的适用性，在强化加固措施和优化施工参数的基础上，可以保证岩土体开挖后围岩稳定性和施工安全。CRD 工法和 CD 工法右上台阶开挖对围岩变形影响较大，左侧导坑掘进施工影响较小，而围岩变形现场监测数据显示，隧道开挖后引起围岩内应力释放与重分布，左侧导坑围岩变形大于右导坑，对隧道洞室及工作面的稳定性起决定性作用，且预加固条件下围岩变形风险控制等级较高，施工安全具有较大的富余量。由于数据模拟计算中未对永久支护措施进行系统研究，因此，这里对锚杆、初喷混凝土、二次衬砌等参数不进行分析。根据钟鸣一号、二号隧道现场施工经验，径向锚杆注浆和围岩注浆对围岩变形量和变形发展情况有较好的控制效果，特别是在超浅埋地、偏压地段以及松散围岩地层中。

6.3.3　施工参数选取指标

DK140＋050 断面和 DK140＋550 断面采用三台阶临时仰拱法开挖，拱顶累积下沉值分别为 41 mm 和 69 mm，且中台阶开挖时其围岩变形速率较大，而围岩开挖造成的应力释放水平整体较平缓，结合不同台阶高度和进尺深度情况下围岩的变形规律，在优化的支护参数前提下，减小上中台阶开挖高度和增大进尺深度可以提高软弱浅埋隧道围岩变形的控制效果，在钟鸣一号、二号隧道施工过程中也得到了验证，而结合钟鸣一号、二号隧道具体的工程地质条件，造成围岩变形过大最明显的因素是粗圆砾土层的不稳定性，因而施工开挖参数的确定必须紧密结合开挖断面的地层分布及实际施工情况确定。

DK140＋050 断面和 DK140＋550 断面围岩的变形规律可作为制定软弱浅埋隧道围岩变形风险控制指标的依据。对于 CD 工法和 CRD 工法，数值计算结果与现场实测结果一致性较好，DK140＋370 断面围岩变形的规律也可以作为 CD 工法和 CRD 工法施工条件下制定软弱浅埋隧道围岩变形风险控制指标的依据，且建议隧道开挖过程中加强预加固和临时支护，减小软弱地层台阶开挖的高度，适当增大进尺深度，以达到控制围岩变形和加快施工进度的效果。

6.3.4　围岩变形控制指标

结合钟鸣一号、二号隧道围岩变形监测数据、数值计算结果、现场围岩变形实际控制效果及施工经验，制定中隔壁(CD)法、交叉中隔壁(CRD)法和三台阶临时仰拱法在不同埋深条件下软弱浅埋隧道围岩变形控制指标。表6-9和6-10分别为不同埋深条件下三台阶临时仰拱法、CRD工法和CD工法围岩收敛变形控制指标。

表6-9　不同埋深条件下CRD工法和CD工法围岩收敛变形控制指标

埋深(m) \ 等级	预警值				报警值				极限值			
	地表下沉(mm)	拱顶沉降(mm)	水平变形(mm)	挤出变形(mm)	地表下沉(mm)	拱顶沉降(mm)	水平变形(mm)	挤出变形(mm)	地表下沉(mm)	拱顶沉降(mm)	水平变形(mm)	挤出变形(mm)
12	30	55	35	12	40	75	45	18	50	90	55	25
17	25	50	35	18	30	65	48	26	40	80	60	38
22	20	55	20	25	25	75	30	38	30	90	35	55

埋深(m) \ 等级	拱顶下沉速率/(mm/d)	拱顶相对下沉(%)	拱顶下沉速率(mm/d)	拱顶相对下沉(%)	拱顶下沉速率(mm/d)	拱顶相对下沉(%)
12	3.5	0.43	4.5	0.58	6.0	0.72
17	3.0	0.38	4.0	0.51	5.0	0.64
22	2.5	0.43	3.0	0.58	4.0	0.72

表6-10　不同埋深条件下三台阶临时仰拱工法围岩收敛变形控制指标

埋深(m) \ 等级	预警值				报警值				极限值			
	地表下沉(mm)	拱顶沉降(mm)	水平变形(mm)	挤出变形(mm)	地表下沉(mm)	拱顶沉降(mm)	水平变形(mm)	挤出变形(mm)	地表下沉(mm)	拱顶沉降(mm)	水平变形(mm)	挤出变形(mm)
12	55	90	35	16	70	120	50	28	90	150	60	42
17	40	85	20	25	55	110	30	40	70	140	35	56
22	25	70	30	32	30	95	35	52	40	120	45	70

埋深(m) \ 等级	拱顶下沉速率(mm/d)	拱顶相对下沉(%)	拱顶下沉速率(mm/d)	拱顶相对下沉(%)	拱顶下沉速率/(mm/d)	拱顶相对下沉/(%)
12	4.5	0.72	6.5	0.96	8.0	1.20
17	4.0	0.67	5.5	0.90	7.0	1.12
22	3.5	0.58	5.0	0.77	6.0	0.96

注:围岩变形控制指标主要针对客运专线隧道复合式衬砌V_b断面形式,隧道净空尺寸为:长14.86 m,高12.54 m,适用于V级围岩浅埋地段,其中,拱顶相对下沉为拱顶累计下沉除以隧道净空高度。

6.4 小　结

本章根据钟鸣一号、二号隧道典型地层条件特征,对软弱浅埋隧道围岩变形规律进行系统全面的数值计算研究,结合典型断面围岩变形现场测试数据,比较分析适用于软弱浅埋隧道较低等级围岩的施工工法、支护参数和施工参数,并建立相应的围岩变形风险控制量化指标体系,主要研究结论如下:

(1)通过不同埋深(12 m、17 m和22 m)、不同支护参数和不同施工参数条件下的数值模拟研究，深入分析了各种施工工法在软弱浅埋隧道不同地层条件下的适用性，并对相应的支护参数和施工参数进行了系统的优化，比较得出CD工法和CRD工法对软弱浅埋隧道围岩变形控制效果较好，而三台阶临时仰拱法在软弱浅埋隧道也有一定的适用性，但必须加强预支护和临时支护，对于软弱地层条件较差、分布较广的地段，建议使用CD和CRD工法进行开挖，且软弱地层段的台阶开挖高度对围岩变形影响较大，可以适当减小台阶高度，增大进尺深度。

(2)软弱浅埋隧道地层条件复杂，风险控制难度较大，现行规范中围岩变形控制指标不适用于该类隧道的围岩变形风险控制。本章紧密结合宁安城际铁路钟鸣一号、二号隧道现场围岩变形实测数据及实际控制效果，针对典型地层进行全面的数值模拟分析，研究得出了客运专线隧道复合式衬砌V_b断面在较低等级围岩条件下的围岩变形规律，建立了软弱浅埋隧道不同风险控制等级情况下的围岩变形风险控制建议值及体系。相比现行规范的围岩变形控制指标，该体系对软弱浅埋隧道的围岩变形控制具有较好的适用性，其风险分级条件下的围岩变形控制效果比较适用于隧道工程现场的实施，可为今后同类地层条件下的山岭隧道及地铁隧道的围岩变形风险控制工作提供一定的量化参考和借鉴。

第7章　软岩隧道风险管理技术

软岩隧道在施工中易发生塌方冒顶、围岩大变形、工作面失稳等事故。为保障安全，在软岩隧道建设工程中实施风险控制与管理是非常必要的。本章结合宁安城际铁路钟鸣一号、二号隧道施工及风险管理的实践，从风险管理层面总结分析施工过程中采用的风险管理技术和方法，形成一套普遍适用于软岩隧道风险管理的模式和方法。

7.1　风险管理体制

风险管理应采用业主层和实施主体层两层管理。业主层包括第一管理者、主管风险管理的负责人、风险管理职能部门及相关部门；实施主体层包括设计单位、施工单位、监理单位等，各实施主体应分别建立风险管理小组；业主可邀请风险管理专家成立专家组，协助进行风险评估与管理，如图7-1所示。

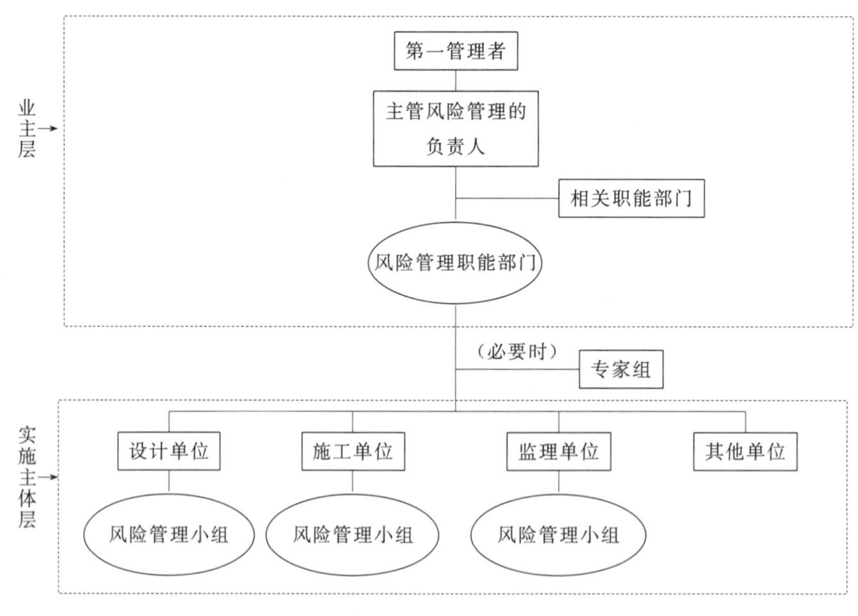

图7-1　风险管理构架图

7.2　风险管理模式

风险管理模式是在相应的风险管理体制下，由工程参与各方根据工程特点及相关行业规定的相关要求通过不断的工程实践和探索形成的，对工程质量安全风险控制有着直接的指导性和决定性作用。建设单位、设计单位、施工单位和监理单位等工程参建各方在风险管理模式的指导下，严格按照工程整体的风险管理构架，制定相应的风险应对与管理方案，履行自身的风险管理职责，系统地对工程质量安全风险起到动态和全过程风险管理的效果。

在工程实践中，探索实施了"四化"风险管理模式，即以标准化管理为主导、以信息化管理为特色、以动态化管理为依据、以全过程化管理为保障，实现铁路软岩隧道工程质量标准化管理、信息化管理、动态化管理和全过程化管理。

7.2.1 标准化管理

风险标准化管理是依据国家、铁道行业标准规范的规定和要求，以铁路隧道质量安全风险管理过程实践为基础，以管理制度、人员配备、现场管理、过程控制等环节为核心，制定建设单位、设计单位、施工单位、监理单位等工程各参建方的作业标准，强化工程质量标准化验收评定工作，逐步建立健全作业质量标准体系，以作业的规范化和标准化消除质量风险和隐患。

7.2.2 信息化管理

机械化、工厂化、专业化、信息化是推进铁路建设标准化管理的重要基础和要求，信息化风险管理作为"四化"风险管理制度的有机组成部分，对于消除或降低铁路工程质量风险具有十分重要的作用，特别是在软弱浅埋隧道重大风险源识别和风险事故预测方面取得良好的工程效果，实践证明，信息化风险管理技术可以用于指导软岩隧道风险控制与管理工作。

7.2.3 动态化管理

软岩隧道风险具有隐蔽性和难以预测性等特点，因此，动态设计和监控方法对于分析软岩隧道风险事故成因和指导安全顺利掘进必不可少，也是识别和预测软岩隧道重大风险源的重要手段，如监控量测和超前地质预报等方法，并结合现场施工情况和经验，全面细致分析风险事故成因，必要时可以根据隧道地质条件的变化进行设计变更，以确保软弱浅埋隧道安全快速掘进。

7.2.4 全过程化管理

根据《铁路隧道风险评估与管理暂行规定》相关规定，风险管理分为可行性研究阶段、初步设计及施工图阶段、招投标阶段和施工阶段风险管理，不同阶段的风险管理目标、内容及工程参建方的职责根据不同阶段工程性质和特点而定，传统的风险管理忽视了不同阶段风险管理工作之间的衔接和联系，单方面的注重施工阶段风险管理工作，往往由于勘察设计资料不准确等原因而导致重大风险事故的发生。因此，全过程化风险管理对于风险因素复杂工程的风险管理工作尤为重要，特别是对软弱浅埋隧道，必须把质量风险控制贯穿到前期规划、项目立项、勘察设计、工程实施、竣工验收等各个环节。

图 7-2 为宁安城际铁路软岩隧道“四化”风险管理模式及不同风险管理模块所采取的具体内容。

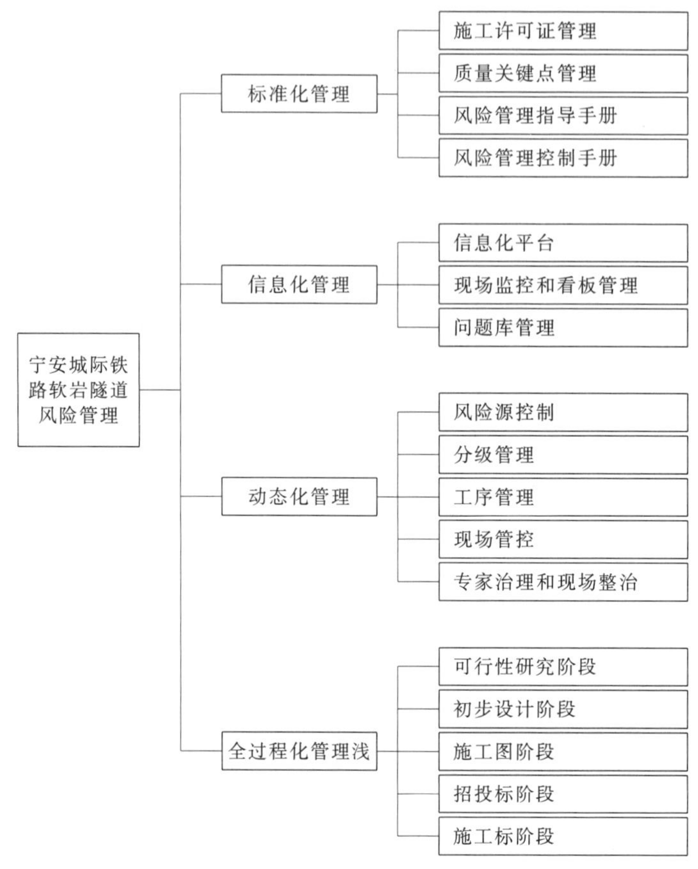

图 7-2 宁安城际铁路软岩隧道风险管理模式与内容

铁路工程建设中，有些采用初步设计招标，由于勘察设计周期短，存在前期调查不细、勘探深度不够和部分地质情况不符的情况，特别是对软弱浅埋高风险隧道复杂的地质情况受限于勘探方法和认知程度，导致施工图与工程现场情况差异较大。将风险判识与评估贯穿软岩隧道设计和施工全过程，就需要主动介入勘察设计前期工作，积极组织设计单位开展项目风险识别与评估，制定重点风险工程、主要风险因素、风险级别大小、减小和规避风险的措施。通过加强施工图和方案的咨询审查，做到设计的工程措施与地质情况相匹配、工程投资与工程措施相对应，并组织专家进行评估论证，对塌方冒顶和软岩大变形等重大风险因素从设计方案上提出规避、减轻工程风险的防控措施，做到安全措施宁强勿弱，施工方案和工法不断优化。

7.3 风险管理流程

软岩隧道工程的风险来源、风险的形成过程、风险潜在的破坏机制、风险的影响范围以及风险的破坏力错综复杂，单一的管理技术或单一的控制措施等都有局限性，难以完全奏效，必须在分析勘察设计资料和现场调研的基础上，综合运用标准化和信息化等多种方法、手段和措施，结合风险的识别、分析、估计、评价、应对、监控和后评估等工作，对项目实施过程中出现的质量安全问题分析整理并及时改进，将动态化和全过程化的风险管理理念贯穿软岩隧道工程各阶段的风险评价、分析、应对和监控工作。因此，软岩隧道风险管理是一个动态的、循环的、系统的、完整的过程，是一种综合性的管理活动。

7.3.1　风险识别

采用现场调研和专家调查相结合的方法，运用层次分析法(AHP)建立风险评价指标体系。从软岩隧道工程纵向和横向出发，对工程建设的各个阶段的重大风险因素进行定性分析和识别，将包含风险的极其复杂的活动分解成比较简单的、容易被认识和理解的基本单元，从错综复杂的关系中找出因素间的本质联系，充分利用专家的知识及经验，对软岩隧道安全、工期、环境、第三方等不同方面的风险以及隧道明挖段、暗挖段、进出口段、冲沟段等不同区段的风险进行辨别，总结出软岩隧道塌方冒顶、软岩大变形等典型类型，对有可能导致风险发生和发展的重大风险因素进行定性和深入的分析，并对重大风险源和风险事故进行预测分析，通过多次信息交换、筛选，使各位专家的意见趋向一致，再将专家的意见运用逻辑推理的方法进行综合、归纳，得到软岩隧道的主要风险因素，再把复杂的风险问题分解为各个组成因素，将这些因素按支配关系分组形成有序的递阶层次结构，通过两两比较的方式确定层次中诸因素的相对重要性，然后综合判断决定评价诸因素相对重要性总的顺序。

7.3.2　风险估计

在风险识别和分析的基础之上，结合软岩隧道工程实际情况、参照以往同类工程案例，收集可能会影响隧道风险的各种因素，组成一个普通集合，再将收集起来的这些因素分成若干层次，形成评估树状结构，建立软岩隧道风险评价因素集及评价等级；利用专家打分法对同一层风险指标进行两两比较判断，按照相对重要性赋予相应的权重，利用三角模糊数定量表示比较结果，再引入三角模糊数和改进的层次分析法，计算各风险因素的权重；通过风险概率的状态(很不可能、不可能、偶然、可能和很可能)、风险损失的可能状态(轻微、较大、严重、很严重和灾难性)和风险可控制性的可能状态(可忽略、可接受、可控制、不期望和不可接受)，最终得到风险量的评语集(一级、二级、三级、四级和五级)，在此基础之上，将每个专家的评分进行汇总，得出每个风险因素对各风险等级的隶属度，并根据最大隶属度原则得到各风险因素的风险等级，最终将权重集和模糊评价矩阵合成，得到模糊综合评判矩阵，建立适用于软岩隧道风险评估的改进的模糊综合层次分析模型。

7.3.3　风险评价

采用 *RPC* 法(“$R=P\times C$”)对风险评估阶段得到的各风险因素概率及风险损失进行评价等级，对风险发生概率和风险损失进行综合评价，运用模糊综合评价法原理建立了一个多层次模糊综合评判的风险评价模型，确定各层次风险因素的风险大小，及整体项目的风险等级（灾难性、重大、严重、中等、轻微）。对于软岩隧道复杂多变的风险因素，通过风险评价可以找出施工阶段风险事件发生的概率以及其发生后造成后果的严重程度，正确定位各个风险因素，得到软岩隧道风险等级表，从而对于不同的风险类型和风险因素，采取合适的措施进行有效的风险管理和风险控制。

7.3.4 风险应对

在风险评价的基础上，充分结合软岩隧道的工程特性，利用效用理论、损失期望值等风险决策法合理选择风险应对措施，严格按照行业规定及质量安全要求实施工程各个环节，制定工程各阶段不同类型风险的处置方案，对塌方冒顶、软岩大变形等重大风险源及风险类型进行现场预演，并加大风险预防和控制力度，建设单位、设计单位、施工单位、监理单位等工程各参建方严格按照风险工程质量安全规定对工程各个环节严格把关，各尽职责。对于软岩隧道风险应对措施，主要包括风险技术控制和风险管理制度两方面，其中技术方面主要包括典型风险类型及区段的施工技术优化，如塌方冒顶控制、软岩大变形控制、工作面失稳滑移控制、支架失稳控制，洞口边坡失稳控制、超前地质预报技术优化、工法比选与优化、预加固技术优化、注浆技术优化、贯通技术优化、换拱技术优化以及其他辅助施工技术优化；在管理制度方面，主要包括铁路隧道行业风险控制与管理相关规定和以建设单位为核心的一系列管理制度以及项目保险、承包分包、工程措施、预备风险金等保障措施。

7.3.5 风险监控

采用现场监控量测、信息化管理系统及第三方检测等多方面的监测控制系统，结合审核检查法、风险图表示法、费用偏差分析法等综合风险控制法，对软岩隧道工程实施阶段的风险进行实时监控，对于监控结果异常的工点及时按照既定风险预案和处置措施做技术改进和预防工作，对于工程风险因素发生变动的区段，也要根据工程实际重新进行风险识别、估计和评价工作，动态分析和控制风险的发展态势，在保证工程质量安全的前提下，对项目管理的三大目标“成本、质量、进度”进行综合控制，提高软岩隧道的综合抗风险能力。

图 7-3 为宁安城际铁路软岩隧道风险管理流程图。

7.4 风险管理技术与方法

7.4.1 标准化管理

软岩隧道安全质量风险控制与管理必须以标准化管理为手段，从质量风险的组织论证、分析研判，到动态管控、责任落实，及时制定、完善、矫正各项规章制度，及时动态掌握变化、动态化解风险，规范现场管理，实行统一管理制度、统一工作流程，努力实现工程质量风险管理的标准化。

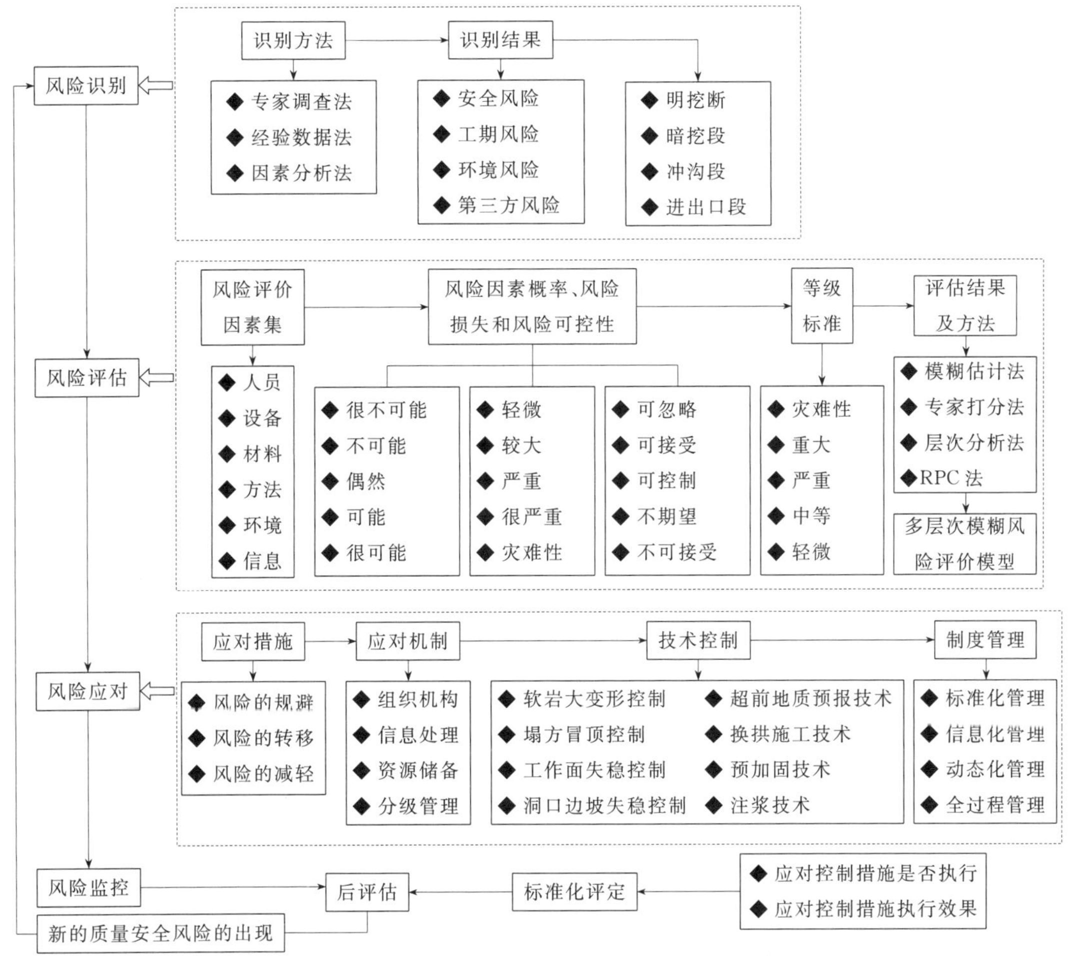

图 7-3　宁安城际铁路软岩隧道风险管理流程图

7.4.1.1　施工许可证管理制度

隧道开挖施工许可证制度是强化隧道施工安全过程控制的有效手段，对隧道施工超前地质预报、超前支护、洞身开挖、变形量测、初期支护、仰拱、衬砌等关键环节的技术管理和安全进行确认。

(1)签认范围

各类围岩等级隧道的洞门、洞身开挖施工均实行开挖施工许可证制度，即隧道洞门和洞身开挖施工的每个开挖循环在施工前必须由监理单位签发隧道开挖施工许可证。Ⅳ、Ⅴ、Ⅵ级围岩隧道的开挖施工许可证由总监理工程师签发，Ⅰ、Ⅱ、Ⅲ级围岩隧道的开挖施工许可证由总监理工程师书面授权监理工程师签发。

(2)具体内容

①超前地质预报：超前地质预报方法符合设计要求，超前地质预报方案已按规定编制和审查，开挖施工前已按规定实施超前地质预报，开挖面前的水文、地质情况已探明，符合开挖条件。

②围岩变形监控量测:隧道监控量测已按规定建立等级管理、信息反馈和报告制度,已设置合格的专职人员从事监控量测工作,监测点已按规定设置,洞内水平收敛、拱顶沉降和洞顶地表沉降的数值和速率符合要求。

③支护:钢拱架已按设计数量安装,规格及间距、钢架连接、锁脚锚杆施工、喷射混凝土厚度符合设计及验收要求,支护封闭位置距开挖面的距离符合规定要求及时封闭成环,其中Ⅳ、Ⅴ、Ⅵ级围岩封闭位置距离工作面不大于 35 m。

④仰拱:仰拱已及时施作,距开挖面的距离Ⅲ级围岩不大于 90 m,Ⅳ级围岩不大于 50 m,Ⅴ级及以上围岩不大于 40 m 或设计要求。

⑤衬砌:衬砌已及时施作,距离开挖面距离Ⅰ、Ⅱ级围岩不大于 200 m,Ⅲ级围岩不大于 120 m,Ⅳ级围岩不大于 90 m,Ⅴ、Ⅵ级围岩不大于 70 m。

⑥超前支护:超前支护已按设计要求施作并达到开挖条件。

⑦许可开挖进尺:根据开挖面围岩地质情况签署同意下每开挖循环的全断面或分部开挖的各部位允许进尺数值。

(3)签发程序

图 7-4 为隧道工程开挖施工许可证制度流程。

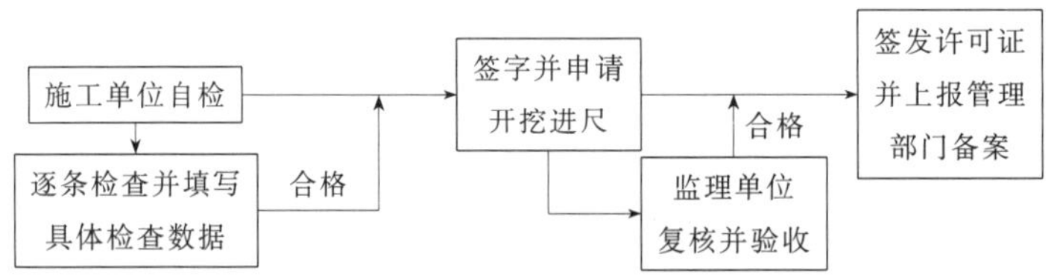

图 7-4 隧道工程开挖施工许可证制度流程图

7.4.1.2 质量关键点管理制度

质量关键点是指在工程材料、设备设施、岗位作业、管理制度、外部环境诸因素中,由于某一环节操作、管控失误,而导致分项、分部工程产生质量缺陷、质量隐患甚至质量事故的关键所在。工程质量关键点管理要以工序达标作为质量“红线”,严加控制,上一道工序未验收签认不得进入下一道工序,按照每道工序“有标准、有流程、有责任人”的要求细化完善管理制度,实现闭环管理。

(1)工作要求

运用质量关键点管理的理念和方法,全面识别、评价质量风险,制定控制措施,将质量关键点管理和控制要求落实到每个施工环节、管理环节和作业岗位,实现质量关键点管理与全面质量管理的有机融合,逐步形成程序清晰、职责明确、运行有效的运行机制和机制健全,管理规范,覆盖全员、全过程、全项目的控制体系,实现质量关键点全面受控、质量缺陷全面消除、管理水平全面提升。

(2)工作方法

①识别确定质量事件

参建单位成立质量安全风险管理小组,针对各自施工质量安全特点,结合发生、发现的质量事故、质量隐患、质量缺陷,按专业分工、自下而上、上下结合的原则,确保不发生质量事故，不留下质量隐患和永久性质量缺陷，从源头、过程、细节上进行分析，识别各类质量关键点或质量风险因素。

②分析评价质量风险

对识别、确定的质量事件，要逐一分析评价导致质量缺陷发生的原因、影响范围和可能后果，按照各类质量事件可能发生的频度和导致后果的严重程度，逐项确定质量事件风险等级。

③制定防范控制措施

针对可能导致质量事件发生的原因和趋势，根据国家标准、验收标准规范、设计文件、技术交底及施工作业指导书等要求，按照风险消除、事件预防、后果降低的策略，逐项制定预防和控制措施，形成《工程质量关键点管理指导手册》。宁安城际铁路预防控制措施分为三类，即质量风险消除措施、质量事件预防措施和质量缺陷降低措施，各施工单位根据建设单位编制的《工程质量关键点管理指导手册》和年度施工计划，进一步预测、分析、细化质量关键点，完善质量事件控制措施，将控制措施、管控责任落实到有关部门、分部和岗位，形成《（标段）工程质量关键点管理控制手册》。

④开展风险过程控制

工程施工质量关键点控制与管理实行建设单位、施工指挥单位与监理站、项目分部与监理组三级管理。建设单位重点监控 A 级风险质量事件，各施工指挥单位与监理站重点监控 B 级风险及以上质量事件，项目分部与监理组监控全部质量事件。施工单位项目分部依据《（标段）工程质量关键点管理控制手册》，对拟开工工点的质量关键点进行梳理、细化，制定《（工点）工程质量关键点控制表》；施工单位架子队根据《（工点）工程质量关键点控制表》，结合完成施工任务需要的岗位工种，进一步梳理、细化质量关键点，完善预防控制措施，编制《（作业）工程岗位质量关键点提示卡》，在施工现场张榜明示，并根据工程进展和现场人员、材料、设备等动态情况，及时更新。

⑤检查落实控制措施

施工单位对质量关键点管理涉及的相关规范规定、管理制度办法和考评考核体系进行修订完善，有效衔接。施工单位所有现场管控人员要围绕质量事件“主要预防控制措施”的落实情况，开展日常的检查、指导、监控工作，并根据现场检查情况，填写《质量关键点控制表》。通过干部包保、量化检查、跟班作业等管控制度，强化质量关键点的源头控制与过程管理，确保质量风险控制措施落到实处。

⑥定期评估质量事件

施工单位依据相关文件，定期组织对工程质量缺陷进行检查评估，确定质量事件的受控状态。质量事件的检查评估结论为：“受控”、“基本受控”、“不受控”三种。对管控措施失效和长期不落实的，及时组织分析，查找管理原因，迅速采取措施，实现质量关键点的有效控制。质量事件检查评估工作分建设单位、工程指挥部和项目分部三个层次。建设单位重点负责 A 级质量事件的检查评估；各工程指挥部（监理站）负责管段 B 级及以上质量事件的检查评估；各项目分部（监理组）负责管段 C 级及以上质量事件、所有质量关键点的检查评估。

⑦坚持不断持续改进

质量风险管理要针对工程材料、设备设施、人员素质、作业条件、施工方法、季节更替、生产组织、验标规范等变化及其他新情况、新问题及时分析质量风险，不断完善控制措施，结合分析外部发生的质量缺陷、设备故障及其他重要质量安全信息，及时评价质量风险控制措施的有效性和适用性，补充遗漏和新认知的风险事件，调整完善质量安全风险控制措施，使质量风险管理持续改进。

(3)工作流程

图 7-5 为宁安城际铁路工程质量关键点管理工作流程图。

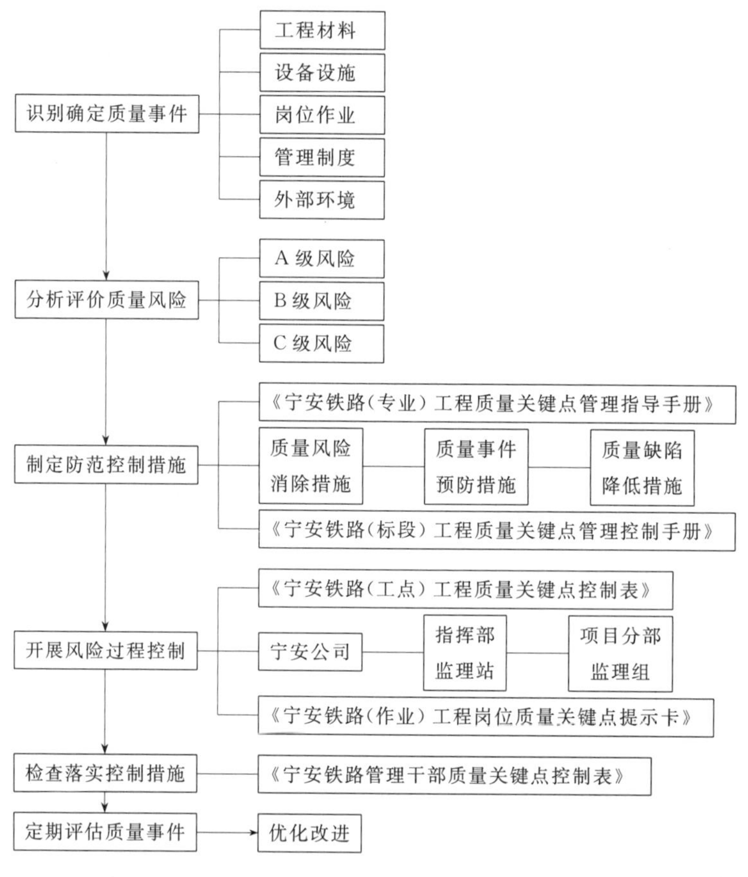

图 7-5　宁安城际铁路工程质量关键点管理工作流程图

7.4.2　信息化管理

宁安城际铁路软岩隧道安全质量风险管理以信息化管理为平台，以视频监控和看板管理为手段，坚持重点突出、专业负责、分级管理、责任明确、动态管理、闭环处理的原则，运用《宁安铁路安全质量问题库管理办法》，建立完善以解决问题为导向，以发现、分析、处理问题为线索和切入点的问题库闭合管理模式，借助问题库进行安全质量风险管理，促进现场动态过程控制。做到办公管理信息化、看板管理智能化、隐蔽工程影像化、现场监控视频化，从而实现“管理不松懈、重点有保障、责任真落实、过程留痕迹、问题有闭合”，以此来强化安全质量管理基础。

7.4.2.1　信息化平台

宁安城际铁路信息化管理系统隧道工程模块主要分为超前地质预报（地质素描、超前探孔）和监控量测（围岩量测、拱顶下沉）两大类。图 7-6 为宁安城际铁路隧道工程信息化系统模块功能图，图 7-7 为宁安城际铁路安全风险信息化管理流程。

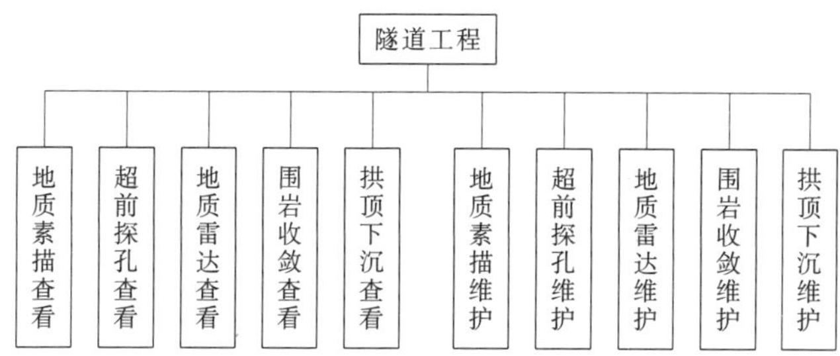

图 7-6　宁安城际铁路隧道工程信息化系统模块功能图

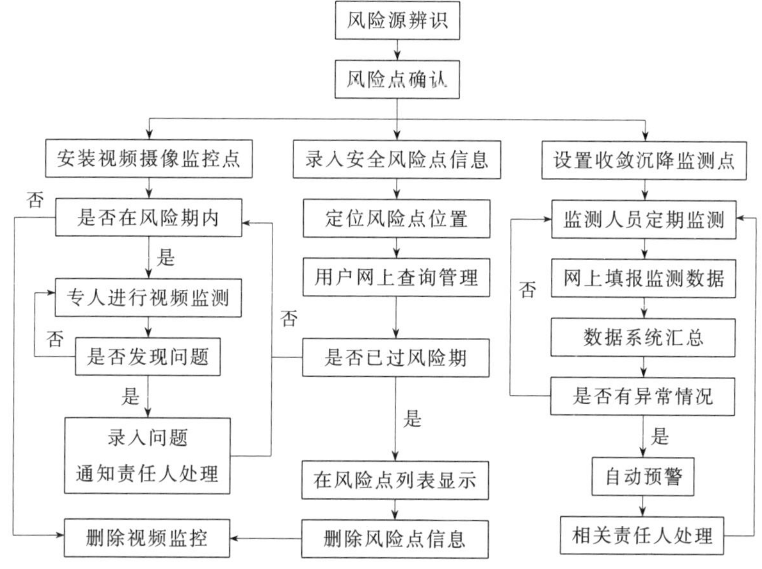

图 7-7　宁安城际铁路安全风险信息化管理流程图

（1）集成看板

施工单位将隧道工程安全、质量、投资控制及环保风险点和关键工期节点等录入系统中，系统自动分析临近程度，进行预警，并自动发短信通知有关负责人，其中形象进度看板利用建设调度信息平台，在电子大屏幕每天实时显示隧道的形象进度，自动显示控制工程的进度与计划进度的对比，自动提醒控制工程进度滞后。

（2）安全风险

施工单位将各类安全风险源及时上传到隧道管理模块中，如超前地质预报的填报由文字和图片组成，各施工单位将本单位负责的隧道信息填报，测量数据只要填写基本数值，系统计算出需要的平均值，并根据工程进展及时进行动态更新，实现施工单位共同对风险源进行监控。

(3)工程问题

相关单位及时将检查发现的各类问题录入子隧道工程模块中，特别是问题照片和隐蔽工程照片，以便相关单位检查整改，达到闭环管理，其中每条记录只有修改功能，没有删除功能，并且每条记录加一个上报按钮，上报后将无法修改。

(4)视频服务

远程视频监控系统由服务器、监视器和播放器组成，服务器用于对接入设备进行管理，监视器对于关键工点进行监视、录像和拍照管理，播放器对监视器中的录像、截图、报警、日志信息进行查看，通过网络视频会议系统，建设、施工、监理、设计参建四方能随时随地召开视频会议，及时解决现场急需解决各类问题，利用远程视频监控系统，可以对隧道、桥梁等关键工点进行远程视频监控，实行定人、定时进行巡视监控，发现的问题及时闭环管理。

7.4.2.2 安全质量问题库管理

问题管理是以解决问题为导向，以发现问题、表达问题、归结问题、处理问题为线索和切入点，借助问题进行安全生产管理，是现场管理和过程控制重要而有效的现代化管理手段，是既科学又直接的管理理论和管理方法。问题库管理是问题管理核心，利用现代化手段，借助电脑等多媒体设备建立健全工程建设安全质量问题库，实施问题管理，符合问题管理的理论和方法，是开展安全质量管理的重要措施。

宁安城际铁路工程问题库管理子系统包括系统管理、问题上报、问题处理、问题查询、考核查询和个人设置等模块，通过网络平台规范建设过程中的问题管理，及时整改和消除施工中存在的安全质量隐患和问题，防止惯性问题及质量通病的反复出现，保持施工安全质量及文明施工常态化、规范化。图 7-8 为宁安铁路隧道工程问题库闭环管理流程。

(1)管理人员指定各标段施工监理单位，指定每个单位网络管理人员，明确责任。

(2)支持检查问题和自查问题的添加，检查问题可以进行删除和修改、查询、提交、考核、导出操作。自查问题用于公司内部问题，提交即为销号。

(3)实现了通过网络完成安全质量问题录入、接收、指定责任人、整改、领导审核、复核、销号全过程的信息化管理。

(4)问题检询支持根据检查日期、问题级别、问题性质，归档级别责任单位以及问题类型(检查或自查)进行查询以及打印操作。

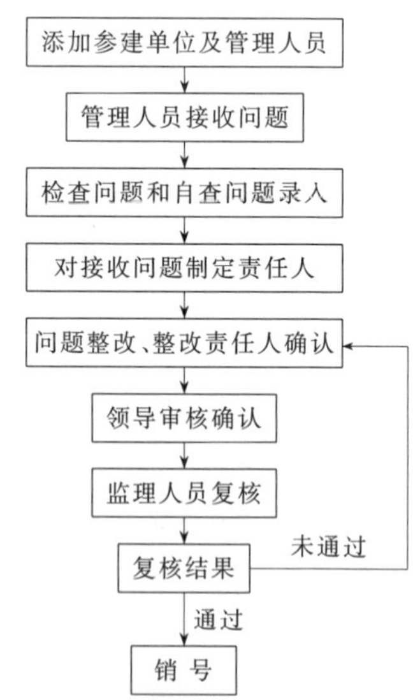

图 7-8 宁安铁路隧道工程问题库闭环管理流程图

(5)考核查询可根据检查日期、检查人进行查询操作，可以查看问题整改情况、考核结果等信息。

7.4.2.3　看板管理

看板管理子系统安全看板、质量看板、工期看板、投资看板、环保看板、创新看板、施工计划、监督计划和廉政建设等模块组成，由建设单位和施工单位按照看板等级进行分工，对看板信息进行疏理维护。分管工程师将相应看板信息上报到看板管理系统中，系统采用蓝、黄橙、红色进行看板预警，并自动发短信通知有关负责人，同时可在电子大屏幕实时显示看板信息。图 7-9 为宁安城际铁路隧道工程集成看板信息化管理流程。

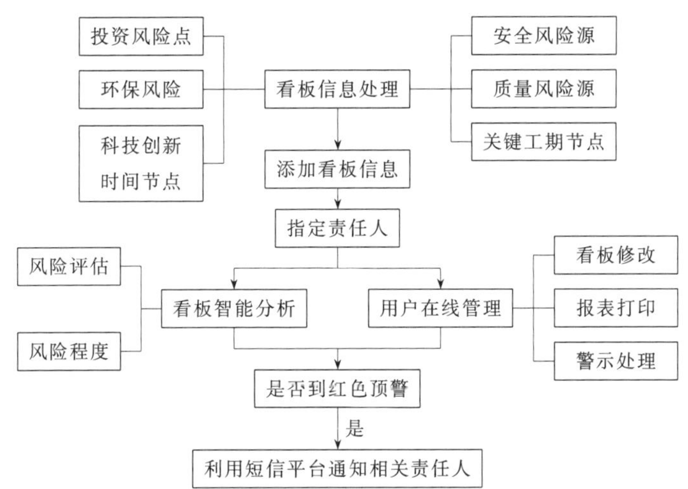

图 7-9　宁安城际铁路隧道工程集成看板信息化管理流程图

(1)建设单位专业工程师将Ⅰ类安全风险源填报到安全看板管理系统中，各施工单位梳理Ⅱ类、Ⅲ类安全风险源，由系统自动发短信通知有关负责人，督促对安全风险源采取有效的控制措施。

(2)建设单位专业工程师将Ⅰ类质量风险源填报到安全看板管理系统中，施工、监理单位进行监控对Ⅱ类、Ⅲ类质量风险源，系统将自动发短信通知有关负责人，督促对质量风险采取有效的措施。

(3)由建设单位专业工程师将关键工期节点上报到工期看板管理中，系统按工期临近程度进行蓝、黄橙、红色预警，并自动发短信通知有关负责人，督促对工期风险采取有效措施。

(4)投资看板、环保看板、廉政看板等由建设单位专业工程师将控制风险点上报到看板管理系统中，系统根据风险临近程度分黄、红色预警，并自动发短信通知有关负责人，督促对投资风险采取有效的措施。

(5)形象进度看板利用建设调度信息平台，在电子大屏幕每天实时显示桥梁、路基、隧道的形象进度，自动显示控制工程的进度与计划进度的对比，自动提醒控制工程进度滞后。

(6)各看板可以通过网络进行查询、新增、修改和删除操作，并且可以将看板信息作为报表直接打印。

7.4.3 动态化管理

软岩隧道风险因素的不确定性决定了质量风险管理必须动态跟进，定期对已识别的风险进行跟踪检查、监测残余风险，观察、记录其变化，并在监视的基础上，采取相应的手段，调整应对计划，消除原来确定的风险因素。在工程建设过程中，原有的风险消除后，可能产生新的风险，对这些风险继续执行识别、分析、评估并制定相应的应对计划，以到达在软岩隧道施工过程中，减低各种风险发生的可能性、降低风险损失后果以及控制整个工程的风险变化情况。

宁安城际铁路隧道工程采用循环管理的方式对质量风险进行动态监控与管理，运用风险评估机制，强化精细化设计，其中主要包括施工方案源头风险控制、分级管理、工艺试验、工序管理、现场管控、红线管理和专家治理等七个方面，将风险监视和风险控制结合运用，进行实时、连续、全过程的监控，消除已确定的风险因素，对新产生的风险进行新一轮的循环管理。

7.4.3.1 施工方案源头风险控制

施工方案编制时，根据《质量风险识别分析登记表》制定完善的预控措施、应急预案等内容。施工方案审查过程中，对重大施工技术方案，组织建设、设计、施工、监理单位及外聘专家进行集中会诊，着重围绕人员设备配置、技术管理能力等进行审查优化；对于重点施工方案，除履行规定手续外，必须经过施工单位局级企业审批，凡不符合规定的，一律不予批准施工，确保施工质量源头受控。

7.4.3.2 分级管理

根据质量风险风等级划分，风险应对实行分级管理。图 7-10 为风险与管理级别对应示意图。

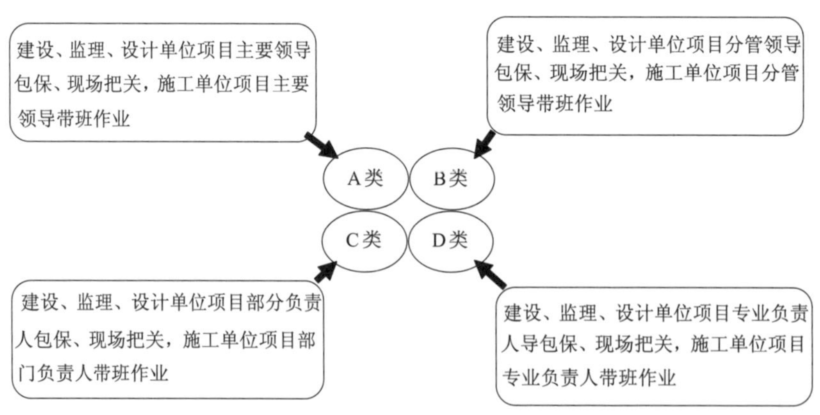

图 7-10 风险与管理级别对应示意图

施工单位实行“架子队—项目分部—项目部”三级确认体系，监理单位实行“监理工程师—总监理工程师”两级的确认体系，项目管理机构实行“主要领导—分管领导—部门负责人—主管工程师”的四级抽查确认体系，规范交接验收程序，不合格的工序坚决不予验收，不合格的工序不得进入下道工序。图 7-11 为施工单位架子队—项目分部—项目部”三级确认体系。

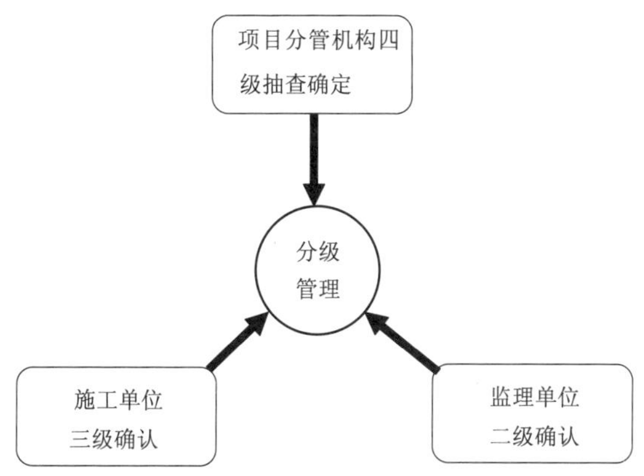

图 7-11　“架子队—项目分部—项目部”三级确认体系

7.4.3.3　工艺试验

按照“试验先行、样板引路、分级验收”的原则，围绕“专项施工方案、试验过程控制、试验结果推广应用”等重点，推行首件认可、许可制度。抓好首个项目的施工质量控制，施工过程中紧盯每一个环节、每一道工序、每一项工艺，及时、准确地掌握试验段工程进展情况，发现问题及时处理，实现对施工质量的全过程监控。全面优质达标后，以点带面、以点促面、点面结合，突出样板示范效应，全面发挥典型示范效应和推动作用。

7.4.3.4　现场管控

(1)风险明示

工程质量风险划分等级并提出针对性措施后，通过下发文件、网络平台、现场看板等多种形式予以明示，将质量风险目标和责任层层分解，实现铁路工程建设全员、全项目、全过程的质量风险控制和管理。

(2)“二级挂牌摘牌”、“三级督察督办”制度

“二级挂牌摘牌”要求施工单位要在施工现场显著位置悬挂“安全质量重大隐患”揭示牌，揭示牌详细标明风险等级、技术措施、责任部门和人员；建设单位在安质部办公室显著位置悬挂全线“安全质量重大隐患”揭示牌。安全质量隐患实行动态监控，如果安全质量隐患消除则摘牌，如果发现新的隐患，则重新挂牌。

(3)看板管理

实行看板管理，要求建设、施工单位在重点场所设置“质量重大隐患”揭示牌，详细标明质量关键点的预控等级、技术措施、责任部门和人员，对质量隐患实行动态监控，隐患一经消除则摘牌，如发现新的隐患则及时挂牌，看板管理主要包括质量风险源点“二级挂牌”看板、“任务计划保全日历”看板、“区域分担图”责任看板、“质量教育提醒看板”和“工点管理现况板”。

7.4.3.5　专家治理

坚持走专家论证、专家治理之路，在实施过程中，邀请相关专家对出现的风险因素现场调查、论证，特别是对隧道工法比选与优化、风险识别评估、风险预防与控制措施、风险

管理技术与方法以及高风险隧道区段的处置方案审查、把关、完善，及时优化、细化、修正，强化风险控制与管理技术措施，确保方案的科学、合理、针对、有效、可操作。

7.4.3.6 红线管理

成立专门组织，明确红线内容和责任追究办法，坚持以人员管理为核心，以人的行为控制为重点，抓小防大，严格施工过程质量控制，严格质量“红线”管理。检查发现的问题纳入问题库管理，按照“谁检查发现，谁盯控整改”要求，实行首查负责制，落实整改责任，实行动态监督和闭环控制，严格红线问责。

7.4.4 全过程化管理

结合软岩隧道复杂多变的工程特性，对初步设计阶段、招投标阶段和施工阶段等工程不同阶段的风险因素进行系统分析，工程施工单位在建设单位的主导下，严格按照相关安全风险管理制度和标准对不同阶段的工程情况存在的风险因素进行控制和管理，并重点对施工阶段的典型风险进行风险识别、评估、应对和监控，对工程质量和安全严格把关。

7.4.4.1 初步设计阶段

建设单位主动介入勘察设计前期工作，将风险判识与评估贯穿设计和施工全过程，积极组织设计单位开展项目风险识别与评估，制订重点风险工程、主要风险因素、风险级别大小、减小和规避风险的措施。通过加强施工图和方案的咨询审查，做到设计的工程措施与地质情况相匹配、工程投资与工程措施相对应，对高风险隧道施工方法和风险控制措施进行比选，组织专家进行评估论证，从设计方案上提出规避、减轻工程风险的防控措施，做到安全措施宁强勿弱，施工方案不断优化。

7.4.4.2 招投标阶段

由于勘察设计周期短，存在前期调查不细、勘探深度不够和部分地质情况不符的情况，特别是对风险隧道复杂的地质情况受限于勘探方法和认知程度，导致施工图与工程现场情况差异较大。因此，必须加强隧道施工地质超前预报和围岩量测，坚持“岩变我变、动态设计，宁强勿弱、规避风险”的原则。

7.4.4.3 施工阶段

施工阶段安全质量风险管理充分发挥建设单位核心作用，进一步深化“四三一”(技术储备、工艺试验、工序管理和标准化评定“四个环节”，工作制度化、管理程序化、责任具体化“三化机制”；严格考核“一个手段”)工作法，强化技术支撑和管理保障，通过干部包保的措施，切实把安全质量管理力度体现在现场，重心下移到一线，严格检查考核和责任追究，提高技术标准、管理标准的执行力和作业标准的引导力；突出原材料准入、关键工程工艺试验、施工工序签认等关键环节，提高工程安全质量全过程的控制水平。

(1)技术储备

施工单位配备一名懂隧道施工、有管理经验的副指挥长分管隧道施工；监理单位同时配备懂隧道施工的副总监分管隧道监理工作。现场作业班组推行“架子队”模式，强化隧道施工管理。同时，施工单位领导对高风险隧道实行跟班作业，现场值班，并广泛开展安全风险意识、质量责任意识教育，引导参建人员把确保工程安全质量作为天职，牢固树立起“今天的工程质量是明天的运营安全”的安全质量价值观，大力提炼并升华宁安铁路建设安全质量文化；加强安全质量知识培训，针对现场管理人员经验不足、作业人员素质不高的现状，加强对施工安全质量常识、注意要点、操作规程和控制标准等方面的培训，培养和造就专业化、职业化的队伍，按照标准化管理的要求，督促施工单位按照现场工作标准和施工作业指导书组织施工，处处努力让标准成为习惯。

(2)工序管理

工程施工过程中，实行工序交接验收制度，全面推行工序的交接验收确认、签认和实名制，对地质预报、开挖、二衬、仰拱、监控量测等关键工序实行施工、监理、项目管理机构三方现场签认，进行实名记录，建立每个施工工序与环节的质量责任界定、追溯体系，体现可追溯性及闭环管理，不经过工序签认不得进入下一道工序。

① 严格地质预报。采用地质素描、地质雷达、超前水平钻孔等方式进行地质预报，提前掌握围岩实际变化情况；

② 严格监控量测。成立若干个隧道专项监控量测小组，严格进行隧道监控量测工作，及时分析数据，为现场施工提供决策依据。

(3)标准化评定

开展标准化项目部、标准化监理站、标准化工地、标准化现场设计配合组的检查评定工作，由检查人(建设单位)填报检查考核的结果。

① 标准化评定首先确定评定的标准，然后由考评人根据现在检查情况进行考核评分。系统自动汇总统计排名。

② 评定标准主要分为四大类：标准化项目部、标准化监理站、标准化工地、标准化现场设计组。

③ 由考评人设定考评计划，及确定被考评对象和考评时间等．由考评人评分。按照之前维护好的评定标准进行打分，并可以填写扣分的原因。

④ 查看历史考评成绩和扣分原因，可以按照计划名称查询，也可以按照被评对象查询，并对成绩进行排名。

7.5　钟鸣一号、二号隧道风险管理技术

钟鸣一号、二号隧道穿越地层主要为含砾粉质黏土及泥质粉砂岩，围岩较破碎全风化，进出口均为偏压地段，全隧道属Ⅴ级围岩，地下水主要为孔隙水和基岩风化层空隙水，地质条件非常复杂，属宁安城际铁路高风险隧道。在隧道开挖过程中，由于围岩应力分布复杂，且开挖断面大，塌方冒顶、软岩大变形等不良现象时有发生，初期支护变形显著，隧道整体稳定较为脆弱。

建设单位、设计单位、施工单位和监理单位在钟鸣一号、二号隧道施工过程中，重视隧道施工安全工作，加强对隧道安全施工的领导、超前地质预报和监控量测工作，从安全风险意识、专业人员配备、正规化施工、标准化评定、专家指导等方面对工序确认、风险预防

与应对和质量把关严格控制，工序作业推行“架子队”模式，施工作业严格按照“五要素”和“八停工”控制，质量标准严格按照“红线”管理，风险控制过程严格按照“六本帐”实施和管理，风险管理过程中形成一套适用于软岩隧道的质量风险管理方法，顺利实现钟鸣一号、二号隧道质量安全风险标准化、信息化、动态化和全过程化管理的目标。图 7-12 为钟鸣一号、二号隧道风险管理技术与方法。

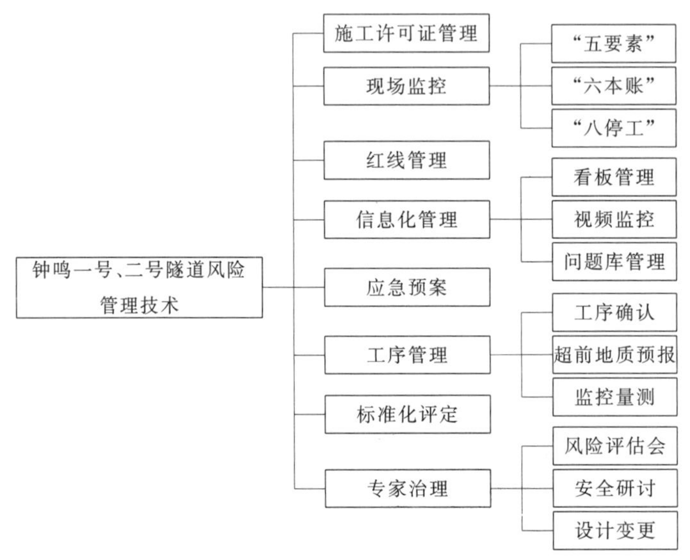

图 7-12 钟鸣一号、二号隧道风险管理技术与方法

7.5.1 施工许可证管理

为保证钟鸣一号、二号隧道施工质量安全，降低可能的风险事故及损失，达到软岩隧道风险标准化管理的目的，强化钟鸣一号、二号隧道施工超前地质预报、超前支护、洞身开挖、变形量测、初期支护、仰拱、衬砌等关键环节的技术管理和安全确认工作。

7.5.2 现场管控

7.5.2.1 “五要素”管理

隧道施工进洞前，必须充分准备，具备“五要素”后，才能进洞施工，即人员培训上岗，设备设施到位，天沟排水畅通，边仰坡防护完善，超前支护完成。

7.5.2.2 “六本帐”管理

(1)隧道进出洞人员登记本；

(2)隧道超前地质预报台账；

(3)隧道监控量测台账；

(4)隧道施工工序签认记录本；

(5)隧道施工现场检查确认记录本；

(6)隧道开挖施工许可证台帐。

上述六本帐，专人管理，及时记录，真实反映，留置现场，随时待查。

7.5.2.3　“八停工”管理

隧道施工安全实行“八停工”管理，即隧道施工中存在以下问题之一的要立即停工整顿，达到要求后，再继续进行施工。

(1)擅自变更隧道施工方案、施工工法，或变更审批手续不完善，安全防范措施不当；

(2) Ⅳ、Ⅴ级围岩开挖工作面距离二次衬砌超过 100 m；

(3)没有按照设计要求和有关规定实施超前地质预报；

(4)没有按照设计要求和有关规定实施监控量测；

(5)使用的大型机械未按规定经有关部门检验合格；

(6)大型设备操作规程和管理办法不规范或未落实；

(7)施工现场安全管理混乱；

(8)专职安全人员不到位或未按规定履行职责。

7.5.3　工序管理

结合钟鸣一号、二号隧道软弱围岩、全长浅埋、风险因素复杂等工程实际，施工单位对隧道施工超前地质预报、超前支护、洞身开挖、变形量测、初期支护、仰拱、衬砌等关键环节进行安全确认，上一道工序未验收签认不得进入下一道工序。图 7-13 为钟鸣一号、二号隧道地质雷达试验点。

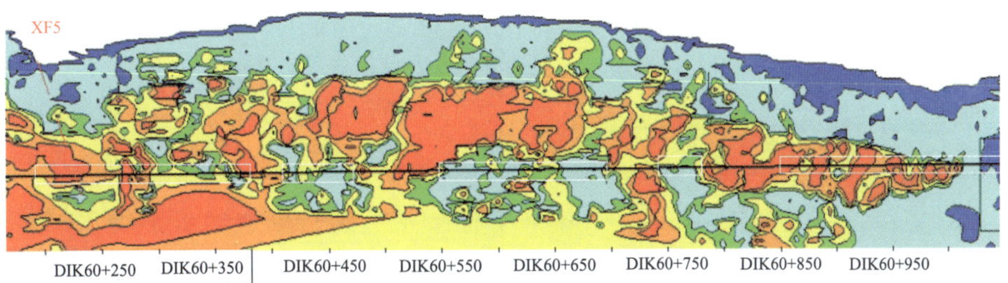

图 7-13　钟鸣一号、二号隧道地质雷达试验点

7.5.4 信息化管理

7.5.4.1 看板管理

图 7-14 为钟鸣一号、二号隧道施工现场风险公示。

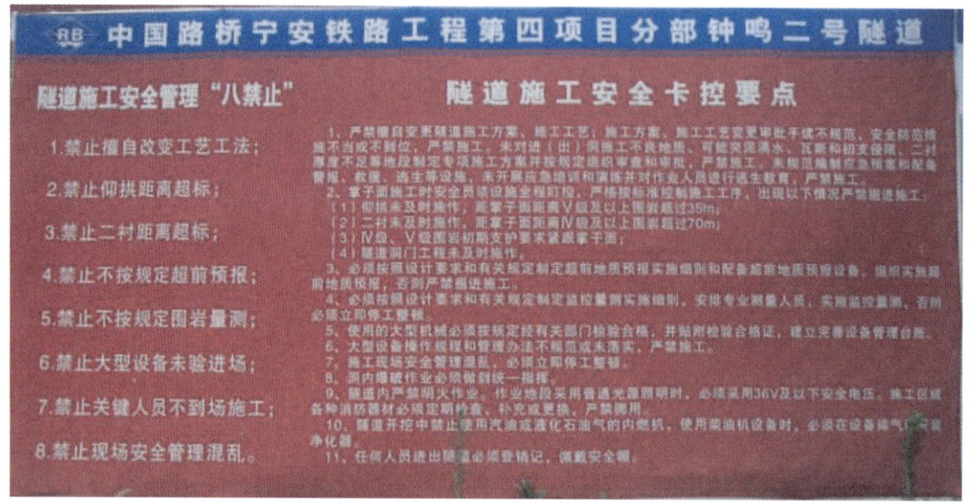

(a) 风险明示及卡控制度风险明示牌

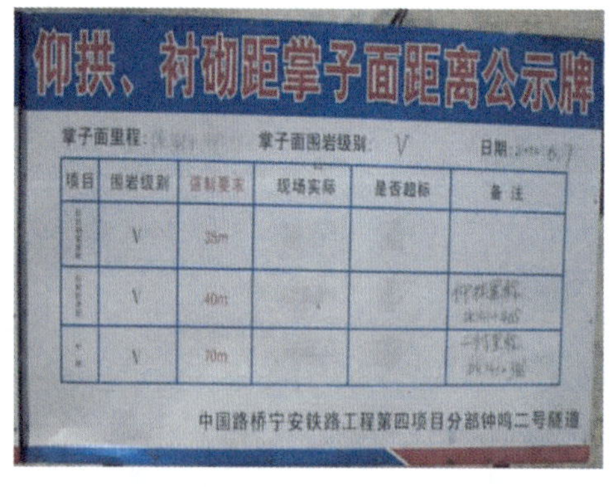

(b) 仰拱、衬砌距工作面距离公示牌

(c) 隧道作业工序公示牌

图 7-14 钟鸣一号、二号隧道施工现场风险公示牌

7.5.4.2 视频监控

远程视频监控系统由服务器、监视器和播放器组成，服务器用于对接入设备进行管理，监视器对于关键工点进行监视、录像和拍照管理，播放器对监视器中的录像、截图、报警、日志信息进行查看，可以对钟鸣一号、二号隧道等关键工点进行远程视频监控，实行定人、定时进行巡视监控，发现的问题及时闭环管理。

图 7-15 为钟鸣一号、二号隧道进出口位置视频监控图像。

7.5.4.3 问题库管理

钟鸣一号、二号隧道问题库管理按照系统管理、问题上报、问题处理、问题查询、考核

图 7-15　钟鸣一号、二号隧道进出口位置视频监控图像

查询和个人设置等模块，通过网络平台规范建设过程中的问题管理，及时整改和消除施工中存在的安全质量隐患和问题，防止惯性问题及质量通病的反复出现，保持施工安全质量及文明施工常态化、规范化。

7.5.5　红线管理

鉴于钟鸣一号、二号隧道施工安全的高风险性，且全部为Ⅴ级围岩，规定仰拱距工作面距离控制在 30 m 以内，二衬距工作面距离控制在 60 m 以内，一旦发现步距超标，立即停止工作面掘进。

(1)必须先进行工艺性试验后施工的项目，未进行工艺性试验、评定，或未形成试验成果报告并编制作业指导书前，就进行大面积施工。

(2)原材料、构配件、设备未经检验或不质量达标投入使用。

(3)工序管理不达标(上一道工序未验收签认而进入下一道工序)。

(4)分段、分块施工混凝土时，施工缝端部凿毛处理不达标。

(5)检测资料不规范、不完整、整理归档不及时。

(6)钢筋布设、绑扎、连接不符合设计和规范要求。

(7)隧道开挖超欠挖控制不严格，拱脚和墙脚以上 1 m 内断面出现欠挖。

(8)喷射混凝土未采用湿喷工艺，初喷混凝土终凝到下一循环爆破作业间隔小于 3 h。

(9)系统锚杆未在喷射混凝土完成后施工，安装时未按规定设置垫板。

7.5.6　专家治理

7.5.6.1　风险评估与安全研讨

宁安铁路公司组织召开宁安城际铁路隧道施工阶段风险评估报告评审会，专家组认真审查了风险评估单位对宁安铁路岱岭一号、严村、钟鸣一号、钟鸣二号等八座隧道所作的风险评估报告。专家组一致认为，宁安城际铁路隧道的主要风险是软弱围岩与浅埋地段，易发生塌方，因此需采取相应措施，确保安全；在施工中应加强超前地质钻探和地质素描，及时调整支护参数和工程措施；加强施工过程的管理，尤其是加强工序、工艺和质量管理，做到短开挖、快支护、快封闭。

7.5.6.2 现场整治

建设单位、设计单位、施工单位和监理单位对全面范围内的隧道工程开展工程质量安全专项检查，特别是对于钟鸣一号、二号隧道全长浅埋软弱围岩的高风险隧道，宁安铁路公司主管领导对隧道现场施工安全质量、质量关键点的作业规定以及检测结果进行检查，并对全线范围内的隧道工程存在的安全质量问题进行通报批评，并按照相关规定进行专项整治。

7.5.7 应急预案

结合软弱浅埋隧道工程特性和现场施工情况，宁安铁路公司组织施工与监理单位对钟鸣一号、二号隧道塌方冒顶等典型风险进行现场风险预演，全线相关施工、监理单位的负责同志、架子队长观摩了演练，通过典型风险的演练，以树立各参建单位的风险意识与观念，提高各参建单位特别是施工单位的风险应急能力和风险控制力度。

参 考 文 献

[1] 铁道第二勘察设计院. TB10003-2005,J449-2005,铁路隧道设计规范[S]. 北京:中国铁道出版社,2005.

[2] 中铁一局集团有限公司. TZ204-2008,铁路隧道工程施工技术指南[S]. 北京:中国铁道出版社,2008.

[3] 中铁二院工程集团有限公司. TB10121-2007,J721-2007,铁路隧道监控量测技术规程[S]. 北京:中国铁道出版社,2007.

[4] 中铁隧道集团有限公司. 铁建设[2008]105 号,铁路隧道超前地质预报技术指南[S]. 北京:中国铁道出版社,2008.

[5] 中华人民共和国铁道部. 铁建设[2007]200 号,铁路隧道风险评估与管理暂行规定[S]. 北京:中国铁道出版社,2007.

[6] 中华人民共和国住房和城市建设部. GB50652-2011,城市轨道交通地下建设风险管理规范[S]. 北京:中国建筑工业出版社,2011.

[7] 杨新安,姚永勤,喻渝. 铁路隧道[M]. 北京:中国铁道出版社,2011.

[8] 杨新安,黄宏伟,张禹. 软弱岩体分类及其变形规律的研究[J]. 上海铁道大学学报,1997,18(4):113-118.

[9] 刘艳滨. 浅埋软弱地层双线大直径隧道风险控制技术[J]. 工程质量,2009,11:7-13.

[10] 王海明. 吉青岭隧道浅埋偏压进口段施工风险分析及综合防治措施[J]. 探矿工程(岩土钻掘工程),2010,01:79-81,66.

[11] 周宗青,李术才,李利平,隋斌,石少帅,张乾青. 浅埋隧道塌方地质灾害成因及风险控制[J]. 岩土力学,2013,05:1375-1382.

[12] 徐建宁,莫辉. 推行安全管理,确保安全持续稳定[J]. 中国铁路,2012,(4):25-29.

[13] 吴旭平,杨新安,李亚翠,张建波. 含软弱夹层浅埋隧道变形特性及控制指标研究[J]. 岩石力学与工程学报,2014,33(增 1):2685-2691.

[14] 王树杰,杨新安,李得昌. 钟鸣二号隧道施工阶段风险评估软[J]. 铁道建筑,2011,(11):69-71.

[15] 胡元鑫,刘新荣,李晓红等. 基于监控量测的山岭隧道工程风险管理分析[J]. 岩土工程学报,2010,32(7):1135-1141

[16] 李亚翠,杨新安,郭乐. 大断面浅埋土质隧道施工工法优化分析[J]. 华东交通大学学报,2014,31(5):12-18.

[17] 王建秀,朱合华,胡力绳,等. 抗水压隧道分类及其建设关键技术[J]. 地下空间与工程学报. 2009(01):169-174.

[18] 李小红,李伟,张武国. 京珠高速公路靠椅山隧道北京端浅埋软弱围岩段施工——大跨度公路隧道施工技术[J]. 世界隧道. 1999(04):54-58.

[19] 付文凤. 浅埋、软弱围岩隧道下穿地表建(构)筑物控制爆破施工工法[J]. 科学之友. 2010(13):72-74.

[20] 张儒林,卿光全. 特浅埋双线铁路隧道软弱围岩大断面开挖爆破技术[J]. 铁道工程学报. 1985(04):133-140.

[21] 凌宇峰. 上海长江隧道工程建设与施工风险控制[J]. 城市道桥与防洪. 2010(09):205-209.

[22] 周杨,黄宏伟,胡群芳.基于LQI的隧道工程人员安全风险控制决策模型[J].地下空间与工程学报.2007,3(5):854-858.
[23] 刘艳滨.浅埋软弱地层双线大直径隧道风险控制技术[J].工程质量.2009(11):7-13.
[24] 刘巽全.紧邻隧道的超深基坑施工风险控制技术[J].建筑施工.2010,32(9):920-923.
[25] 任力青.新建地铁隧道穿越另一运营地铁隧道的施工风险控制技术[J].建筑施工.2010(12):1238-1241.
[26] 袁守刚,李京敏,王路.青岛胶州湾海底隧道突涌水风险控制措施[J].科技传播.2011(13):161-162.
[27] 曹磊,李俊松.小净距大跨度城市隧道施工风险的控制[J].路基工程.2010(01):158-160.
[28] 姜永涛.营盘路湘江隧道立体交叉段明挖改暗挖可行性分析及施工风险控制[J].企业技术开发.2010,29(23):48-51.
[29] 姜永涛.营盘路湘江隧道江底大跨段施工风险控制与安全性分析[J].隧道建设.2011(02):175-180.
[30] 马鹿箐隧道岩溶溃水风险控制及处置技术[J].铁道建筑技术.2010(01):7.
[31] 黄明琦,王渭明,林毅.某海底服务隧道施工中涌水处理及风险控制措施[J].铁道建筑技术.2007(04):13-15.
[32] 石祥锋,韩延飞,谭萧.地铁隧道下穿建筑物矿山法施工风险控制[J].土工基础.2011(04):14-16.
[33] 郑向红.浅埋暗挖法隧道穿越城市污水干管施工风险控制[J].西部探矿工程.2007(05):118-121.
[34] 杨峰.嘉华隧道施工安全风险控制应用[J].现代隧道技术.2009(03):60-65.
[35] 张忠苗,林存刚,吴世明,等.杭州庆春路过江隧道施工风险控制实例分析[J].岩石力学与工程学报.2011(S2):3471-3480.
[36] 姜学鹏,徐志胜.危险品车辆通行公路隧道的风险控制[J].灾害学.2007(02):41-45.
[37] 赵纪平.超浅埋隧道下穿高速公路、国道施工技术研究[J].隧道建设.2009(04):441-445.
[38] 张英才,胡国伟,辛振省.大断面黄土隧道开挖工法对比分析与选择[J].铁道工程学报.2010(03):87-92.
[39] 赵鹏社.关于大断面隧道施工CRD工法的优化[J].铁道建筑.2010(08):77-80.
[40] 彭裕闻,张国柱,黄继辉.浅埋大断面隧道施工工法优化探讨[J].西部交通科技.2011(02):59-63.
[41] 黄宏伟,彭铭,胡群芳.上海长江隧道工程风险评估研究[J].地下空间与工程学报.2009(01):182-187.
[42] 陈建勋,杨忠.秦岭终南山特长公路隧道东线施工监控量测[J].公路.2006(7):205-208.
[43] 李斌成.隧道工程质量通病成因及工程处治对策刍议[J].四川建筑.2009(03):76-78.
[44] 龙小明.覆盖层内大跨度隧道施工技术[J].四川水利.2014(01):7-11.
[45] 黄建华.膨胀岩的特性及其对隧道稳定性的影响[J].铁道工程学报.2001(01):56-57.
[46] 曹建新.浅埋偏压软岩大跨隧道环形开挖预留核心土法施工技术探讨[J].西部探矿工程.2006(08):151-152.
[47] 李国良.大跨黄土隧道设计与安全施工对策[J].现代隧道技术.2008(01):53-62.
[48] 冯旭,张瑞玲.膨胀型地层修建大断面隧道病理防治技术[J].杨凌职业技术学院学报.2002(02):48-50.
[49] 兰守奇,张庆贺,华汉兴,等.地铁区间隧道的风险管理与监督[J].低温建筑技术.2007(4):122-123.
[50] 李雅琦,王恩茂.湿陷性黄土隧道施工安全风险管理研究[J].低温建筑技术.2011,33(03):122-123.
[51] 侯艳娟,张顶立,张丙印.城市隧道施工穿越建(构)筑物风险管理体系[J].地下空间与工程学报.2011(05):989-995.
[52] 陈龙,黄宏伟.上中路隧道工程风险管理的实践[J].地下空间与工程学报.2006,2(01):65-69.
[53] 黄宏伟.隧道及地下工程建设中的风险管理研究进展[J].地下空间与工程学报.2006(01):13-20.

[54] 夏润禾,徐向叶.铁路软弱围岩隧道施工安全风险管理技术与实践[J].地下空间与工程学报.2011,07(S2):1753-1757.

[55] 巩文化,鲁灵悍,张静,等.基于Web分布式隧道施工风险管理方法及其实现[J].电脑知识与技术.2011(11):2691-2693.

[56] 李华东,王先斌.十堰低山区隧道施工安全风险管理研究[J].公路交通科技(应用技术版).2011(08):231-233.

[57] 刘孙武.青岛胶州湾海底隧道施工项目的风险管理[J].贵州工业大学学报(社会科学版).2008(02):15-17.

[58] 赵玉梅,宇德明.隧道工程风险管理流程设计与工作标准研究[J].价值工程.2009(10):90-93.

[59] 张礼杰,张家春.风险管理在地铁隧道工程中的应用[J].建筑施工.2006(03):177-179.

[60] 郭鹏,李志强,张凤爱,等.承秦高速公路隧道施工风险管理研究[J].交通标准化.2012(01):95-99.

[61] 柯晓伟.隧道施工安全风险管理实践浅析[J].科技创新导报.2011(21):79-81.

[62] 蒋晓甲.风险管理在高速铁路隧道施工中的应用分析[J].科技资讯.2011(09):159.

[63] 徐上进.风险管理方法在隧道施工中的应用[J].山西建筑.2003(03):176-177.

[64] 刘亚锋.浅谈厦门翔安海底隧道施工安全风险管理[J].山西建筑.2011,37(11):185-186.

[65] 王世海.浅谈隧道工程施工的风险管理[J].四川建材.2011(03):258-260.

[66] 姚云晓.刍议我国隧道及地下工程建设风险管理实行统一规范的必要性[J].隧道建设.2012(01):19-25.

[67] 刘正光,卢耀宗,杨文武.大型隧道工程风险管理工程实践——从香港到内地之工程经验[J].隧道建设.2010,30(S1):8-14.

[68] 胡根友.隧道工程实施风险管理之我见[J].铁道标准设计.2003(z1):18-21.

[69] 朱鹏飞,张梅,黄鸿健,等.宜万铁路复杂隧道风险管理与控制[J].铁道标准设计.2010(08):7-11.

[70] 卢颖明.风险管理在隧道工程监控量测中的应用[J].铁道建筑.2010(09):62-65.

[71] 唐浩治.隧道工程施工阶段风险管理与监督[J].西部探矿工程.2012(01):192-194.

[72] 郭陕云.关于隧道及地下工程建设风险管理的实施意见[J].现代隧道技术.2007,44(6):1-4,9.

[73] 胡元鑫,刘新荣,李晓红,等.基于监控量测的山岭隧道工程风险管理分析[J].岩土工程学报.2010(07):1135-1141.

[74] 王浩,覃卫民,焦玉勇.浅埋大跨隧道下穿建筑物群的施工期安全风险管理[J].岩土力学.2010(S1):310-316.

[75] 卞晓琳,何平,施烨辉.风险管理在隧道及地下工程中的应用研讨[J].中国安全科学学报.2009(06):154-158.

[76] 付正飞.山区隧道围岩分类与洞口边坡稳定性研究[D].武汉:华中科技大学,2006:32-62.

[77] 贾剑青.复杂条件下隧道支护体时效可靠性及风险管理研究[D].重庆:重庆大学,2006:45-69

[78] 高亮.浅埋及软弱破碎围岩条件下大跨度隧道施工关键技术研究[D].北京:北京交通大学,2011:64-78.

[79] 何晓东.软岩隧道围岩稳定性与塌方处置措施分析[D].西安:长安大学,2009.

[80] 黄兴华.软弱围岩条件下的浅埋隧道施工研究[D].长沙:湖南大学,2009:34-72.

[81] 李风云.隧道塌方风险预测与控制研究[D].长沙:中南大学,2011:45-98.

[82] 李春波.铁路长大隧道风险控制研究[D].北京:中国地质大学(北京),2010:23-65.

[83] 刘中华.雅泸高速大相岭泥巴山隧道围岩大变形研究[D].成都:西南交通大学,2009:19-35.

[84] 刘长祥.山区软弱砂岩地区大跨度隧道稳定性研究[D].同济大学,2007:24-98.

[85] 李春生.佛岭隧道洞口浅埋软弱围岩段施工方法研究[D].北京:北京交通大学,2009:27-54.

[86] 龙浪波.隧道洞口段边坡稳定性研究及数值分析[D].成都:西南交通大学,2009:24-67.

[87] 吕峰．山岭地区大断面公路隧道施工风险预警研究[D]．重庆：重庆交通大学，2010.

[88] 廖彬．国道 213 线龙眼睛隧道围岩大变形破坏模式及围岩稳定性三维数值模拟[D]．成都：成都理工大学，2007.

[89] 李锋．翔安隧道强风化层施工的风险管理[D]．同济大学，2007.39-91.

[90] 李晶晶．隧道工程项目施工过程的安全风险管理研究[D]．上海：上海交通大学，2009.

[91] 密士文．隧道典型地质灾害预测及预警方法研究[D]．中南大学，2010.16-34.

[92] 牛淑慧．安晋浅埋隧道开挖地表沉降及安全分析[D]．昆明：昆明理工大学，2010.

[93] 牛柏川．公路长大山岭隧道施工安全风险评估与管理研究[D]．成都：西南交通大学，2011.

[94] 宋波．达陕高速公路隧道塌方机制及处治措施研究[D]．成都：成都理工大学，2011.

[95] 王超明．木寨岭隧道软岩大变形控制技术研究[D]．焦作：河南理工大学，2010.

[96] 王树成．松散破碎围岩浅埋隧道施工技术研究及其动态力学行为的三维有限元分析[D]．西南交通大学，2006.51-67.

[97] 吴多云．高速铁路浅埋隧道施工方案优化及监测分析[D]．湖南科技大学，2011.33-60.

[98] 谈谨希．厦门海底隧道穿越风化槽段施工的风险控制[D]．北京交通大学，2008.51-68.

[99] 徐峰．太佳高速公路隧道风险评估与灾害防治研究[D]．西安：长安大学，2011.

[100] 项永杰.浅埋偏压隧道施工力学效应与风险评估[D]．重庆：重庆大学，2011.

[101] 杨超．浅变质碎裂岩地区隧道洞口段预加固技术研究[D]．重庆：重庆大学，2011.

[102] 张洋．隧道工程软弱围岩大变形控制体系研究[D]．成都：西南交通大学，2006.

[103] 周杨．长大隧道工程建设期风险接受准则研究[D]．上海：同济大学，2007.

[104] 王迎超．山岭隧道他方机制及防灾方法[D]．浙江大学。2010.86-139.

[105] 宋平．铁路隧道施工安全风险管理研究[D]．长沙：中南大学，2009.

[106] 王希宝．都坟公路龙溪隧道围岩大变形机制及防治研究[D]．成都理工大学，2008.42-63.

[107] 郑瑶．厦蓉高速沙井街隧道工程施工风险管理研究[D]．长沙：中南大学，2011.

[108] 黄宏伟，薛亚东．国外隧道工程风险管理研究现状[C]．中国土木工程学会第十二届年会暨隧道及地下工程分会第十四届年会论文集．中国上海，2006 增刊：56-60.

[109] SCHUBERT P. Geotechnical risk management in tunneling [C]. Geotechnical Risk in Rock Tunnels, London，2006：53 - 63.

[110] 石曲．矿山法隧道修建技术施工的风险控制及管理[C]．中国土木工程学会第十一届、隧道及地下工程分会第十三届年会论文集．中国北京，2004 增刊：188-191.

[111] 周杨，黄宏伟．隧道工程人员安全风险控制决策模型及应用[C]．中国土木工程学会第十二届年会暨隧道及地下工程分会第十四届年会论文集．中国上海，2006 增刊：572-575.

[112] 田海浪，蒋明星，赵俊侠．不良地质条件下的隧道安全风险控制[C]．2010 城市轨道交通关键技术论坛论文集．中国上海，2010：334-335.

[113] Aaron T. Burns，P. E. Andrew，B. Lockman，等．南普拉特河非开挖隧道风险管理案例分析[C]．2011 年非开挖技术会议论文集．中国湖北武汉，2011(2)：77-81.

[114] 贾剑青，王宏图，李晓红，等．隧道工程风险管理探讨[C]．2005 全国地铁与地下工程技术风险管理研讨会论文集．中国北京，2005：171-177.

[115] 胡昊，李晶晶，王峰，等．隧道工程项目施工过程风险管理研究[C]．Engineering Technology Press. 中国湖北武汉，2010：491-495.

[116] 路美丽，刘维宁．隧道与地下工程风险管理研究进展[C]．2005 全国地铁与地下工程技术风险管理研讨会论文集．中国北京，2005：42-47.